项目经理能力解析

——助您通过 IPMP、PMP、PRINCE2、CPMP 能力认证

马旭晨 编著

中国建筑工业出版社

图书在版编目（CIP）数据

项目经理能力解析：助您通过 IPMP、PMP、PRINCE2、CPMP 能力认证/马旭晨编著．—北京：中国建筑工业出版社，2013.9

ISBN 978-7-112-15614-6

Ⅰ.①项… Ⅱ.①马… Ⅲ.①项目管理 Ⅳ.①F284

中国版本图书馆 CIP 数据核字（2013）第 162057 号

本书基于国内外主流项目管理职业团体如国际项目管理协会（IPMA）、美国项目管理协会（PMI）、英国商务部（OGC）、中华人民共和国人力资源和社会保障部等的项目经理/项目管理师如 IPMP、PMP、PRINCE2 和 CPMP 等的认证要求，结合作者多年从事项目实践、教学和研究的经验，详细解析了项目经理的能力及其要素，内容非常翔实和全面，对项目经理应该具备什么样的能力和如何培养这些能力肯定有很多启示。

* * *

责任编辑：杨　杰　张伯熙
责任设计：张　虹
责任校对：王雪竹　刘梦然

项目经理能力解析
——助您通过 IPMP、PMP、PRINCE2、CPMP 能力认证

马旭晨　编著

*

中国建筑工业出版社出版、发行（北京西郊百万庄）
各地新华书店、建筑书店经销
北京天佑书香文化传媒有限公司制版
北京中科印刷有限公司印刷

*

开本：787×1092 毫米　1/16　印张：$21\frac{1}{4}$　字数：530 千字
2013 年 8 月第一版　2013 年 8 月第一次印刷
定价：58.00 元
ISBN 978-7-112-15614-6
（24239）

版权所有　翻印必究
如有印装质量问题，可寄本社退换
（邮政编码　100037）

序　一

项目是人类有组织的两大类活动之一。是为创造独特产品、服务或其他成果而进行的临时性工作。项目是创新的载体和创新实现的必经之路。

项目管理就是以项目为对象的系统管理理念、技术和方法。

项目经理是项目管理的主要领导者和实施者，项目经理的能力是决定项目管理成败的最重要因素。

21世纪人类社会进入了项目导向型社会，项目管理不仅继续应用于传统的工程建设、国防科技项目，也广泛应用于IT软件开发、制造业精益管理、智力服务业（会计、审计、律师、管理咨询等）管理、大型活动（会展、招商引资、奥运会、世博会等）、突发事件处理、各类创新、创业活动及百姓的日常活动管理，其应用越来越广泛。在当今之社会，"项目管理如狂潮般席卷整个经济领域，而且在愈来愈多的领域中体现着非凡的生命力，到处都可见到它的影子，因此在当今之社会，一切都是项目，一切也都将成为项目。"

就我国而言，为了实现中华民族的伟大复兴，为了实现中国梦，离不开项目和项目管理。项目管理能力已经是一个社会组织、社会人，落实"实干兴邦"，"做正确的事，正确地做事，获取正确地结果"和能否把一次性、没有做过的事做好的一项最基本的通用能力。

中国经济和管理技术研究院项目管理研究所致力于项目管理在中国经济建设和社会发展中的理论研究和有效应用。马旭晨所长，积多年项目管理理论研究之成果，凝聚数年来项目管理和项目经理能力培养的实践经验、体会，广泛吸纳国内外有关项目经理能力培养、评估、认证之精华，从能力的界定、要素、结构和模型的系统高度，能力的培养、修炼、认证和评估等广泛领域，深入解读、分析项目经理的能力，精心编著了《项目经理能力解析》一书，这不仅对培养修炼项目经理的能力，同时对培养创新型人才，乃至提高中华民族的素质都具有的重要的借鉴和指导意义。

教授，博导

中华人民共和国住房和城乡建设部原总工程师

中国土木工程学会常务副理事长，中国建筑业协会副会长，中国建设监理协会常务副会长

2013年7月于北京

序 二

项目经理的能力
对项目成败具有十分重要的作用
葛子干

　　基于人类长期的工程和工程管理实践的积累和价值体现，项目已经成为各类社会组织实现其战略目标的有效途径和物质载体，项目管理已成为较为成熟和实用的学科，杰出的项目经理人已成为组织的高端人才和社会的稀缺资源。在我们从事的航空装备等大型复杂系统研发计划（项目群）的实践中，我们体会颇深，常不禁想起毛泽东关于"政治路线确定之后，干部就是决定的因素"的英明论断。项目管理中的各级"干部"应具备什么样的能力是我们中国航空人近年来努力探索的一个重要课题。我想这也是国防科技工业乃至整个项目管理领域都在关心的重要课题。

　　项目经理人作为项目团队这一临时性组织实践活动的领导者和管理者，其能力素质对项目成败与否有着十分重要的作用。而对项目经理能力架构、培养途径、评判标准的研究和关注成为项目管理科学、面向项目的社会组织实践和个人成长的科学基础和热点话题。

　　马旭晨教授基于四十年结缘项目管理的亲身实践和教学研究，专注研究和解析项目经理能力知识体系，特别是他总揽多家项目经理人认证（IPMP、PMP、PRINCE2、CPMP）之长，坚持分类分层解析和方便实用的方法论，凝炼出《项目经理能力解析》一书，自然就奠定了本书的独特性和参考价值。虽然，作者在书的副标题中标示"祝您通过 IPMP、PMP、PRINCE2、CPMP 能力认证"，但我认为其价值并不尽于此。

　　谨此祝贺马旭晨教授《项目经理能力解析》一书的出版，并期待其在支撑我国项目经理人英雄辈出和项目实践转型增效上展现更大价值。

研究员，中国航空工业集团公司总工程师
全国劳动模范，中国十佳杰出国际项目经理
2013 年 5 月于北京

序 三

培养能正确地做好每一件事情的能力

王守清

当今社会是知识爆炸的时代，光学习知识是永远赶不上知识的发展的，因此，对每个人而言，最重要的任务之一就是要培养能力。按照中科院原院长路甬祥教授的说法，"能力"就是，对一件事情能回答4个方面的问题（他说的其实是复合性能力）："会不会做？"，这是技术的要求；"值不值得做？"，这是经济学和管理学的要求；"可不可以做？"，这是社会学和法律的要求；"该不该做？"，这是伦理学或生态环境上的要求。我在校内外讲课时，除了常常提到路甬祥教授的说法，也常跟听众特别是在校学生强调，要特别注意培养自己的自学、应用和创新知识的能力，以及发现、分析和解决问题的能力。前者能保证自己想学/用什么知识就能学会/应用好相应知识，甚至能纠正错误知识创造新知识，后者能保证自己能正确地做好每一件事情。

这里所说的事情，其实就是项目。因此，很高兴看到马旭晨教授的这本新书《项目经理能力解析》出版，因为人类有组织的活动，无非就是运作和项目，而项目管理就是管理项目的，也可以管理运作；学会了项目管理，可以说就会管理人类绝大多数的活动。项目经理就是能做到这一点的人，项目经理的能力是最重要的。

本书基于国内外主流项目管理职业团体如国际项目管理协会（IPMA）、美国项目管理协会（PMI）、英国商务部（OGC）、中华人民共和国人力资源和社会保障部等的项目经理/项目管理师如IPMP、PMP、PRINCE2和CPMP等的认证要求，结合马教授自己多年从事项目管理实践、教学和研究的经验，详细解析了项目经理的能力及其要素，内容非常翔实和全面，对项目经理应该具备什么样的能力和如何培养这些能力肯定有很多启示。

祝贺马教授《项目经理能力解析》的出版，我很乐意向读者推荐这本书。

博士、博导，清华大学建设管理系暨清华大学国际工程项目管理研究院教授、副院长；全国项目管理领域工程硕士教育协作组组长；（美）项目管理协会（PMI）全球项目管理鉴定中心（GAC）中国专家委员会副主席；中国项目管理研究委员会副主任委员；中国对外承包工程商会专家委员、中国建筑业协会理事及工程项目管理委员会常务理事暨专家委员会副主任委员

2013年5月6日于清华园

序 四

提升项目经理的能力，通过国际认证

薛 岩

项目经理在当今社会中已经是一个非常重要的社会职业，在推动社会发展中发挥着重要的作用。实践证明，项目经理的能力既是实现成功项目管理的基础和关键，也是社会成功人士实现职业生涯目标和成功、快乐驾驭生活的重要能力。

为了成为一名成功的项目经理，需要修炼相关的能力。而明确这种能力的内涵、标准及如何实现，是修炼的前提。目前国内外有关于项目经理能力的要求多种多样，各具特色，对想要修炼和提升项目经理能力者提供了多种选择。但如何从系统的全局着眼，从具体的重点入手，最有效、快速提升能力，还需要有针对性的指导。

马旭晨先生作为卓越的项目管理实践者，多年的项目经理能力体系的研究专家，深受欢迎的国际项目经理能力培训师和资深的各级项目经理评估师，凝聚了深刻的体会和感悟，他历时三年，与项目管理界的专家学者广泛交流，反复总结精心编著的《项目经理能力解析》一书，最大程度地体现了国内外关于项目经理能力的最新研究成果和实践，对培养修炼项目经理的能力具有重要借鉴和指导意义。在此，也向马老为此辛勤付出和对推动我国项目管理事业所作出的又一重要贡献致以深深的敬意！

国际项目管理协会（IPMA）在全球推行的国际项目经理专业资质认证标准，是对项目经理能力的认证标准，内容全面系统，科学深刻，理论联系实际，极具可行性，获得了国际社会的广泛认同。《项目经理能力解析》一书主体内容基于 IPMP 为主，兼顾国内外多个项目管理体系对项目经理能力的要求，对希望通过各类项目经理的资格认证者极具助力和指导作用。

我向有志于成为项目经理和励志成功的人士，特别是希望通过国家项目经理能力认证者推荐此书，向项目管理培训师、评估师，企业的人力资源管理者，介绍此书。

著名项目管理专家、博士，北京大学教授，《项目管理技术》杂志编委，国际项目管理协会前副主席、中国项目管理研究委员会副主任、中国双法与经济数学研究会理事；受聘于亚行和世界银行的项目管理专家

2013 年 5 月于北京大学

前　言

修炼项目经理的能力，做社会的成功人士

众所周知，自从人类社会各种有组织的活动开展以来，活动大致可以分为两大类：

一类是连续不断、周而复始、循规蹈矩、靠相对稳定的组织进行的活动，人们称之为"运作"（Operations）。如：生产大批量产品的活动；对应于这种运作的管理是"运作管理"或称"职能管理"。

另一类是一次性、有特定要求的，靠临时团队来进行的活动，人们称之为"项目"（Projects）。如：新产品研发、技术改造、投资建设一座新工厂、组织奥运会、展览会等大型社会活动；对应于项目的管理就是"项目管理"。

一个刚刚降生到这个社会的人，会做的是什么？除了一些本能性的活动之外，遇到的最多的是什么呢？应该说就是一次性的、没有做过的事——项目。之后，我们有可能把其中某些一次性的事转化为可以周而复始的、有章可循的、可以延续的活动——运作；接着我们又会继续应对一个又一个一次性的、没有做过的事。可见如何把一次性、未知的、没有做过的事做好，是人生最大量、最重要的课题，而这，其实就是项目管理。

随着人类社会的发展，社会财富积累和社会管理的主导方式正在发生着变化。21世纪我们的社会已经进入了知识经济社会，早期适应于农业经济和工业经济中以日常运作活动为主的创造财富的主导模式——分工运作，正在被创新型的项目活动所替代。与之相应的，对应于运作活动的职能管理为主，也在逐渐被对应于创新活动的项目管理为主所替代或融合改变。正如一些管理大师们所说："项目管理如狂潮般席卷整个经济领域，而且在越来越多的领域中体现着非凡的生命力，到处都可见到它的影子，因此在当今社会，一切都是项目，一切也将成为项目"（美国项目管理专业资质认证委员会主席 Paul Grace）。"进入21世纪，基于项目的管理将会扫荡传统的职能管理"（前国际项目管理协会执行主席 Rodney Turner）。——我们的社会正在进入到新型的项目导向型社会之中。

在项目导向型的社会中，项目和项目管理成为新的趋势和潮流。随着项目的日益增多，项目管理应用的迅速普及，日渐兴起了一族新型的、举足轻重的人才群体——项目经理。目前在我国，项目经理已经和正在成为为中华民族振兴、实干兴邦的主力军。

顾名思义，项目经理是项目的管理者、项目团队的领导者，是为项目的成功策划、顺利执行和获取满意成果的负责人。在当今社会，项目经理已经成为一种职业。项目经理型人才也是敢于和善于把"一次性、没有做过的事"做好，具体实施创新活动的社会精英和成功人士。

什么是成功？

成是"心想事成"，实现目标，把梦想变成现实。功是指对别人或社会有价值、有贡献、有影响力。成功需要以道德良知作为基础，需要科学的哲学理念；成功需要有效地运用技术、方法和工具；成功需要基于经历，经过总结、感悟、升华转化成的宝贵经验。成

功是具有能力的行动。成功应该是一个系统和综合的概念。

成功的项目经理，必须具备相应的能力。能力是什么？目前各种组织、各类著述中的提法不下几十种——林林总总、斑驳陆离、眼花缭乱。如：团队领导能力、项目的决策能力、项目经营能力、项目管理能力、组织能力、人员开发能力、沟通能力、处理矛盾冲突的能力、解决问题的能力、业务能力、技术能力、创新能力等。

此外还要加上几大素质要求：良好的职业道德；健康的身体素质；优秀的心理素质；坚实的知识积累；丰富的经验等。

还有几大管理技能的要求，诸如：项目管理与专业知识技能、人际关系技能、情境领导技能、谈判与沟通的技能、客户关系与咨询技能、商业头脑和财务技能等，不一而足。

这些名目繁多的"能力"、"素质"和"技能"，反映了项目经理为人处事、有效工作的复杂性，也揭示了人们对项目经理的要求、关心与期待。但是这种既不具体，缺少关联与分析，又漫无边际的有关能力要求，致使人们头晕目眩，莫衷一是；或者头痛医头、脚痛医脚，成效甚微；或者邯郸学步、东施效颦，适得其反；总之，在这种能力的云里雾里，让人无所适从。

项目经理必须具备相应的能力。但这种能力既不应该是零零散散、杂乱无章的，也不应该是包罗万象、漫无边际的。项目经理的能力应该是一个科学体系。

项目管理实践告诉我们：管理不同项目的项目经理和在项目中处于不同管理岗位的项目经理应该具备不同的能力。项目经理的能力，有其核心内容也有不同的外在体现形式。我们应该也有可能从纷繁复杂的烟笼雾锁中，拨云见日，追本溯源，建立一个科学的项目经理能力体系，理清关系，抓住本质，纲举目张，从而实事求是地培养作为一个成功的项目经理所需要的能力。

近年来，国际项目管理界对认识、分析、培养和考评项目经理，做了多方面的努力，也取得了一定的成效。如：

1. 国际项目管理协会的项目经理能力理论和认证——IPMP

1999年国际项目管理协会（International Project Management Association，IPMA）总结多年、多国项目管理的实践，给出了一个比较科学的项目经理能力体系，目前采用的是《国际项目管理专业资质认证标准（IPMA Competence Baseline 3.0——ICB 3.0)》。

IPMP关于项目经理的能力认证依据项目管理者所管理项目的不同、在项目中所处管理岗位的不同分为A、B、C、D四个等级，每一个等级项目经理的能力都有比较详尽的说明，目前IPMP得到了广泛认同。

2. 美国项目管理协会的项目经理能力理论和认证——PMP

1999年中国国家外国专家局培训中心将PMI基于项目管理知识体系（PMBOK）和项目经理胜任能力发展框架（PMCD Framework）的项目管理专业人员认证——PMP（Project Management Professional）引入我国，对我国项目管理人员知识的提升发挥了重要作用。

3. 英国商务部的项目管理者能力理论和认证——PRINCE2

近年来中国也开始引进英国商务部（OGC）推行的PRINCE2（Projects In a Controlled Environment-2，受控环境下的项目管理）项目管理人士的资格认证。该认证基于由英国政府商务部OGC发布的项目流程管理最佳实践，对项目集管理从业人员的认证还有 MSP，目前这两项正在中国积极推行中。

4. 中华人民共和国人力资源和社会保障部的项目管理师能力理论和认证——CPMP

这是继 PMP 和 IPMP 被引进中国之后，中华人民共和国劳动和社会保障部（现为中华人民共和国人力资源和社会保障部）把项目管理作为职业技能，组织了中国项目管理师（China Project Management Professional 简称 CPMP）的项目管理专业人员资质认证工作。该认证分为四个等级（一至四级，一级为最高等级，相当于国家职业资格一级）。要求申请者具有利用现代项目管理方法、技术和工具，对项目进行领导、计划、组织、指挥、协调、控制及服务的职业道德、基础知识、相关知识、操作技能，达到相关的工作要求（按职业等级）。其能力及认证体系与 IPMP 有某些类似之处，但暂不具有国际公认性和通用性。

目前国内的项目经理人或者立志成为国际项目经理的项目管理从业人员正在努力学习国际项目管理专业资质认证标准（IPMA—ICB 3.0）和其他有关项目经理能力认证的相关资料。但由于国外的翻译版本和文化差异等原因，项目管理工作者反映在学习和理解国际标准方面，还有一定的困难和不习惯，亟需有一个深刻理解国内外相关资料（如 ICB 等）实质，又结合中国国情和项目管理专业实际的解析，以便更好地掌握标准、身体力行、通过认证。

本书所说的"解析"是指在对相关理论、标准、资料，解读、解释基础上的看法和分析；是力图深入地理解、说明与梳理；是在观察、研究与实践的基础上进行的思考；用以揭示有关项目经理能力的内在、本质规律，为读者提供有益的参考。

坦率地说，我们的解析不一定能完全、客观、准确地表达事实，可能会有一些缺欠。科学的解析是科学家长期观察、调查，实验，分析以及思考并不断完善的结果。本书将集思广益、努力而为，争取尽量做到这一点。

编者今生有幸与项目管理结缘。在 20 世纪 60 年代末，大学刚一毕业就投入了项目管理工作——参与 56 式半自动步枪生产线建设和产品试制。以后陆续在政府、各种类型的企业中从事技术实践、科技管理、企业管理和项目管理工作，经常被派去承担革新、试验、攻关，试点；或改革、先行先试、开拓新局面；或投资、投标、建企业；乃至临危受命、接受"堵枪眼"等一次性的、没有做过的工作，有近 40 年的多类科技管理、项目管理、投资管理和企业管理的经历。多年来有过历经项目管理过程的坎坷艰辛，边干边学的喜怒哀乐；有遭遇挫折的苦辣咸酸；也有些许成功的欢欣愉悦。日积月累，对如何做好一次性的没有做过的工作，对项目经理应该具备什么样的能力或多或少地留下一些启示与感悟。

编者近年来走过了从国际项目经理（IPMP－C 级）到国际特级项目经理（IPMP－A 级——最高级别）的认证历程。与此同时，承担了近八年的培养项目管理研究生的客座教授、导师工作；十余年有关项目经理（IPMP、PMP 及 CPMP）的讲座、培训、辅导授课工作；五年多对 IPMP 的 A、B、C 全部级别的国际项目经理资质认证的评估师工作。通过对项目管理理论的不断学习，项目管理的持续实践，了解到国内项目管理从业者的疑问与需求，亟需把自己培养成为一名成功的项目经理的迫切愿望。

在业内同仁的建议下，编者基于自身四十余年的经历、经验；着眼于项目管理工作者应该如何理解 IPMA 的项目经理能力认证体系（ICB 3.0）、国内外有关项目经理能力鉴定的相关标准，如何更好地通过 PMP、IPMP、PRINCE2 和 CPMP 的认证；落脚于项目管理对项目经理能力的实际需要以及成功项目经理的能力应该如何培养和修炼等诸方面;通过反复学习研究有关项目经理能力的理论与实践,整理资料、分析解读、梳理感悟,同时汲取同仁们的一些宝贵经验和真知灼见,编写成本书。

本书的基本特点是:

(1) 以实用性、有效性为目标,以培养成功的项目经理的能力为基点,从项目经理的视角展开,构建新型、实用的项目经理能力体系。

(2) 从项目管理的层次和职能实际出发,重点解析不同等级项目经理应该具有的能力和如何运用能力管理好相关的项目。

(3) 鉴于 IPMA 关于项目经理能力的相关理论和认证实践比较完备和具有较好的共性、代表性,本书重点以指导读者正确理解 IPMA 有关项目经理能力的论述,重点解读《ICB 3.0》为主,兼顾其他认证体系的介绍,辅助读者更好地通过相关的项目经理资质认证。

本书的基本结构是:

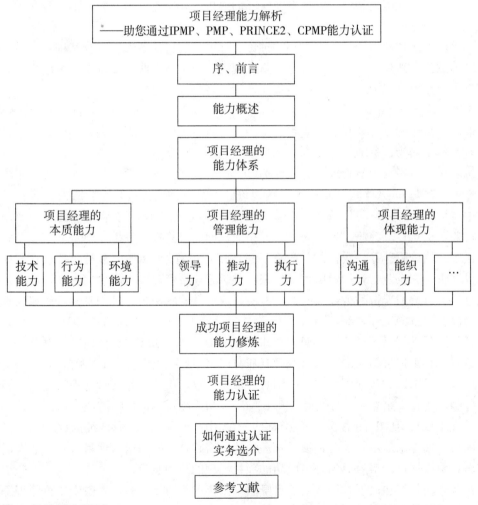

第 1 章是能力概述。

首先从大家耳熟能详的"能力"出发,探讨能力的本质含义,简要分析、概述,作为澄清和奠定项目经理能力的基础；

其次介绍和分析能力结构，说明什么是能力结构，重点对能力结构的组成单元：知识、经验、个人素质和哲学素养，进行比较详细的分析。

本章是我们深入和展开分析项目经理能力的基础和前提。

第2章阐述项目经理的能力体系。

本章基于对项目经理能力是一个体系的认识，通过对IPMA、PMI等国际项目经理的能力及认证体系的分析，给出构建中国项目经理能力体系的框架模型——项目经理的三层次能力体系。希望使中国项目经理能力的培养和修炼更系统、更科学；对项目经理通过相关的资质认证更有帮助。

以下章节是针对项目经理能力的具体解析。

第3章分析项目经理的本质能力。

本章给出了成功项目经理本质能力的定义。重点解读与分析IPMA有关项目经理本质能力要素的细节层面，这对不同级别项目经理能力的培养和通过认证具有重要意义。

第4章分析项目经理的管理能力。

管理能力是项目经理面向管理对象——项目，实施管理的最直接作用力。管理力也可以分为三个层次：领导力、推动力和执行力。本章对这三个层次的能力作了重点解读与分析。

第5章分析项目经理的体现力。

体现力是项目经理能力在管理具体项目时最切实的具体表现形式。体现力是项目经理对不同项目管理展现出其能力各具特色的方方面面。它体现的是项目经理能力程度、外在形式和特性，是项目经理能力更细腻的展示，是成功项目经理的管理能力风采。

第6章关于成功项目经理能力修炼的建议。

这是本书的一个落脚点。通过对项目经理修炼的主观要素和培养项目经理的环境要素的分析，特别是针对项目经理本质力、管理力和体现力的修炼，给出了具体的建议，最后给出了成功项目经理能力修炼的参考路线图。

第7章关于项目经理能力的认证。

这是本书的重要章节。本章是对项目经理能力认证的细化和深层解读。具体详尽地介绍了国际、国内相关组织对不同管理层次项目经理能力的要求与认证。

特别重点解读和分析IPMA从国际项目经理助理（IPMA Level D）至IPMA国际特级项目经理（IPMA Level A）的能力要求及其认证。其中包括能力要求，考核认证内容及形式，如何通过笔试，案例讨论，如何编写项目管理报告和通过面试等内容。认真理解这一章，将会对读者通过相应级别的项目经理资质认证具有重要的助力作用。

第8章 IPMA国际项目经理认证实务选介

本章介绍了申请国际项目经理认证人员比较关心和对争取资质认证通过较有参考价值的相关内容。这部分以IPMP的认证为例，给出了各等级项目经理能力认证的笔试试题选介、案例讨论题选介、项目管理报告选介等。

为了便于读者学习、理解，每章的开篇都提供了一个本章内容的分解结构——MBS (Matter Breakdown Structure)，作为读者的学习导航。

一些章节给出了理解与修炼项目经理能力颇具指导价值的图和表。

参加本书的编写工作和提供相关资料的还有：青岛德诚矿业有限公司财务部马馨菊副经理，中国经济和管理技术研究院贾志威常务院长，安妮股份有限公司项目管理部马尔航副经理，广州智造项目管理咨询有限公司叶国明项目总监。

本书在编写工程中，与多位项目管理专家、教授、学者和项目经理能力评估师进行了交流、沟通，听取了他们不少好的意见和建议，在此向他们表示深深的谢意。

书中还引用了许多论著、资料，已经在文中尽量一一列出，并对相关作者深表感谢。

在这里要特别指出的是：住房和城乡建设部原总工程师姚兵教授，中国航空工业集团公司总工程师葛子干研究员，清华大学建设管理系暨清华大学国际工程项目管理研究院副院长、全国项目管理领域工程硕士教育协作组组长王守清教授以及北京大学软件与微电子学院薛岩教授等几位国内外著名项目管理专家，他们以高瞻远瞩的国际和国家视角，基于分别长期致力于的工程建设、国防研发、项目管理研究生教育以及IT行业项目管理等专业领域的深厚理论与丰富实践，对《项目经理能力解析》做了饱含睿智和真知灼见的点评和推介，令编者在钦佩之际更颇为感激和感动。

本书可以作为立志要把一次性、没有做过的事做好，指导个人发展（Guide to personal development），成功驾驭人生的朋友们的一种参考；

是立志成为成功项目经理人员，自我评价，培养自身能力（Source of knowledge of competence）的开卷有益之书；

是希望通过项目经理资质认证（IPMP、PMP、PRINCE2 和 CPMP）申请人员重要的助力参考资料；

是企业和项目管理组织的领导者、人力资源工作者选择、使用、培养和考核项目管理者的参考标准（Basis for recruitment, Basis for employee development and Basis for assessment of training needs）；因为，成功的项目经理是企业的宝贵人力资源，是企业成功的基础；

是项目经理培训师培训课程设计的参考依据（Basis for training program design）；

是项目经理能力评估师的评估基准（Baseline for assessment）参考和案头工作参考手册；

是项目管理专家、学者教学科研工作的参考资料（Wider project management community）；

本书也是大中专院校开展素质教育，培养学生工作能力、创新能力、就业能力，迅速适应社会的课程设置选择；

本书可以作为大学项目管理本科生和研究生学习项目管理，走上成功项目经理之路的参考教材。

马旭晨

目　录

第1章　能力概述 ... 3
- 1.1　什么是能力 ... 3
- 1.2　能力结构 ... 6
- 1.3　能力结构单元分析 ... 7
- 1.4　能力单元相互关系分析 ... 24
- 1.5　项目经理的能力 ... 25
- 1.6　成功项目经理的能力 ... 25

第2章　项目经理的能力体系 ... 31
- 2.1　项目经理的能力体系概述 ... 31
- 2.2　IPMA 国际项目经理的能力及认证体系 ... 32
- 2.3　PMI 项目经理的能力及认证体系 ... 34
- 2.4　中国项目管理师的能力及认证体系 ... 37
- 2.5　构建我国的项目经理能力体系 ... 40

第3章　项目经理的本质能力 ... 51
- 3.1　项目经理的本质力概述 ... 51
- 3.2　项目经理的本质力解读 ... 52
- 3.3　项目经理能力要素与项目管理的关系 ... 84

第4章　项目经理的管理能力 ... 91
- 4.1　领导力 ... 91
- 4.2　执行力 ... 94
- 4.3　推动力 ... 95

第5章　项目经理的体现力 ... 101
- 5.1　体现力 ... 101
- 5.2　体现力解析 ... 101
- 5.3　体现力的转换 ... 103
- 5.4　不同类型项目管理对项目经理体现力的要求 ... 103
- 5.5　不同复杂程度项目对项目经理体现力的要求 ... 106
- 5.6　不同项目管理岗位对项目经理体现力的要求 ... 107
- 5.7　项目经理三个层次能力与管理的关系 ... 107

第6章 成功项目经理能力的修炼 ……………………………………………… 111
6.1 概述 …………………………………………………………………… 111
6.2 成功项目经理能力修炼的主观要素 …………………………………… 112
6.3 成功项目经理能力修炼的环境要素 …………………………………… 114
6.4 成功项目经理本质力的修炼 …………………………………………… 120
6.5 成功项目经理管理力的修炼 …………………………………………… 123
6.6 成功项目经理体现力的修炼 …………………………………………… 123
6.7 成功项目经理能力修炼路线图 ………………………………………… 124

第7章 项目经理的能力认证 ……………………………………………………… 127
7.1 项目经理能力分级认证概述 …………………………………………… 127
7.2 对国际项目经理助理（IPMP－D级）能力的要求与认证 …………… 135
7.3 对国际项目经理（IPMP－C级）能力的要求与认证 ………………… 141
7.4 对管理复杂项目的项目经理（IPMP－B级）能力的要求与认证 …… 148
7.5 对负责组织层次项目管理者（IPMP－A级）能力的要求与认证 …… 161

第8章 IPMA国际项目经理认证实务选介 ……………………………………… 175
8.1 IPMA国际项目经理助理（D级）能力认证笔试试题选介 ………… 175
8.2 IPMA国际项目经理（C级）能力认证笔试试题选介 ……………… 197
8.3 IPMA国际项目经理（C级）能力认证案例研讨题选介 …………… 215
8.4 IPMA国际高级项目经理（B级）能力认证笔试试题选介 ………… 241
8.5 IPMA国际高级项目经理（B级）能力认证项目管理报告选介 …… 258
8.6 IPMA国际特级项目经理（A级）能力认证项目管理报告选介 …… 302

参考文献 ……………………………………………………………………………… 323

第1章 导读

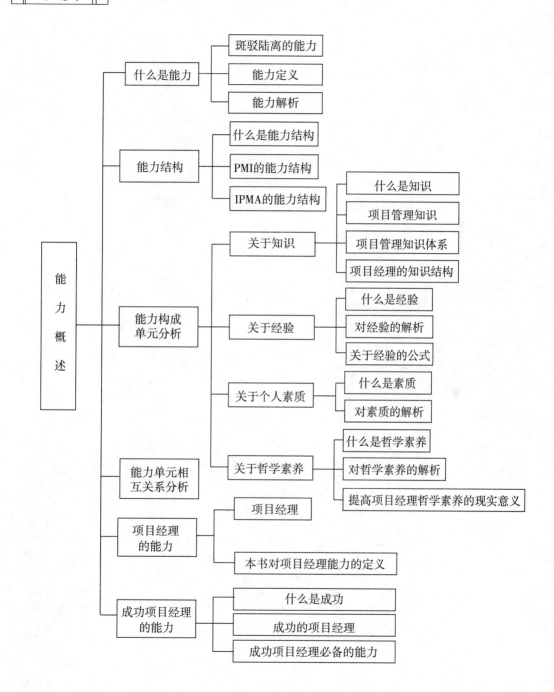

第1章 能力概述

> 本章从关于能力的纷繁复杂的多种说法分析入手，通过介绍能力的定义和解释，简介国内外权威的项目管理组织（IPMA和PMI等）对项目经理能力的考核和认证，进而分析什么是项目经理的能力和成功项目经理的能力，使读者初识能力与项目经理的能力。

1.1 什么是能力

1.1.1 斑驳陆离的能力

一个人能否将没有做过的事或任务完成得好，取决于他的能力。项目管理就是教我们如何做好未知的，一次性的，没有做过的事。项目管理可以教我们如何"做正确的事，正确地做事，获取正确的结果"。

其实人生就是一个大型、复杂的项目，项目管理关乎您的一生。项目管理是一门与我们息息相关的科学。成功的管理项目的能力就是把没有做过的事做好，也是可以驰骋天下的能力。

项目经理是项目的管理者。若想成为成功的项目经理，就必须具备相应的能力。"相应的能力"是什么？目前各种组织、著述中的提法不下几十种，真是林林总总、斑驳陆离。如：团队领导能力；项目的决策能力；项目经营能力；项目管理能力；组织能力；人员开发能力；沟通能力；联系的能力；激励能力；发现解决方案的能力；处理矛盾冲突的能力；解决问题的能力；一定的业务能力；一定的技术能力；讲演能力；创新能力；个人魅力；学习能力等。

此外还要加上几大素质要求：良好的职业道德；健康的身体素质；优秀的心理素质；坚实的知识积累；丰富的经验等。

还有几大管理技能的要求，诸如：项目管理与专业知识技能；人际关系技能；情境领导技能；谈判与沟通的技能；客户关系与咨询技能；商业头脑和财务技能等。

这浩如烟海的有关项目经理能力的内容反映了人们对项目经理的要求、关心与期待。但是这种既不具体，缺少关联与分析，又漫无边际的能力要求，致使人们头晕目眩，莫衷一是；或者头痛医头、脚痛医脚，成效甚微；或者邯郸学步、东施效颦，适得其反。在这种能力的云里雾里，让人无所适从。

我们知道从认识到思维必须符合一定的逻辑，必须遵循一定的规律，这对于我们认识和理解事物是极其重要的。人的感觉器官每天从外界摄入大量影像、大量事物的现象,人脑如果不对它们进行分析、归纳,它们就是一团乱麻、一片混沌,就根本没有什么规律可言。我们也就不可能真正认识事物。

我们认为项目经理必须具备相应的能力,但这种能力既不应该是杂乱无章的,也不应是零零散散的,项目经理的能力应该是一个科学体系。在项目管理实践中,管理不同项目的项目经理和在项目中处于不同管理岗位的项目经理应该具备不同的能力。项目经理的能力,有其核心内容也有不同的外在形式。我们应该也有可能从纷繁复杂的烟笼雾锁中,拨云见日,追本溯源,建立体系,理清关系,纲举目张,抓住本质,实事求是地培养和修炼成为一个成功的项目经理。

1.1.2 能力定义

那么究竟什么是能力呢?

我们需要给能力确定一个定义。

我们知道,定义是通过列出一个事物或者一个物件的基本属性来描写或者规范一个词或者一个概念的意义。定义是揭示概念的内涵或者词语的意义的方法。

概念是思维的产物,在思维领域,概念用来反映思维对象特有属性或本质属性。属性又是什么呢?属性是指事物的性质及其与其他事物关系。概念属于思维领域,为了交流,人们使用词语表达概念。

定义是概念的语言表达形式。某一具体事物的定义是关于该事物概念的词语精确意义的表述。

我们可以见到的关于能力定义有多种不同的解释,其中有:

(1) 某些国外书籍认为:"能力"一词由拉丁语'Competentia'而来,意思是"被授权进行判断"和"有权发表意见。"

(2) 能力是知识、个人素质、技能以及在某方面取得成功的相关经验的集合。

(3) 在中国,汉语词典的解释为"能够胜任某项任务的主观条件"。

(4) 辞海解释为:成功地完成某种活动所必需的个性心理特征。能力又分为一般能力和特殊能力。人的各种能力是在素质的基础上,在后天的学习、生活和社会实践中形成和发展起来的。

1.1.3 能力解析

本书编者认为,能力的定义可以这样来表述:

能力是人们表现出来的解决问题可能性的个性心理和生理特征,是完成任务、达到目标的主观必备条件。能力直接影响活动的效率,是活动顺利完成的最重要的内在因素。

完成任何一项活动都需要人的多种能力要素的结合。例如儿童画画,必须有完整的知觉能力、识记与再现表象的能力、使用线条表现实物的抽象力与想象力、目测长度比例的能力、估计大小或亮度关系的能力、透视能力和灵活自如的运笔能力等。

一个人的能力要素不可能样样突出,甚至还会有缺陷,但是人可以利用自己的优势或发展其他能力要素来弥补不足，同样也能顺利地完成任务或表现出能力。这就是能力的补偿作用。例如，盲人缺乏视觉，却能依靠异常发展的触摸觉、听觉、嗅觉及想象力等去行走、辨认币值、识记盲文、写作或弹奏乐曲，有时表现出惊人的能力。又比如，有些人机械记忆能力比较薄弱或在成年后有所减退，但仍然可以依靠或发展自己特有的理解力、判断力去掌握各种知识，或作出有分量的决策，并不比其他人逊色。这些都表明，能力并不取决于一种要素，而有赖于各种能力要素的恰当结合。

观察力、记忆力、注意力、思维力、想象力等，属于一般能力，适用于广泛的活动范围，与认识和创造活动密切联系，保证人们较容易和有效地掌握并运用知识，即通常说的智力（智力的核心是逻辑思维能力，通常用"智商"来衡量）。

节奏感、彩色辨别能力等，属于特殊能力，只在特殊活动领域内发生作用。

一般能力和特殊能力有机地联系着。一般能力的发展，为特殊能力的发展创造了有利的条件；在各种活动中发展特殊能力的同时，也会促进一般能力的发展。

如果一个人的各种能力要素或主要能力要素在活动中达到了最完备的发展和结合，能创造性地完成多种或某一领域的活动任务，达到能力的高阶层次，通常就被称作为天才。天才不是天生的，它是人们凭借先天带来的健全的生理条件，通过后天环境、教育的影响，加上主观的努力而发展起来的。

除了上述解释之外，从物理学角度分析一下能力，对我们也许还有一些借鉴意义（近年来，管理学界曾经借鉴了不少自然科学的词汇来解释或研究管理内容，如机制、素质、系统、模型、熵等，应该说都收到了较好的效果）。

我们可以把"能力"先分解为"能"和"力"两部分解释：

物理学上的"能"是指能量。什么是能量？能量就是做功的本领。做功就是能量的转换。当你用力移动一个物体时，你就做了功。你做功的多少就是物体获得的能量的大小。在物理学中，能量是物理学最基础的概念之一，从经典力学到宇宙学、相对论和量子力学，能量总是一个中心的概念。

一般在常用语中或在科普读物中能量是指一个系统能够释放出来的或者可以从中获得的、可以相当于一定量的功。能量又有势能和动能之分。

什么是力？力是物体对另一物体的作用。力的作用是相互的。

力有三个要素：

（1）大小；

（2）方向；

（3）作用点。

"力"或者"能"都是物体在运动中所表现出来的一种作用性质。力量或能量都是对物体作用性质的一种度量。外在的表现是力，内在的实质是能。力和能是相互依存的，有力的表现才可以体现能的存在。

我们讨论的项目经理的能力之"能力"，本质含义与物理学中的"能"与"力"，有许多相近之处。项目管理起源于建设工程和国防科技工程，从事项目管理的人员也多有理工的文化技术背景，这种类比与借鉴可能会帮助我们对项目经理的能力有更好的理解。

1.2 能力结构

1.2.1 什么是能力结构

能力是有结构的。项目经理的能力有多种要素组成，这种组成不应该是杂乱无章的，而应该有一个合理的结构。

什么是结构？

关于结构的概念有多种说法，最早起源于房屋建筑、机械制造等自然科学等领域。"结构"通常是指事物的构成组分以及各个组成部分之间的有序搭配。世界上任何事物都存在着结构，结构具有多种多样性且决定着事物存在的本质。

什么是能力结构？

能力结构就是指能力构成的组合成分以及各个组成部分之间的相互关系和有序搭配。

1.2.2 PMI 的能力结构

目前还没有见到 PMI 关于能力结构的公式。但是美国项目管理协会（PMI）会员 David I. Cleland 博士（曾经三次获得 PMI 授予项目管理杰出成就奖）提出一个公式，他认为：

能力＝知识＋技能＋态度

这在某种意义上代表了 PMI 对能力结构的认识。美国项目管理协会（PMI）在 2002 年推出了项目经理胜任能力发展框架（Project Management Competency Development Framework，简称 PMCD Framework）。PMCD Framework 定义了与项目管理相关的项目经理的能力发展框架，作为个人或组织来管理项目经理的专业发展。这可以看作是 PMI 关于项目经理的能力结构。

PMCD Framework 定义了项目经理职业能力的三个关键维度，分别是项目经理知识能力（Knowledge Competence）、项目经理执行能力（Performance Competence）、项目经理个人能力（Personal Competence）。其中：

项目经理知识能力来自于项目管理九大知识体系；

项目经理执行能力展现项目经理在实际项目管理工作中运用知识和技能的能力；

项目经理个人能力以六个不同的单元来描述项目经理的个人素质与能力。这六个单元分别为行动力、客户服务意识和沟通能力、影响力、管理能力、认知能力、个人素质。

其中项目管理知识和项目管理应用方面的要素项是根据项目管理的 5 个流程和 9 大知识领域交叉组成。

PMCD Framework 和 PMBOK 一起，构成了一个项目要获得成功的两个重要因素：人和方法。但是在如何操作层面上，PMI 还在继续探讨之中。

1.2.3 IPMA 的能力结构

IPMA 对项目经理的能力解释则更完善一些，IPMA 认为项目经理的能力有三重含义：

一是能力公式；

二是能力要素的三个层次；

三是不同管理层次的项目经理的能力结构及其与不同类型项目管理的关系。

1. 能力公式

对于第一重含义，被认为是 IPMA 关于能力的结构，即 IPMA 明确地给出了能力公式：

能力＝知识＋经验＋个人素质

这是 IPMA 关于能力的最基本认识。但是 IPMA 没有对其中有关"知识"、"经验"和"个人素质"给出定义和作出进一步的阐述，本书将对此作进一步分析。

2. 能力要素

IPMA 在《IPMA Competence Baseline 3.0——ICB3.0》中，把其在《ICB2.0》中零散分布的 42 个项目经理的能力要素（以一个向日葵图形来表示的），改变为通过项目管理能力之眼来表示，形成了项目经理的能力视野。这些能力包括 46 个要素，分为技术能力、行为能力和环境能力三个组成部分。

这一认识是对项目经理能力认识的重要突破，是理论的深化和对实践的科学总结，为项目经理能力与不同类型项目管理需求的对应关系奠定了基础。我们在能力要素中将进一步展开讨论。

3. 能力结构与管理关层次的关系

这是关于不同管理层次的项目经理的能力结构与不同类型项目管理的关系的解读，是 IPMA 在《ICB3.0》中论述的重点。为了使项目经理的能力与其管理的项目需要相匹配，IPMA 还提出了当今项目管理界普遍认同的有关项目类型的划分——一般项目、大型复杂项目（项目集）和项目组合，进而明确了不同类型的项目应该对应的项目管理；而项目经理的能力可以依据管理项目的不同，以及项目经理在项目中处于管理岗位的不同，分为 A、B、C、D 四个等级的能力。

但是由于我国目前发行的 ICB 3.0 是来自于外文的翻译版本，可能是由于文化的差异和原文结构的编排习惯，项目管理工作者反映在学习和理解 IPMA 关于项目经理能力的论述上，感到其比较零散，还有一定的困难和不习惯。本书随后将对此作进一步深入解读。

1.3 能力结构单元分析

本书对能力结构的认识，与 IPMA 的能力结构相近。不同的是在 IPMA 能力公式的基础上，增加了一项哲学素养。认同于：

能力＝知识＋经验＋个人素质＋哲学素养。

能力结构的图示如图 1-1 所示。

本书对能力各组成部分具体分析如下：

1.3.1 关于知识

1. 知识?

知识是人类对客观事物理性、科学认识的成果或结晶。包括经验知识和理论知识。

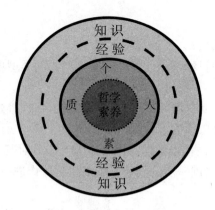

图 1-1 能力结构示意图

知识是有价值的信息,能够指导人们开展价值创造的活动。

知识可分为三大类:自然科学知识、社会科学知识和思维科学知识。哲学知识是自然科学知识、社会科学知识和思维科学知识的概括和总结。哲学知识在整个人类知识体系中处于精华和灵魂的地位。它是对具体知识的概括和总结,是人类文明的"拱心石"。

2. 项目管理知识?

项目经理应该掌握的知识主要是项目管理知识。项目管理知识就是为了实现成功的项目管理所需要的理论、技术、方法和工具。项目管理知识有三个来源和三个组成部分:

公认的项目管理专业的理论和实践;

通用的管理理论和实践;

应用领域(项目所在行业)的专业理论和实践。

项目管理知识是一个完整的体系,其构成如图 1-2 所示。

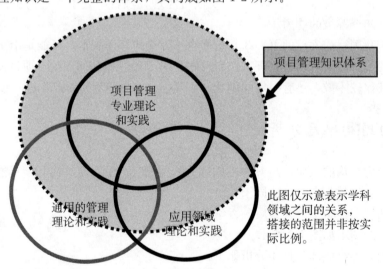

图 1-2 项目管理知识构成

3. 项目管理知识体系

(1)项目管理的四维知识体系概述

目前公认的一个主要项目管理知识体系是 20 世纪 80 年代由美国项目管理协会(PMI)

所提出的以九大知识领域为核心的项目管理知识体系（Project Management the Body of Knowledge，简称 PMBOK）。项目管理知识体系是项目管理专业领域各种知识的总称。

项目管理体系应该是具有纵向、横向和纵横统一的立体结构。如果仅仅考虑《项目管理知识体系》中的九大知识领域，应该说这只是体系中的一个维度，还不足以构成一个体系。我们应该以 PMBOK 为基础建立项目管理的四维知识体系。

在项目管理实践中，任何一个知识领域，都是在一个至少是三维空间坐标体系中被定位的。即每一项项目管理知识既有在其所处的某一知识领域（九大知识领域）中的定位——领域维度，也有在管理过程（启动、计划、执行、控制、收尾五个过程）中所处领域的定位——过程维度，还有在知识与管理的不同层次上的地位——层次维度。这就是项目管理知识体系关于知识领域维度、过程维度和层次维度的三维空间知识体系。实际上在项目管理中，项目管理知识还有其处于项目生命周期中某一阶段的定位——时间维度，所以更全面的认识应该是项目管理知识是一个三维空间加上一个时间维度的四维（3+1）知识体系。

（2）项目管理的知识领域维度

目前的《项目管理知识体系》有九大知识领域，即：项目综合管理、范围管理、时间管理、费用管理、质量管理、人力资源管理、沟通管理、风险管理和项目采购管理。

项目管理的实践证明：这些内容很经典，有重要作用，但是随着项目管理在全球的应用和发展，项目管理知识的内涵也越来越丰富，涉及的面也越来越广，目前 PMBOK 的 9 大知识领域也显现出一些不足。有几个值得研究的项目管理知识领域需要开拓。如：

1）项目创新管理

项目作为创新活动的载体和与创新的紧密联系，项目的创新管理是不可回避的。

项目的创新管理有一些自身的特点，需要认真地进行专题研究。

2）项目知识管理

项目是知识密集型的活动，包括知识、知识员工、知识活动各项要素，为了使之协调发挥作用，需要知识管理。

项目是临时性、一次性的活动，知识容易流失，为了减少损失，保留"前车之鉴"，"前事不忘，后事之师"，需要知识管理。

目前国际项目管理专家在对卓越项目管理的评审认定上，已经高度重视项目团队对知识的管理。中国的项目管理目前还处于发展的初级阶段，通过项目知识管理，促进学习型团队建设，这是提高中国项目管理水平的最好途径之一。

3）项目信息管理

目前的项目管理知识体系是把信息管理归于沟通管理之中，而实际上，在项目实施中，信息是对项目控制的主要依据。对项目的管理就是通过项目信息对项目的管理。应该把信息管理独立地作为项目管理的一个知识领域。

4）拓展不同行业的项目管理知识领域

"在当今之社会，一切都是项目，一切也都将成为项目"。而各个行业的项目管理既有共性，又各具特点。如建筑业，安全、健康和环境的管理显得十分重要，中国建筑工程项目管理知识体系专门列有 HSE（健康、安全和环境）管理。而 IT 行业的项目管理就与之不同。又如中国国防项目管理知识体系中列有质量和可靠性管理、安全与保密管理等。正因为如此，美国项目管理协会近年来又在相继研究开发项目管理知识领域指南的政府分册、国防分册和建筑领域分册等延伸内容。

（3）项目管理的管理过程维度

项目管理在实施中，每一个管理领域都有特定的程序要求，其共性可以体现为一个管理过程组，即启动过程、计划过程、实施过程、控制过程和收尾过程，如图1-3所示。

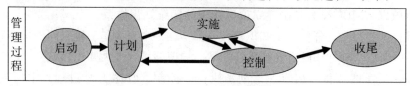

图1-3 项目管理过程组

（4）项目管理知识与管理的层次结构维度

项目管理知识是有层次的。9大知识领域，可以分成科学、艺术和哲学3个层次。

进度管理、费用管理、质量管理、网络计划技术、挣得值法、项目管理软件应用等，是项目管理的技术、方法和工具，属于"硬技术"、"硬要素"，可以划为科学的范畴。这也对应于国际项目管理专业资质认证标准（简称"标准"）的"技术能力要素"。

领导能力、协商谈判、自控、公信、创造、领导、自省、文化意识、冲突与危机、团队合作等个人行为处理和参与社会活动、人际关系处理方面，是项目管理的"软技术"、"软要素"，属于管理艺术的范畴。对应于"标准"的"行为能力要素"。

项目的整合管理、风险管理、利益相关方管理、环境管理等，是对于项目所处环境的"管理关系"或总的战略管理、项目化管理领域，需要站在组织层级考虑最佳实践、结构配合、文化配合、组织发展等系统全局，任何管理的主要内容都是管理各种关系。对项目与环境、人与环境"管理关系"的矛盾分析及有机整合的思维方式和相应的认识论、方法论构成了项目管理哲学的主要内容，可以归属于项目管理的哲学范畴。对应于"标准"的"环境能力要素"。上述关系的表达如图1-4和图1-5所示。

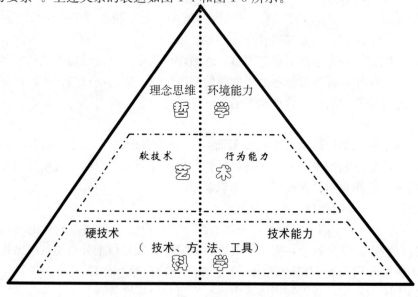

图1-4 项目管理知识的层次结构

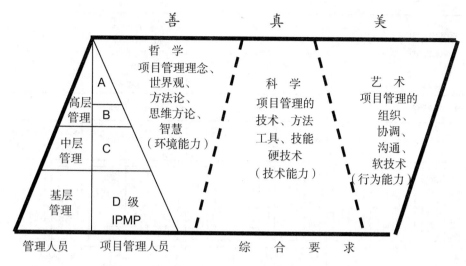

图 1-5 项目管理知识与管理岗位对应的层次结构

项目管理实践表明,处于项目管理不同岗位的管理者,对于这三种知识应该掌握的比例是不同的。上述几张图可以示意性地表达不同层次的项目管理者与项目管理知识的关系。

(5) 项目管理知识的生命周期分布——时间维度

在项目生命周期的不同阶段应用的项目管理知识领域、项目管理的技术方法和工具是不相同的,存在一个分布的问题,我们按中国项目管理知识应用体系——项目的生命期展开,具体内容如图 1-6～图 1-8 所示。

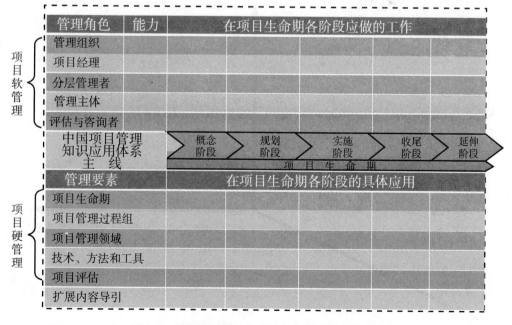

图 1-6 项目管理知识按项目生命期展开分布(1)

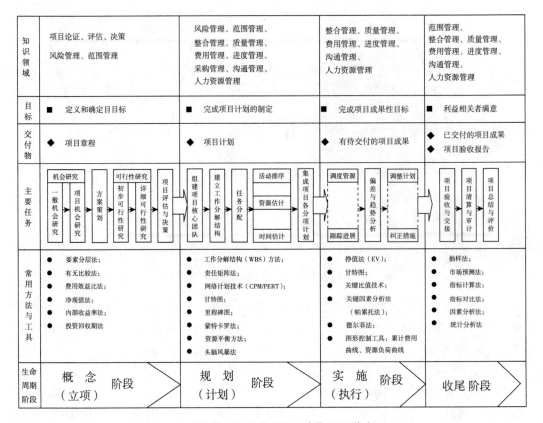

图 1-7 项目管理知识按项目生命期展开分布（2）

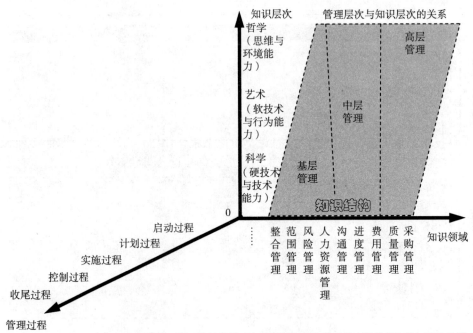

注：知识结构阴影图面积只是示意性地表示不同层次的管理者应该掌握相关知识的比例。

图 1-8 项目管理的三维知识体系

(6) 项目管理的四维（3+1）知识体系

世界和万物是由时间作为内在规定的世界和万物，离开一定的时间，任何物体都不可能存在。运动和变化只有在一定的时间段里才能发生。观察万物的运动和变化，必须有一个特定的时间段作为观察的条件。我们运用的具体项目管理知识也是由特定的时间和空间确定的。我们客观地在项目管理的三维知识体系上加上其所处于项目生命期的不同时点，就构成了项目管理的四维知识体系，如图1-9所示。

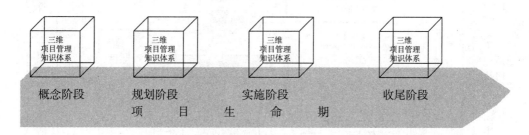

图1-9　项目管理的四维（3+1）知识体系

(7) 项目管理知识体系主要内容展示

基于上述分析，把项目管理知识体系的主要内容归纳为：

一组目标：实现项目目标，获得项目利益相关者的认可与欣赏；

二个层级：组织（企业）层级、项目层级；

三个层次：科学、艺术、哲学（基层、中层、高层）；

四个阶段：概念阶段、规划阶段、实施阶段、收尾阶段；

五个过程：启动过程、计划过程、执行过程、控制过程、结束过程；

六项控制：范围、组织、风险、质量、时间、费用；

七个问题：What、Why、Who、Where、When、How、How Much；

八种资源：人力、资金、装备、材料、信息、技术、环境、时间；

九大管理：范围管理、时间管理、费用管理、质量管理、人力资源管理、沟通管理、采购管理、风险管理、综合管理；

十种技术：系统论、控制论、信息论、价值工程、评估、组织、WBS、网络计划、挣值法、沟通；

十三项标准：目标、领导力、人员、资源、过程、资源节约环境友好、管理创新、客户结果、人员结果、其他利益相关方结果、资源节约环境友好成果、管理创新成果、项目主要成果；

四十六个要素：技术能力（20项）、行为能力（15项）、环境能力（11项）；

多个主体：投资方、总承包方、分包方（设计、实施、监理……）、咨询方；

全过程评估：立项前、项目中、项目管理、项目结果、项目后评价。

项目管理知识体系展开的主要内容也可以如图1-10所示。

图中的粗箭线展示的是项目生命期的各个阶段；左侧的框图列出了项目生命期各阶段用到的主要的项目管理技术方法工具；项目管理知识体系主要由项目管理哲学、项目管理艺术、项目管理技术方法工具和项目管理评估四大部分构成。

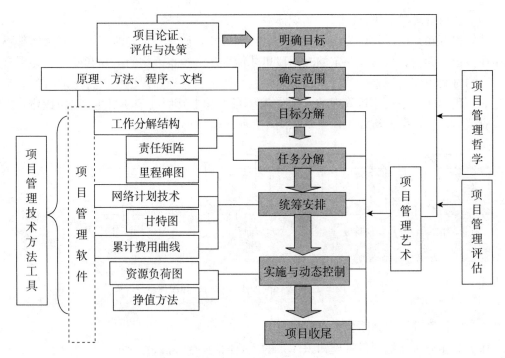

图 1-10　项目管理知识体系的主要内容

图 1-11 给出了一幅项目管理全景的路线图。根据这张图可以概貌地分析出一位成功的项目经理应该做些什么，应该具备怎样的项目管理能力。

同样，这张图也能够给想要把没有做过的事做好的朋友们提供一个科学的思路，一条实现愿望的路径。

4. 项目经理的知识结构

西方思想家培根在 200 多年前提出了"知识就是力量"的口号。直到今天仍然不时为人引用，这说明知识是人类智慧的结晶，也是近代人们从事经济建设、获取成功的重要条件。但是本书作者更进一步认为"知识的有效运用才是力量"。

一位成功的项目经理应该掌握的知识不能仅仅是有关项目管理的知识。除了有关项目管理的知识之外，他还应该掌握一个社会人应该掌握的基本知识，有一个合理的知识结构。包括：理解项目环境、处理人际关系的知识和技能、应用领域的标准、法律与规章制度和项目管理知识等。项目经理的知识结构如图 1-12 所示。

1.3.2　关于经验

1. 什么是经验

经验一词，在中国古汉语中是个合成词。当时这个合成词的意思是测量、计度、筹划之意，主在验证；此后经验这个词又滋生出灵验和亲身经历两种意思。

按照现代汉语词典和辞海，经验的简明定义：

一是指经历、体验；

二是泛指由实践得来的知识或技能；

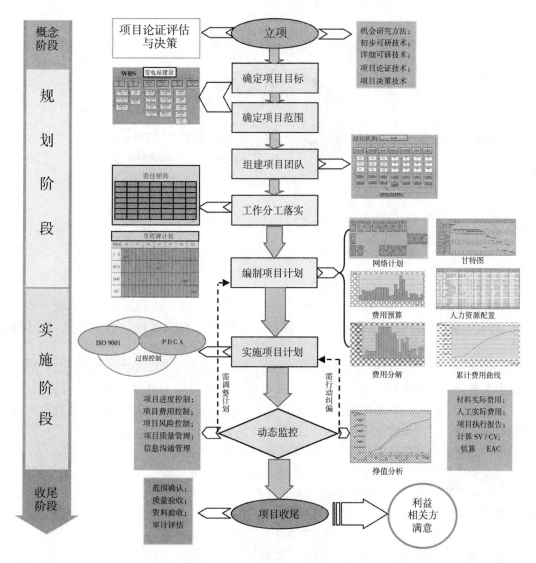

图 1-11 项目管理全景路线图

三是指感觉经验,即感性认识。

在我们平常的用法里,经验有时和体验的意思相近,有时和经历的意思相近。

经验一词也采用了译自英文"experience"的意思。"experience"有四层意思:

第一层意思是对所发生之事的直接观察或亲身参与,特别是着眼于通过这种观察或参与获得知识;

第二层意思是实践知识或技能;

第三层意思是组成个人生活或集体生活的意识事件;

第四层意思是亲身经历。

经验还经常可以解释为亲身参与、直接观察。参与要更贴近经验。有些经验,不仅单从外部观察不足获得,就连参与也还是隔了一层。经验里还有某种经受、承受、承担的意思。

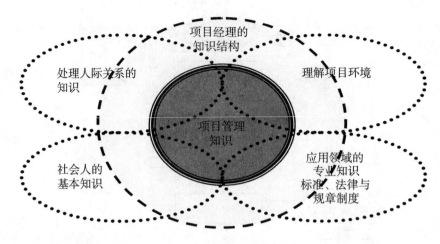

图1-12 项目经理的知识结构

2. 对经验的解析

综上所述，可见经验与经历、体验、参与、观察、验证、认识、知识、技能等相关。这些语词为我们提示了一个内涵系列，我们来分析一下经验所包含的多层意思之间的关系。

"不识庐山真面目，只缘身在此山中"。从迷茫在生活的一隅，到站在生活的外面，有时是当事者迷，旁观者清。要从事科学，就必须在一定程度上跳出只是经受意义上的经验，向着观察、思考这一端移动。从汉语词典和英语词典都可以看出，经验和获得知识、技能联系紧密，在哲学讨论中，人们更是倾向于从获得知识这个角度来看待经验，所以，经验中的经受这个因素就比较隐没，观察这个因素就越来越突出。

经验和体验、经历并不完全相同。体验更多的是从内心着眼；经历则更多的是从外部遭遇和联系着眼；经验却不特别强调内部和外部，可视做两者的统一，或两者不大分化的原始情况。今天人们对经验的理解可说既包含着内也包含着外；经验既包含经过、经历，也包括体会、体验。一个人可能有很深的感情，很丰富的想象，但这些东西都从心里萌发，不是经验；另一方面，变化多端的外部遭际，杂乱无章的印象，浮光掠影的感觉碎片，都只是感觉，不是经验。经验应该是天然浑就，互相勾连，联成一个整体的。没有心灵感悟的东西，无论经过了多少变化，或者我们浑浑噩噩地经历过了好多好多的事，都不是经验。这正如毛泽东在《实践论》中所说："感觉到了的东西，我们不能立刻理解它，只有理解了的东西才更深刻地感觉它。"我们可以看到，在我们生活中常有这样的事：两个人同样经历过了一件事情，一个人成了有经验的人，另一个却仍然没什么经验。在积累经验方面，我们可以说："有心不在年高，无心空活百岁。"

经验是体验或观察某一事件后所获得的心得并应用于后续作业。简单地说，亲身经历、体验和感悟的过程，就是经验。经验是人们经由实践活动对客观事物的直接了解，是在感性认识过程中形成的，是人与客观事物直接相互作用的结果。正是在直接经验的基础上，人们经过思维活动将感性认识上升到理性认识。在现实生活中，人们还可以拥有另一种经验，即间接的经验，这是通过别人的经验来认识客观事物的途径。

生活中处处需要经验，经验又是从生活中经历或学习而来；有时候经验的高低直接影响着生存的质量。对于工作，经验是非常重要的，有时候胜过学识。人们也需要从工作和生活中总结各种各样的经验，以保证以后的工作和生活的顺利进行。经验是维持一件事情延续下去的保证，经验也有直接经验和间接经验之分。

直接经验是指亲身参加变革现实的实践而获得的知识；间接经验是指从书本或别人那里得来的知识。我们一方面要强调直接经验的重要性，因为认识来源于实践，从亲身的实践中得到的直接经验是获得的真知。很多问题必须通过亲身实践去体会，才会理解得深刻。你要知道梨子的滋味，就必须亲口尝一尝。所以直接经验是很重要的。但是一种经验，对自己来说是直接经验，对别人来说就是间接经验，没有直接经验就没有间接经验。所以从另一方面来说，我们也不能否认学习间接经验的重要性，因为一个人的实践总是有限的，一切事情都靠自己的直接经验是不可能的。事实上，一个人所接受到的知识，绝大部分是间接经验的东西。为了继承历史遗留下来的精神财富和学习外域的知识，接受间接经验是完全必要的——"它山之石，可以攻玉"。每代人都把前人的认识当作自己认识的起点，又都以自己的认识成果充实人类知识的宝库，作为下代人认识的基础。所以，一个人的知识，包括直接和间接两部分，而真正的经验都是从实践中获得并经过实践检验的。人们在接受间接经验时，多少要以自己的直接经验为前提，要真正理解间接经验，还有待于自己的实践。

直接经验是人们通过实际的活动所获得的对客观事物的认识，具有直接现实性；而间接经验是认识主体通过书本或其他的个人所获得的经验，受到时空的限制，具有间接性，但是可以弥补实践中所获得的经验的不足。因此，在人的认识过程中，经验是可以传授的，也可以是经验主体自己摸索、学习而得来的，二者缺一不可。

3. 关于经验的公式

经验，必须把过去曾经做过的事应用于未来，并取得成功。如果没有这个处理解决后来事件的过程，这个所谓的"经验"只能称之为经历。经历并不等于经验。有经历并不一定能形成经验。要形成自己独特的经验，必须经过自身强烈的体验，并对自己的体验进行反思、总结、感悟和提炼。经验不只是简单的经历和对已经做过事情的"拷贝"、"复印"和"再版"。编者也在此提出一个有关形成经验的公式，供参考：

经验＝经历＋总结＋感悟＋升华＋再运用

在我们成长的过程中可能会积累很多的经验，可能这些经验是有助于我们将来的成功，或者有助于我们将来处理一些复杂的事情。经验的积累为我们形成良好的能力提供了必要的基础条件。重要的是我们要主动地、有意识地去积累经验。

1.3.3 关于个人素质

1. 什么是素质？

素质的含义有狭义和广义之分。

狭义的素质概念是生理学和心理学意义上的素质概念，即"遗传素质"。

《辞海》写道："素质是指人或事物在某些方面的本来特点和原有基础。在心理学上，指人的先天的解剖生理特点，主要是感觉器官和神经系统方面的特点，是人的心理发展的生理条件，但不能决定人的心理内容和发展水平。"

对于专业的生理学和心理学上的素质，我们不去作深入的研究，这里只择取有关的基本内容作一初步说明。

什么是人的生理？

生理是指人的机体的结构、机体各个组成部分的功能和生命活动现象。

生理素质被认为是人的素质结构中的一个最基础的成分。是人的心理素质赖以存在和发展的载体。从心理学的角度来看，素质是指人的先天生理和心理特点。

什么是人的心理？

心理是人对客观事物的反映活动，是生物进化到高级阶段时人的生理结构特别是大脑结构的特殊功能。心理是心理活动的简称，也称心理现象。

心理就其自身来说，是一个有组织的、整体的动力系统。心理是个人在现实生活中对客观事物的主动反映活动，是大脑的一种特殊反应功能。因此，它不是独立的实体，而是过程和活动。这个过程总是从人的认识活动开始，有了知觉，产生了思维，引发了情感，还形成了意志。心理活动中带有个人的特点，属于主观活动。由于心理活动所反映的是客观的事实，且心理在本体论上是人体机体的一种运动形式，属于客观物质世界的一部分，所以在这一意义上又具有客观性。

心理素质包括人的认识能力、情绪和情感品质、意志品质、气质和性格等个性品质的诸个方面，是人的整体素质的组成部分。一个人的心理素质是在先天素质的基础上，经过后天的环境与教育的影响而逐步形成的。心理素质也指个体在心理过程、个性心理等方面所具有的基本特征和品质。它是人类在长期社会生活中形成的心理活动在个体身上的积淀，是一个人在思想和行为上表现出来的比较稳定的心理倾向、特征和能动性。

广义的素质则指的是教育学意义上的素质概念。这种素质是指人在先天生理的基础上，在后天通过环境影响和教育训练所获得的内在的、相对稳定的、长期发挥作用的身心特征及其基本品质结构，通常也可以称为素养。主要包括人的道德、智力、身体、审美素质和劳动技能等。

归纳起来，我们可以认为：素质是一个人能做什么（技能、知识）、想做什么（角色定位、自我认知）和会怎么做（价值观、品质、动机）的内在特质的组合。

2. 对素质的解析

素质是能力形成和发展的自然前提，离开了这个前提就谈不到能力的发展。双目失明的人难以发展绘画方面的能力，生来完全聋哑的人难以发展音乐方面的能力，无脑儿不仅不能发展各种能力，甚至难于生存。

素质并不是完全遗传的，因为婴儿出生之前还有一段胎儿的发展时期。出生以后，还可能出现一些突发事件影响到人的素质。

素质本身不是能力，也不能现成地决定一个人的能力，它只能提供一个人能力发展的可能性，只有通过后天的教育和实践活动才能使这种发展的可能性变为现实性。

素质与能力也不是一对一的关系，在同样的素质基础上可以形成各种不同的能力，同一种能力可以在不同素质基础上形成，这完全取决于后天的条件。即使在某种素质方面存在着一定的缺陷，还可以通过机能补偿的作用，使有关能力发展起来。

项目经理能力所涉及的素质是广义的素质。这种素质应该包括心理素质、身体素质和一部分哲学素养。而哲学素养在人的能力结构中占有更重要的位置，为此，我们单独提出来进一步展开和深入分析。

1.3.4 关于哲学素养

哲学素养的内容与素质有关。心理素质和身体素质是素质的骨干，哲学素养是素质中更归属于精神层面、经过修炼、决定于后天养成的部分。在这里，我们特别强调哲学素养的作用，是因为这种哲学素养是项目经理的能力灵魂。我们谈哲学素养就意味人的能力在思想层面的升华。

1. 什么是哲学素养

哲学是关于世界观的学问，是世界观的理论体系，也就是人们关于其所处的世界以及与世界关系的总的看法和根本观点。哲学包括世界观、方法论和思维模式。对项目经理而言，主要指项目经理的政治方向，包括政治观、人生观、价值观等；道德品质，包括真诚、勤奋、有责任感；健康的心态，包括追求卓越、力争上游、积极地应对变化、平和地对待成功与失败；具有较丰富的人文社科知识，包括历史知识、社会知识、文学底蕴、人际交往能力等。

哲学素养是一个人对哲学内涵的感悟和在哲学理论与实践方面修养的具体体现。

所谓修养，犹如孟子所说："修身以养性。"修养是一个动态的过程。"修犹切磋琢磨，养犹涵养熏陶"。一个人在日常生活和工作中通过接受各种锻炼，培养和提升自己待人处世的哲学境界。

2. 对哲学素养的解析

哲学并不深奥也不神秘。

哲学与具体知识科学不同。哲学在整个人类知识体系中处于精华和灵魂的地位，是对具体知识的概括与总结。与具体知识、学科相比，在对世界的认识与根据上，哲学更具有范围上的总体性；层次上的最终反思性；在与世界的关系上具有最大的间接性；在知识的取向上具有多维性。所以哲学可以为具体知识提供探索与改造世界的一般观点和方法，提供有关事理和价值评判的一般依据和灵魂性知识，在此意义上哲学被称为召唤具体知识的"报晓雄鸡"。

哲学对人们提高理论思维能力有启迪作用。恩格斯说："一个民族要站在科学的最高峰，就一刻也不能没有理论思维。"这个理论思维就是哲学的辩证思维。科学发展史表明，具体的科学总要受哲学的指导，科学工作者总是要受哲学的支配，我们项目管理工作者也不例外，如果我们能理解与把握项目管理的哲学内涵，应用马克思主义哲学为自己的理论指导，有一个正确的理论思维和研究方法并科学实践，就有可能比较顺利地从纷繁复杂、情况多变的项目管理中认识本质，抓对主要矛盾，进而应用恰当的技术、方法，找到解决问题的最好途径，把项目管理工作做好。现代项目管理科学的发展将会表明：完善意义上的项目管理科学，必须是知识化、技术化与人性化、人本化、人文化的结合。这就决定了对项目经理的培养教育，除了进行专业知识的教育外，必然还要内涵着哲学（特别是管理哲学）、美学、法学、心理学等方面的教育。

3. 提高项目经理哲学素养的现实意义

当前我国各种各样的项目越来越多，项目管理也发展得很快，项目管理工作越来越重要，项目管理遇到的新问题也越来越多。

这一切问题的解决仅仅依靠单纯的项目管理理论、技术、方法、手段是远远不够的。一位只知道项目管理技术和管理手段、方法，但不理解项目管理的哲学内涵、理念和灵魂思维的人员，不能算是一个好的管理者，更不可能是一个好的项目经理。因为他只知道具体的技术、方法、手段，而遇到了项目管理的新情况、新问题将不知道如何去思考、分析，去决定如何运用具体的技术和方法；而理解了项目管理哲学内涵，掌握了项目管理的理念、思维方式的人员，即使他对项目管理具体的技术、方法、工具、手段掌握的并不精通（注意，这里我们说的只是不精通，而不是不懂、不了解，其实我们还是希望他尽量掌握），他也有可能不失为一个好的项目管理者。因为项目管理，既是科学、是技术、更是艺术，是对变化的管理，一切不可能完全循规蹈矩、约定俗成、墨守成规。只有先进的世界观、方法论，才可能为我们提供认识世界和改造世界的一般原理。项目管理哲学素养是"纲"，"纲举目张"。理解和把握了项目管理的哲学内涵，就有可能把这哲学内涵作为"纲"，作为"伟大的认识工具"，为我们提供正确实施项目管理，处理好项目管理中各种复杂矛盾、纷繁关系的立场、观点、思路和方法。从这一意义上就要求项目管理的工作人员，特别是中高层项目经理，必须加强对项目管理哲学内涵的了解、认识和修养。

思维能力是成功项目经理最为重要的能力之一，它是创新能力和其他能力的前提。在项目管理科学领域中只有对研究成果进行思维的加工，才能上升为科学意义上的项目管理理性认识。不断提高思维能力对成功项目经理来说至关重要，而加强哲学修养是提高思维能力、培养创造性思维、启迪批判性思维的有效途径之一。辩证唯物主义认识论告诉我们，对任何事物的认识不可能永远停留在某一水平上，人们对客观世界的认识是无止境的。只有具备了缜密的思维能力，才能深入到事物的本质中去，"去粗取精，去伪存真，由此及彼，由表及里"，才能得到正确的认识，揭示事物的本质规律。

项目管理科学与哲学是密不可分的。从学科性质和社会职业定位来讲，项目管理人才应该比其他专业技术人才具有更高的哲学素养，才能履其责，胜其任。

一方面从项目管理与服务的对象讲，项目管理要面对的是具有生物、心理、社会诸多因素汇聚一身的各种各样的"人"——项目利益相关者，项目经理只有具备正确的世界观、人生观、价值观和人性、良知，才能充分理解、尊重、协调、调动方方面面的积极性，处理好"关系"，和谐奋斗，共同实现卓越的项目成果。

另一方面，项目是否成功，关乎交付物的物质结果，更涉及包含哲学意义的人文价值判断（这一点，在判断项目管理水平的标准——国际卓越项目管理评估模型中有明确的界定）。如果项目经理不具备较高的哲学素养，没有正确的价值观、真理观，是难以担当此重任的。哲学使人明理，哲学使人智慧，哲学使人卓越。哲学在成功项目经理的培养中，具有"高屋建瓴"的前导性和"厚积薄发"的基础性核心位置。

国际项目管理协会前副主席钱福培教授曾经说："项目管理专家们正以极大的兴趣关注着所谓项目的'软'问题，诸如项目过程中的思维、行为、情感、适应性、项目管理中的交叉文化、项目经理领导艺术等。因此有人说，项目管理是将思想转化为现实，将抽象转化为具体的科学和艺术。"国际项目管理顶级专家，罗德尼·特纳教授明确提出："项目经理应该具备能够从哲学的角度和战略的高度了解项目管理内涵的能力。"编者积多年从事项目管理工作的实践，非常赞同以上观点，并做过一些相关的论述，感兴趣者可以参阅。

我们看到目前的项目管理的实践和项目管理学科教育还存在着一定的弊端：

（1）项目管理科学教育的知识化、技术化和工具化在一定程度上掩盖了项目管理科学教育的人性化、人本化和人文化的哲学灵魂本质。对技术、工具的过分依赖与迷信，渐渐弱化了作为项目管理者的分析、集成、创造等理性思维能力的哲学素养的提高。这就导致了在实际的项目管理实践中项目管理者的人文和哲学素养相对较差，缺乏科学思维，知识结构不合理。也就是说，项目管理科学教育和实践中存在着某种重专业、重技术、轻管理、轻哲学素养的现状。这一点在从技术人员转为管理者的项目经理身上表现尤为明显。

其实现代项目管理学科中蕴含着非常有意义的一般科学方法论——这正是一种重要的培养哲学素养的内涵。

方法论有哲学方法论、一般科学方法论、具体科学方法论之分的不同层次。关于认识世界、改造世界、探索实现主观世界与客观世界相一致的最一般的方法理论是哲学方法论；研究各门学科，带有一定普遍意义，适用于许多有关领域的方法理论是一般科学方法论；研究某一具体学科，涉及某一具体领域的方法理论是具体科学方法论。三者之间的关系是互相依存、互相影响、互相补充的对立统一关系。分析我国目前高等学校的情况是：注重抓了世界观和最一般的哲学方法论和研究某一具体学科的具体科学方法论，而忽视了带有一定普遍意义，适用于许多有关领域的方法理论是一般科学方法论。而正是这一般科学方法论，对我们培养具有核心能力的创新型人才有着承上启下、连接"做人"与"做事"的更结合实际的普遍指导意义。

我们知道，任何一门科学技术其中都蕴含了一些科学的世界观和方法论。只是碍于学科的门槛和专业深度，人们的工作分工，阻碍了我们深入涉足挖掘。项目管理在其具有专业管理的专业性的同时，又具有我们生活中比比皆是的普遍性，这正如美国项目管理专业资质认证委员会主席 Paul Grace 所说："项目管理如狂潮般席卷整个经济领域，而且在越来越多的领域中体现着非凡的生命力，到处都可见到它的影子，因此在当今之社会，一切都是项目，一切也都将成为项目。"基于此，为我们从项目管理中提炼出人们急需的通用管理能力——把一次性、没有做过的事做好的能力，成为可能。

我们一些年轻的朋友喜欢说："跟着感觉走。"但是要想掌握事物的本质和规律，仅靠感觉、知觉、表象是不行的，需要在感觉和知觉的基础上，借助于思维，通过理解上升到理论层面才能完成。学习一般科学方法论，可以提供认识世界的总观点、总方向。"任何科学都是应用逻辑"。就是说，在各门科学中应当用辩证法的观点来分析和认识问题。一般科学方法论的基本观点，如矛盾的观点、发展的观点等，可以在我们分析一般科学理论问题的时候，起到一个指路的作用。学习一般科学方法论，可以为我们提供认识的武器、认识的方法、认识的路线。一般科学是自然界及其规律在人脑中的反映。科学研究的过程是人脑对自然界的反映和认识的过程。这里就存在着一个认识规律的问题。只有正确地认识和掌握认识规律才可以在认识自然界和社会的过程中，少走弯路，减少错误。反之，不认识不掌握规律，就会走到错误和泥坑中去。

一般科学方法论科学地揭示了认识发展的一般规律，就为一般科学提供了认识武器，使一般科学遵循正确的认识路线向客观世界的深度和广度前进。学习一般科学方法论，可以为一般科学揭示思维规律，提供正确的思维方法。人类认识客观世界，是通过思维形式进行的，是通过概念和范畴的体系来实现的。一般科学在使用概念、范畴等思维形式的时候，必然会碰到思维规律的问题。懂得思维规律，就可以正确使用思维形式，否则就做不到。一般科学方法论作为逻辑学，是关于思维形式及其规律的科学，它深刻地揭示了概念、范畴等思维形式的性质、特点及其在认识总过程中的地位和作用，辩证地阐明了思维形式之间的关系。学习一般科学方法论，就可以运用概念和范畴去反映自然界的运动、发展和变化的规律。

总之，思维活动、一般科学方法论，使我们在学习活动中能继承人类的知识，并能运用知识来解决学习、工作、生活及人生中的各种问题。离开了思维活动，感性认识就无法上升到理性认识，理性认识也无法指导实践活动。

项目管理的哲学理念和科学方法论具有一般科学与社会科学相融合的特色，可为许多工作和管理提供借鉴。结合我们掌握的项目管理知识和规律实践，具体地说：

1) 项目的目标和结果是要使项目的利益相关方尽量满意——这是系统与环境，人与社会和谐统一，双赢、多赢与共赢的哲学理念，是系统论的科学方法论的体现。

2) 项目范围管理，强调在一个确定的目标下作规划，要全面统筹不漏项，实事求是不画蛇添足，工作层层分解，更是系统工程的方法论的具体化，WBS（工作分解结构）以至于衍生出的各种 BS（分解结构），是做好各类工作均可参考的有用工具。

3) 项目管理的载体是项目团队。各种形式的项目组织是基于把世界视为变化的、应该用适应变化的项目组织来替代呆板的职能分工的组织，去完成需要创新的任务，这是对世界根本是运动的，而不是静止的科学世界观的体现。

4) 把 WBS 与 OBS（组织分解结构）相结合，编制工作责任矩阵，是正确处理系统与要素，整体与局部，实现"千斤重担众人挑，人人肩上有指标"，把目标层层落实的通用的、具体有效方法。

5) 网络计划技术是统筹规划、全面思考，互相协调，整合优化，动态控制的哲学理念和具体科学方法，可以用于计划各类较复杂的工作。

6) 项目管理注重流程管理，大的范畴把项目的生命期分成不同的阶段，小的方面对每一管理对象分成几个管理过程和细分为各类具体流程，是群体共同工作的规范，是动态控制的依据，是沟通协调的基础，是理性思维与可视化认识的结合，是一般科学方法论与社会科学方法论的有机融合，有利于公开、公正、透明，便于监督和凝聚共识，也具有普遍意义。

7) 项目管理常常具有目标的不完全确定性，因而积极应对变化，不抱怨变化。项目的变更管理为人们应对创新工作提供了优异的思路和方法参考。

8) 项目管理注重控制论的应用。在 9 大知识领域的管理上给出了做事一定要有"输入（依据、资源）—处理过程（技术、方法和工具）—输出（结果）"的思路；在项目实施中强调监督、控制，具体有挣得值法的应用，对做任何一项工作都有参考意义。

9) 项目风险管理的具体化，可为做其他各项工作所借鉴。"未雨绸缪"、"防患于未然"，在中国古之有之，现实社会中各项工作也皆有风险。项目风险管理提供了这方面很好的思路、流程、技术和方法。

10) 强调知识管理，项目管理要求做之前要借鉴已有的"组织过程资产"（无形资产），项目实施中要积累项目的组织过程资产，项目结束要总结流传可供其他项目参考的组织过程资产，这是可持续发展理念的具体化。

11）项目管理注重评价评估，总结了许多有参考价值的评估模型，可为其他管理借鉴。从理论与实践的结合上评估项目管理的成败、优劣，这也应该是各类管理的重点和高层次的内容，是对客观实际的尊重，是落实"实践是检验真理的标准"的体现，也是助力于可持续发展的具体措施。

12）组织层级的项目化管理，高层次地系统整合职能管理与各类项目管理，是一种新型的"和谐管理"模式。为各类组织管理提供了新思路、新模式，具有管理领域的重大变革意义。如此等等。

（2）由于对市场经济因素影响的过度夸大，项目管理活动中应该特别提倡的对话、交流、沟通、平等、宽容、爱心与项目管理者的利他主义、追求卓越、正直、严谨等人文的东西有所丧失，甚至出现了国内个别"专家"鼓吹在项目管理中要"见人说人话，见鬼说鬼话"；反对被人称颂的"要做事先做人"，认为"被人称颂的事情未必是有效的，也未必是真实的"。这是一种很不正常的现象，更不符合项目管理的科学内涵，应该引起我们的警惕。

（3）对哲学素养的认识偏颇：认为其太神秘或者认为与自己关系不大或者自己眼下太忙、哲学远水不解近渴等。

成功的科学家、艺术家、政治家和优秀的管理者都在实践中造就了自己的哲学素养，并用之指导自己的行动。

爱因斯坦、达尔文等是如此，毛泽东、邓小平、陈云等是如此，华罗庚、钱学森、邓稼先等是如此，我们身边涌现的许许多多的优秀的项目经理也是如此。

陈云是善于培养哲学素养并用以指导工作的成功人士。他认为，加强哲学学习，培养哲学思维，是解决做好工作的主要途径。例如，在他重新担任中国共产党中央副主席时，在繁重的工作任务下，对学习哲学一事仍抓得很紧。并对身边工作人员耐心地说："哲学是最核心的东西"；"耽误一点事情不要紧，文件漏掉一点也不要紧，以后还可以补嘛。有所失才能有所得，要把眼光放远一点。要提高自己的思想水平、工作水平，必须学好哲学。"1987年7月17日上午，陈云专门约当时的中央负责人作了一次长谈，谈话的中心就是"你们现在身负重任和要学习哲学这两个问题"。这次谈话，更加体现出陈云在重要历史关头对哲学思维的重视。他说："我个人的体会是：学习哲学，可以使人开窍。学好哲学，终身受用"；"希望能够组织政治局、书记处、国务院的同志都来学习哲学，并把这个学习看成是工作的一部分，也是自己的一项重要责任。"由此看出，在陈云的认识和体会中，马克思主义哲学素养和哲学思维，是搞好党和国家工作的"最要紧"的必要条件。对比而言，我们想要成为成功的项目经理不是更需要哲学素养吗？

其实哲学素养并不神秘。哲学素养的实质主要是指一个人对客观世界的认识形成的理念和行为出发点。我们倡导的健康的哲学素养，应该包括：

团结友善（与人为善，团结友爱）；

诚实正直（尊重科学，实事求是）；

中正和谐（以和为贵，不搞极端）；

宽容大度（海纳百川，有容乃大）；

应变平和（正视变化，处变不惊）；

学习奋斗（终身学习，奋斗终生）等为人之道，还有一些现代的理念，如：

市场理念（强烈的市场意识）；
竞争理念（正视竞争，敢于竞争，善于竞争）；
信息理念（注重收集信息、沟通信息）；
机会理念（注意发现、捕捉组织内外的机会）；
协调理念（敞开心胸，乐于沟通）；
成长理念（个人成长和组织成长共同促进）；
效益理念（以经济效益为中心）；
法律理念（以法律维护个人和组织的利益）；
信誉理念（诚实守信，注重维护良好的个人和组织形象）等。

1.4 能力单元相互关系分析

对于知识、经验、个人素质和哲学理念的关系可以作这样的分析：

知识："知识就是力量"；"知识的有效运用就是现实的力量。"知识是能力的营养来源。人的能力的发挥通常通过每个人接受直接和间接的知识，获取技术、方法和工具，再作用于所处的具体环境来实现。

经验：是能力的实践因素。经验是知识转化为能力的必要条件、必经途径。感觉到的东西，不一定能立刻理解它，只有理解了的东西，才能够更深刻地感觉它。而无论是感性知识还是理性知识，都需要通过实践、经验，才能变为有用的知识——转化为能力。环境与教育的作用不是机械地被动地为人所接受，外部条件对人发生作用必须通过人本身的实践。历史上许多杰出人物、创新能手之所以表现出惊人的才能与成就，无不都是应社会历史的要求，参加变革实践的结果。人的能力还和他们所从事的职业活动相联系，不同的职业活动对人们提出不同的要求，从而也发展了相应的能力。实践活动越多样，劳动分工越精细，人们能力的个别差异也就越明显。不同领域的经验都会对项目经理的能力有或多或少的影响。

个人素质：是能力形成所依赖的自然基础。个人素质是能力的先天物质基础和后天的改进完善。个人素质是能力的底蕴。素质是能力形成的自然前提，没有这个前提，就谈不到能力的形成。素质只是为能力发展提供了可能性，要把这种可能性转变为现实，还需要通过后天的环境和教育的影响（接受与运用知识），通过个人的勤奋努力（积累经验）才能实现。个人素质主要包括身体素质和心理素质。它提供了接受知识、体验经验的载体。

哲学素养：是能力的灵魂。哲学素养是能力的总纲，纲举目张。哲学素养为具体知识探索与改造世界实践和素质的培养提供一般观点和方法，提供有关事理和价值评判的一般依据。从广义上讲，哲学素养也可以列入个人素质的范畴，考虑到它的重要灵魂作用和后天形成性，我们把它与先天为主的身体素质和心理素质区分开来分析。

通过上述分析，对于能力总括起来我们可以说：能力是在先天个人素质的基础上，在后天生活环境和教育的影响下，通过一定的活动，学习与运用知识，实践和积累经验，培养良好的哲学素养（形成科学的世界观和方法论），并在其统领之下，而逐渐形成和发展起来的。

1.5 项目经理的能力

1.5.1 项目经理

为了讨论项目经理的能力，我们再来明确一下什么是项目经理。

项目经理是项目的管理者，项目团队的领导者，是为项目的成功策划、顺利执行和获取满意成果的总负责人。

在实行项目经理责任制的背景下，项目经理是组织（项目管理）法定代表人在项目上的一次性授权委托代理人。

项目经理具有相应的职责和权限。项目经理的主要职责是项目管理。就是要在项目有限的资源约束下，运用系统的观点、方法和理论，对项目涉及的全部工作进行有效地管理。从项目的投资决策开始到项目结束的全过程进行启动、计划、组织、指挥、协调、控制和评价，以实现项目的目标。

项目经理根据授权和管理职责也被赋予相应的权力。如项目活动指挥权、人事权、财权、技术决策权和设备、物资、材料的采购与控制权。

在当今之社会项目经理已经成为一种职业。职业项目经理更应该是深谙项目管理之道，熟悉项目管理知识体系，具有良好的职业道德，能够熟练运用项目内外各种资源、技术和工具，为实现项目目标的新型社会人才。

1.5.2 什么是项目经理的能力

项目经理的能力，就是项目经理应该具备的能力。是项目经理管理项目的应知应会、是项目经理与管理项目的思、言和行；是项目经理与管理项目相关的知识、经验、个人素质和哲学素养；是与项目管理相关的能力集合。

本书后面要继续全面讨论这些相关问题。

1.6 成功项目经理的能力

1.6.1 什么是成功

这是一个很难定义的概念！

关于成功，不同的人会有不同的理解。比如：

有人捞到了一官半职，便举杯庆贺，志得意满——我成功了！

有人在某种机遇中获得巨额财富，便喜形于色，忘乎所以——我成功了！

有人在跟对手的一次争锋中占了上风，便洋洋自得——我成功了！

有人在和别人交往时，占了点便宜，便以为自己聪明过人——我成功了！

有人在唱了一首歌，受到了些许"粉丝"的追捧，便以歌星的姿态炫耀——我成功了！如此等等。

上述诸种人所谓的成功,并不能说是真正意义上的成功。

许多成功学家都对成功的概念有过界定,但却似乎都很含糊。一些众说纷纭的成功之说,更是让人眼花缭乱。在这里我们只能在万花丛中展示其一,说一说编者对成功的理解,作为我们后续讨论的基础。

从字面上讲,成是心想事成,功是指对别人或社会有价值、有贡献、有影响力。

成功应该是一个系统和综合的概念:

(1) 成功并不应该只是表面的现象,还应该有一种内在的感受,它显露于外的只是形式。真正意义上的成功应该是内在心理和外在形式上的统一。

(2) 成功不只是幸运的问题,成功不是赌博,也不应该是一种偶然性。就像"赢"不是简单的第一,"赢"和金钱只是成功的外貌或衡量成功的尺度,而不是内核和根本。在拥有金钱的成功之余,我们也要拥有心灵的宁静。

就项目管理来讲,《ICB3.0》认为:"成功的项目管理和项目的成功相关联,然而,它们并不是一回事。有可能在一个项目中成功地实施了项目管理工作,最终这个项目会由于组织制定新的战略方向而中止……与项目是否成功就不再有什么关系了。"反之,如果项目经理管理的项目只是由于特殊的条件和偶然的因素完成了,但是这个结果与其本人的努力和项目管理并无直接的因果关系,也不能称之为真正的成功。

成功靠什么?有的人说,决定成功的主要因素是机遇;有的人说,决定成功的主要因素是个人行为等,不一而足。但我们认为,一个人的成功,更重要的是在于其个人所具备的成功素质。

成功需要道德良知作为基础:

首先,道德高尚的人能够获得内心的平衡,从而实现内在自我价值。

其次,具有良好道德品质的人在与别人沟通时能保持良好的心态,赢得友谊和支持,改善其生存和发展的环境,从而实现外在的成功。同时,崇高、正直的人格本身就是最大的成功。

再次,成功是积极的心态。对自身来说,一个人成就的高度绝对无法超越他自信所能达到的高度。所以,积极的心态,是一切成功的基础;是一切成功的创造力、进取精神和力量的支撑。人生积极的态度是指心态开放、快乐,精神高尚、自由。做人,如果每天只是唯别人马首是瞻,丧失自我,这样的人无论活得如何貌似潇洒,由于他们的灵魂是跪着的,这些人都永远不能被视为成功;但有一些人,虽然他们的生活是清贫的,人生道路是艰辛的,遭遇是悲惨的,但他们为了追求自由而付出了代价,但在追求中心态开放,充满快乐,他们也拥有精神的自由,让人高山仰止,景行行止,他们才是真正的成功者。

比尔·盖茨应该算是一个成功人士。比尔·盖茨把成功看成是一种人生态度的成功,而不只是赚了多少钱、成立了多少公司才是成功。价值观念树立正确,人生态度端正,这就是成功的基础。

第四,成功需要讲究技巧和策略。人们只有学会了有效的自我管理,处理好各种人际关系才能获得更多的财富,更有效率地工作,更快乐地生活。它包括目标和计划的制定、时间管理、情绪的控制、个性的发挥、待人接物的技巧、语言沟通、职业的选择、自我推销等方面。项目管理的技术、方法和工具就是成功所需要的重要能力组成部分。经验告诉我们,我们不仅要做一个品德高尚的人,而且要做一个聪明人,使自己的品德和智慧感染人和影响他人。

第五，成功是行动。"一打宣言也赶不上一步实际行动"。行动是所有成功著作都在反复强调的内容，伟人和名人也如是说。如果你渴望摆脱贫困，走出困境，希望成功，那么，按照成功学的原则去行动。从现在就开始行动。

第六，成功是一种训练的结果。只有有规律的训练，才能强化你的积极心态，才能改变你的不良思考习惯和行为习惯。好习惯是开启成功的钥匙，坏习惯则是通往失败的下坡路。

我们今天是在一个特定的社会环境下讨论成功，一个人的成功既应该有个人价值，也应该具有相应的社会意义。只有做人成功，做事也成功，才是真正意义上的成功。

1.6.2 成功的项目经理

基于上述分析，成功的项目经理就是在项目管理过程中心态开放、身体健康、工作愉快、游刃自如，有效地实现项目目标，使项目利益相关方满意的项目负责人。

毛泽东同志曾经说过："人类的历史，就是一个不断地从必然王国走向自由王国发展的历史。这个历史永远不会完结。……人类总得不断地总结经验，有所发现，有所发明，有所创造，有所前进。"

这里的必然王国就是指人在认识和实践活动中，对客观事物及其规律还没有真正认识而不能自觉地支配自己和外部世界的状态；自由王国指人在认识和实践活动中，认识了客观事物及其规律并自觉依照这一认识来支配自己和外部世界境界。在社会历史中，必然王国指人受盲目必然性支配，特别是受自己所创造的社会关系的奴役和支配的社会状态；自由王国指人自己成为自然界和社会的主人，摆脱了盲目性，能自觉创造自己历史的社会状态。人类的认识史和社会史，就是从必然王国向自由王国发展的历史。必然王国向自由王国的发展是一个无限的过程。

哲学上所讲的这种必然与自由，就是人们在客观世界中的活动所处的两种不同的状态，前者是自发的、盲目的；后者是自觉的、自如的。在前者中，人是客观规律的奴隶；在后者中，人是客观规律的主人。

人们只有走进了自由王国才能释放出巨大的潜能，才能极大地提高工作成效。但当人们步入自由王国时，又在新的领域进入了必然王国。不断地周而复始，人们的能力会越来越强，人类也会从一个文明又迈上了一个更新的文明。自由是相对的，"自由王国"是人们追求的理想境界，理想境界的实现要靠我们的辛勤努力。

成功的项目经理就是要不断培养、充实和强化自己的能力，在项目管理领域从"必然王国"走到"自由王国"的人，而且是持续在这条大路上行走的人。

1.6.3 成功项目经理必备的能力

项目经理为了成功地完成一个项目，除了能承担职责行使权利之外，项目经理还必须具备一系列的能力以便能够成功地管理项目。就这个意义说，成功的项目经理的能力就是指能够在项目管理过程中摆脱盲目性，能自觉地、创造性地、快乐地管理项目，使项目获得成功，个人获得发展的项目经理的能力。

  本书强调成功项目经理的能力不是杂乱无章的，也不是零零散散的，项目经理的能力应该是一个科学体系。每位项目经理的能力体系架构都不一样，有的人能力体系架构比较合理，有的人则不那么合理，合理的能力体系架构能让较少能力元素发挥出较大的作用，不合理的能力体系架构会浪费人的能力，让人事倍功半或所学无所用。

  本书认为这个能力体系是由本质力（核心能力）、作用力（管理能力）和体现力（表现能力）三个层次由内向外构成的，这三种能力具有科学的内涵与外延的关系和相互联系，深入地理解成功项目经理的能力体系是成功项目经理的能力修炼的核心。随后的章节将对此逐层展开，深入解读分析。

  通过这个能力体系模型也可以指导我们的能力的修炼培养过程。一般地，我们应该先掌握核心层的能力再掌握次外层的能力，但又不能只停留在这一层。能力的培养和修炼也可以借鉴软件开发的迭代的方式。我们应该先要打基础，但也不需要（有时也不可能）一次就打下一个十全十美的基础，对于核心能力开始可以先具有一定的程度（例如五成以上），然后就可以尝试学习实践次外层的能力，可能当我们掌握一成或几成次外层的能力时，就会发现本质和核心的基础还打的有问题、有缺欠，然后我们再带着问题来补基础本质力的修炼。如此反复，波浪式地前进，直到止于至善。

第2章 导读

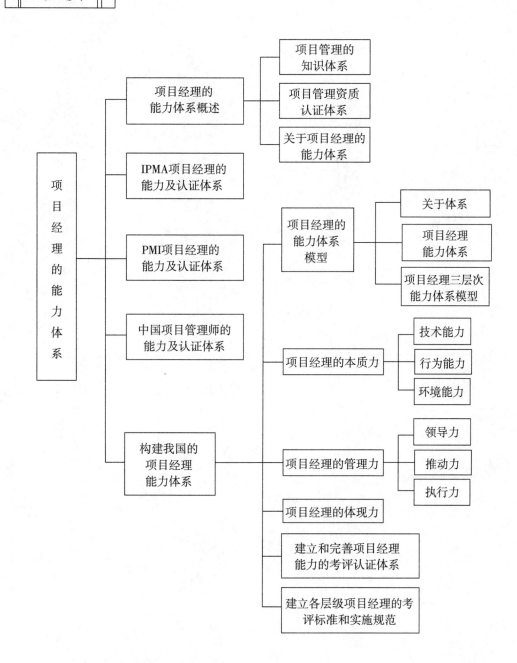

第 2 章 项目经理的能力体系

> 本章从构建项目经理能力体系的基础内容出发，通过对 IPMA、PMI 等国际项目经理的能力及认证体系的分析，结合中国实际，给出了中国项目经理能力体系的框架——中国项目经理的三层次能力体系。

2.1 项目经理的能力体系概述

项目经理的各项能力不应该是零散和杂乱无章的，项目经理的各项能力是一个有机的整体，这就是项目经理的能力体系。前章我们分析了项目经理的能力结构、能力要素以及它们与项目管理的关系，这些都是构建项目经理能力体系的前提和基础。

本章通过分析给出中国项目经理能力体系的框架——项目经理的三层次能力体系。项目经理的能力体系与项目管理知识体系和项目经理能力的认证体系密切相关。希望使中国项目经理能力的培养更系统、更科学；对申请项目经理资质认证者的通过更有帮助。

本章将重点从项目经理的能力体系和项目经理能力的认证体系两个层面进行阐述。

2.1.1 项目管理的知识体系

我们在第 1 章已经介绍过，项目管理知识是一个体系，是为了实现成功的项目管理所需要的理论、技术、方法和工具，是项目管理专业领域知识的总称。20 世纪 80 年代由 PMI 推出 PMBOK，其代表出版物是《PMBOK 指南》（The PMBOK ® GUIDE），后来进行了多次修改和完善，2009 年 PMI 推出了《项目管理知识体系（PMBOK ®）指南（第 4 版）》。

为了与不同国家、不同行业的项目管理实际结合得更紧密，各国也纷纷推出了一些本土化和行业化的项目管理知识体系。2001 年中国（双法）项目管理研究会组织编写了《中国项目管理知识体系》（C-PMBOK），2006 年又组织了修改。随后中国的有关行业、领域还相继编写了行业领域的项目管理知识体系，如《中国建筑工程项目管理知识体系》、《中国国防项目管理知识体系》等。本书提出的四维项目管理知识体系，与建立项目经理能力体系有更直接的关联。

项目经理应该熟练掌握项目管理知识体系的全部内容，并在项目管理实践中有效运用。《项目管理知识体系（PMBOK ®）指南（第 4 版）》所明确的 9 大项目管理知识体系、5 大项目管理过程组、项目生命周期的 4 个阶段和项目管理特有的组织知识，以及 IPMA 的《国际项目管理专业资质认证标准（ICB3.0）》都是构建项目经理能力体系的主要基础。

2.1.2 项目管理资质认证体系

为了考核、评价和确认项目经理对项目管理的水平和能力，近年来 IPMA 和 PMI 等国际组织在项目管理知识体系的基础上，陆续推出了项目经理能力的考评认证体系（IPMP 和 PMP），中国劳动和社会保障部也制定了中国项目管理师（China Project Management Professional 简称 CPMP）的项目管理专业人员资质认证体系。

项目经理的能力体系与项目经理能力考评认证体系是相关联的，本章我们会对国际项目管理组织的项目经理的能力体系与项目经理能力考评认证体系结合起来逐一介绍和分析。

2.1.3 关于项目经理的能力体系

除了项目管理知识体系和项目管理资质认证体系之外，目前我们更需要的是，依据国际通用的相关权威理论（特别是 IPMA 的《国际项目管理资质认证标准》），结合中国项目管理的国情和实际经验，构建一个具有理论依据、来源于实践，全球化、科学化、系统化的项目经理能力体系，用以指导培养我国成功项目经理的能力。目前零散和杂乱无章的各种能力提法，让人手足无措。本章从构建项目经理能力体系的基础内容出发，通过对 IPMA、PMI 等国际项目经理的能力及认证体系的分析，最后给出构建中国项目经理能力体系的框架——项目经理的三层次能力体系。希望这个能力体系使中国项目经理能力的培养和修炼更系统、更科学、更有效，对申请项目经理资质认证者的通过更有帮助。

2.2 IPMA 国际项目经理的能力及认证体系

2006 年 IPMA 总结多年、多国项目管理的实践，通过理论升华，给出了一个《国际项目管理资质认证标准（IPMA Competence Baseline 3.0——ICB 3.0）》，是一个比较科学的项目经理能力体系的雏形；编者认为 IPMA 对相应等级项目经理的能力认证作了科学、明确、规范和极具可操作性的规定；这些内容已经得到国际项目管理阶段普遍认同，也构成了我们研究项目经理能力，构建项目经理能力体系和明确项目经理培养、认证和评估的基础。2000 年中国（双法）项目管理研究委员会（Project Management Research Committee，PMRC）将国际项目经理专业资质认证（IPMA Project Management Professional——IPMP）引入中国，2006 年 PMRC 把 ICB 3.0 作为认证国际项目经理的标准，目前正在以其为依据在中国开展国际项目管理认证（IPMP）。

2.2.1 IPMA 对项目经理能力的定义

国际项目管理协会（IPMA）在 ICB3.0 中表明：项目经理的能力是知识、个人素质、技能以及在某方面取得成功的相关经验的集合。

ICB 3.0 是一个具有理论依据、来源于实践，全球化、科学化、系统化的项目经理能力体系。IPMA 认为：

（1）项目经理的能力有一个科学的结构：能力＝知识＋经验＋个人素质。

（2）项目经理的能力可以分为三个不同层次类型的模块：分别为技术能力、行为能力和环境能力。

（3）项目经理的能力依据项目管理者所管理项目的不同、在项目中所处管理岗位的不同分为 A、B、C、D 四个等级，每一个等级项目经理的能力都有比较详尽的说明。

（4）对每一个等级项目经理的能力的认证都有科学、明确、规范，极具可操作性的规定。

如此等等，构成了项目经理能力规范、培养、认证和评估的精华。

2.2.2　IPMA 国际项目经理四级认证体系

IPMA 明确提出四个级别的项目经理能力对不同项目管理类型的对应关系，如图 2-1 所示。为了帮助读者理解这些不同类型的项目，我们以小资料的形式对此作一简要介绍。

项目经理级别	图　示	项目类别
国际特级项目经理 Certified Project Director （Level A）	A	项目组合；大型复杂项目；一般项目
国际高级项目经理 Certified Senior Project Manager （Level B）	能力 ◎知识 ◎经验 ◎素质　B	大型复杂项目；一般项目
国际助理项目经理 Certified Project Manager （Level C）	C	一般项目
国际助理项目经理 Certified Project Manager Associate （Level D）	知识　D	参与项目 做某一方面的工作

图 2-1　IPMA 关于项目经理的能力与项目管理关系

IPMA 对项目经理能力的认证针对项目经理的不同级别采用不同的方式，包括对知识考核笔试、对经验和素质考核的案例讨论、撰写项目管理报告和面试答辩等，比较全面、科学，如图 2-2 所示。

但是 IPMA 的能力体系中虽然提出了能力要素（技术能力、行为能力和环境能力）、能力结构（能力公式），却缺少一个有关能力的系统框架，没有给出相关能力结构、能力

项目经理级别	能力	认证程序			有效期
		阶段1	阶段2	阶段3	
国际特级项目经理 （IPMP A级）	能力 =知识 +经验 +个人素质	A	项目报告	面试	5年
国际高级项目经理 （IPMP B级）		B	申请履历 项目清单 证明材料 自我评估	项目报告	
国际项目经理 （IPMP C级）		C		笔试 可选择 案例研讨或简明 的项目报告	
国际助理项目经理 （IPMP D级）	知识	D	申请 履历 自我评估	笔试	无时间限制 可选择：10年

图 2-2 国际项目经理（IPMP）四级认证体系（2005 版）

要素的具体含义，也没有深入地分析能力要素、结构之间的层次关系，略显凌乱，不利于对项目经理能力的培养，需要结合中国国情深入解读和进一步完善。

2.3 PMI 项目经理的能力及认证体系

2.3.1 PMI 对项目经理能力的定义

1999 年中国外国专家局培训中心将 PMI 基于项目管理知识体系（PMBOK）和项目经理胜任能力发展框架（PMCD Framework）的项目管理专业人士认证——PMP 引入我国。目前暂没有见到美国项目管理协会（PMI）关于项目经理能力的简明定义。但 PMI 在 2002 年推出了 PMCD Framework（Project Manager Competence Development Framework）——项目经理胜任能力发展框架，定义了与项目管理相关的项目经理的能力发展框架，作为个人或组织来管理项目经理的专业发展。从中国对能力的解释——"能够胜任某项任务的主观条件"来看，PMI 的项目经理胜任能力可以看作是 PMI 关于项目经理的能力的定义。

PMCD Framework 给项目经理个人以及组织机构提供了一个管理项目经理职业发展的标准。该框架详细地描述了项目经理应具备的职业能力。PMCD Framework 定义了项目经理职业能力的三个关键维度：

项目经理知识能力（Knowledge Competence）；
项目经理执行能力（Performance Competence）；
项目经理个人能力（Personal Competence）。

其中，项目经理知识能力来自于项目管理知识体系（PMBOK）中的九大知识领域；创造性地提出了执行能力和个人能力，项目经理执行能力展现项目经理在实际项目管理工作中运用知识和技能的能力；项目经理个人能力分为六个不同的单元来描述项目经理的个人素质与能力，分别为行动力、客户服务意识和沟通能力、影响力、管理能力、认知能力、个人素质。PMCD Framework 和 PMBOK 一起，构成了一个项目要获得成功的两个重要因素：人和方法。

其中项目管理知识能力方面的要素项是根据项目管理的 5 个流程和 9 大知识领域交叉组成的，见表 2-1 所列，针对每个交叉格的内容进行评估，分为 4 级。

PMI 项目管理知识能力要素　　　　　　　　　　表 2-1

	启动		计划		执行		监控		收尾	
	知识	应用	知识	应用	知识	应用	知识	应用	知识	应用
集成管理										
范围管理										
时间管理										
费用管理										
质量管理										
人力资源管理										
沟通管理										
风险管理										
采购管理										

项目经理执行能力展现项目经理在实际项目管理工作中运用知识和技能的能力；在 PMCD Framework 中，描述项目经理能力的标准体系结构包括：能力分类（Unit of Competence）、能力群组（Competence Cluster）、针对能力群组的要素（Element，specific to each Competence Cluster）、评价要素的准则（Criteria，specific to each Element）。

项目经理个人能力分为六个不同的单元来描述项目经理的个人素质与能力，分别为行动力、客户服务意识和沟通能力、影响力、管理能力、认知能力、个人素质。针对每个方面，又进一步细分，共有 18 个能力要素。见表 2-2 所列，在每个能力要素上，也按照四个级别进行评估。

项目经理个人能力元素　　　　　　　　　　表 2-2

个人能力要素		评估	个人能力要素		评估
1	行动和达成目标		4	管理方面	
	以达成目标为导向			发展他人	
	关注指令、质量和准确			指导、面对现实、利用职权	
	主动性			团队和合作	
	信息获取			团队领导力	
2	帮助和服务		5	认知方面	
	人与人之间项目理解			逻辑思维	
	以为客户服务为导向			概念思维	
3	影响力		6	个人的效率	
	直接和间接影响			自我控制	
	理解组织			自信	
	建立关系			灵活变通	

PMI 也对项目经理的能力与项目管理的对应关系做出了解释：

20 世纪 90 年代，管理学界曾经发起的"胜任力运动"把对于个人能力的评价从基于个人特征推向了基于组织绩效。

我们从中国对能力的解释——"能够胜任某项任务的主观条件"来看，也认为能力具有联系具体对象和胜任的含义。"胜任力"强调的是个人所具有的能力与组织目标和需求相匹配，更具有针对性。对项目经理来说，胜任力实质就是把项目经理的个人能力与项目管理的绩效和成功进行了恰当的连接。其关系如图 2-3 所示。

图 2-3　项目经理的能力与项目管理的关系

2.3.2　PMI 关于项目管理专业人士的认证体系

PMI 正在推行以下三个层次的认证，我们可以从中分析出其对项目经理的能力与项目管理对应关系的认识。PMI 在中国对项目经理的认证目前翻译为项目管理专业人士，具体表示如下：

（1）项目集管理专业人士（高级项目经理）认证（PgMP）：明确了这个级别的项目经理能力对应管理多个与组织战略协调一致的相关项目。

可以把 PgMP 认证的项目经理理解为类似于 IPMA 的《ICB3.0》中国际高级项目经理（Level-B，即 IPMP—B 级）对大型复杂项目的管理，目前刚刚开始在中国实行（更多的信息，请参考《PgMP 认证手册（英）》）。

（2）项目管理专业人士（项目经理）认证（PMP）：这是 PMP 认证作为项目管理领域最有价值的认证之一，表明了该级别的项目经理的能力有效地管理通用的项目。

可以把 PMP 认证的项目经理理解为类似于 IPMA 的《ICB3.0》中国际项目（Level-C，即 IPMP—C 级）对一般项目的管理。目前在中国的认证方兴未艾。

但是 MCD Framework 缺少可操作的规范，目前美国项目管理协会在中国的项目管理职业资格认证 PMP，还没有完全根据上述能力体系进行。PMP 现在的认证主要根据两部分：资格审查和 PMP 考试。资格审查考量申请者的项目管理工作经验，侧面反映了申请者的管理能力和项目管理知识的应用能力。PMP 考试通过笔试主要考察申请者对项目管理知识的了解和认识。

(3) 助理项目管理专业人士（助理项目经理）认证（CAPM）：表明通过此认证的人士对项目管理工作实施有着全面而持续的理解，可以成为项目成员。该阶段也是成为项目经理的必要过程。

CAMP 认证的项目管理相关人员可以理解为类似于 IPMA 的《ICB3.0》中国际助理项目经理（Level-D，即 IPMP—D 级）参与项目的管理。

2.4　中国项目管理师的能力及认证体系

继 PMP（美国项目管理协会的项目经理认证）和 IPMP（国际项目管理协会的国际项目经理认证）被引进中国之后，中华人民共和国劳动和社会保障部（现为中华人民共和国人力资源和社会保障部）又把项目管理作为职业技能，组织了中国项目管理师（China Project Management Professional 简称 CPMP）的项目管理专业人员资质认证工作。

2.4.1　项目管理师的能力定义

职业名称定为：项目管理师。

职业能力定义：具有利用现代项目管理方法、技术和工具，对项目进行领导、计划、组织、指挥、协调、控制及服务的职业道德、基础知识、相关知识、操作技能，达到相关的工作要求（按职业等级）。

认证鉴定涉及的能力内容包括：理论知识、操作技能和工作要求三大方面，简介见表 2-3～表 2-5 所列。详细要求参阅项目管理师国家职业技能标准。

1. 理论知识

理论知识要求　　　　　　　　　　　　　　　　　　表 2-3

项目	技能等级	四级项目管理师（%）	三级项目管理师（%）	二级项目管理师（%）	一级项目管理师（%）
基本要求	职业道德	10	10	10	10
	基础知识（含法律法规）	36	22	18	18
相关知识要求	项目策划	—	—	—	15
	项目启动	—	6	11	9
	项目计划	13	16	22	10
	项目执行	29	27	18	14
	项目控制	9	14	16	19
	项目收尾	3	5	5	5
合　计		100	100	100	100

2. 操作技能

操作技能要求 表 2-4

项目	技能等级	四级项目管理师（%）	三级项目管理师（%）	二级项目管理师（%）	一级项目管理师（%）
技能要求	项目策划	—	—	—	23
	项目启动	—	15	20	10
	项目计划	30	15	22	18
	项目执行	47	40	28	18
	项目控制	20	25	20	20
	项目收尾	3	5	10	11
合计		100	100	100	100

注：比重表中划"—"的地方，表示不配分。

3. 工作要求

鉴定标准对四级项目管理师、三级项目管理师、二级项目管理师、一级项目管理师的技能要求是依次递进，高级别涵盖低级别的要求。以三级项目管理师为例简介见表 2-5 所列。

对三级项目管理师的工作要求 表 2-5

职业功能	工作内容	技能要求	相关知识要求
1. 项目启动	1.1 需求分析	1.1.1 能够调查市场需求信息 1.1.2 能够汇总项目需求信息 1.1.3 能够草拟项目需求建议书	1.1.1 市场需求调查方法 1.1.2 需求分析基本原则及方法 1.1.3 项目需求建议书编制方法
	1.2 可行性研究	1.2.1 能够收集可行性研究资料 1.2.2 能够收集项目评价资料	1.2.1 资料收集方法 1.2.2 可行性研究报告的主要内容 1.2.3 项目评价的基本内容和方法
2. 项目计划	2.1 范围计划	2.1.1 能够进行项目工作分解 2.1.2 能够编制项目工作分解结构词典	2.1.1 工作分解结构的知识 2.1.2 工作分解结构词典的知识
	2.2 进度计划	2.2.1 能够编制项目工作清单 2.2.2 能够进行项目工作排序 2.2.3 能够估计项目工作持续时间 2.2.4 能够编制进度计划	2.2.1 项目进度计划的基本知识 2.2.2 进度计划图表的绘制方法 2.2.3 进度管理软件的应用方法 2.2.4 进度计划的编制方法
	2.3 费用计划	2.3.1 能够确定项目工作所需资源 2.3.2 能够编制费用分解结构 2.3.3 能够编制费用计划	2.3.1 项目费用计划的基本知识 2.3.2 费用分解结构的编制方法 2.3.3 费用计划的编制方法
	2.4 质量计划	2.4.1 能够编制质量检查表 2.4.2 能够编制质量计划	2.4.1 项目质量管理原则 2.4.2 质量计划的基本知识 2.4.3 质量计划的编制方法
	2.5 人力资源计划	2.5.1 能够绘制组织结构图 2.5.2 能够编制工作规范和工作说明书 2.5.3 能够编制项目人力资源需求计划	2.5.1 组织结构图的基本知识 2.5.2 工作分析方法 2.5.3 项目人力资源需求计划编制的原则和方法

续表

职业功能	工作内容	技能要求	相关知识要求
2. 项目计划	2.6 沟通计划	2.6.1 能够识别项目利益相关者的沟通需求 2.6.2 能够编制沟通计划	2.6.1 沟通计划的基本知识 2.6.2 沟通计划编制方法
	2.7 风险管理计划	能够登记已识别项目的风险	风险识别的基本知识
	2.8 采购计划	2.8.1 能够起草采购计划和采购合同 2.8.2 能够进行供方调查和分析 2.8.3 能够编制招投标文件	2.8.1 采购计划编制方法 2.8.2 合同编制原则和方法 2.8.3 供方调查和分析方法 2.8.4 招投标知识
3. 项目执行	3.1 组织建设	3.1.1 能够招聘项目团队成员 3.1.2 能够统计考评数据	3.1.1 招聘方法 3.1.2 统计方法
	3.2 采购计划执行	3.2.1 能够整理分析市场价格 3.2.2 能够收集招投标信息 3.2.3 能够收集合同谈判资料	3.2.1 市场信息处理的基本知识 3.2.2 合同谈判商业情报的收集方法
	3.3 质量保证	3.3.1 能够执行质量计划 3.3.2 能够实施质量保证措施	3.3.1 质量标准和规范 3.3.2 质量保证的基本知识
	3.4 沟通计划执行	能够使用项目管理信息系统	项目信息的管理知识
	3.5 风险管理	3.5.1 能够分析风险产生的原因 3.5.2 能够执行风险应对措施	3.5.1 风险分析的方法 3.5.2 风险应对的方法
4. 项目控制	4.1 范围控制	4.1.1 能够识别影响范围变更的因素 4.1.2 能够处理范围的变更请求	4.1.1 项目范围跟踪和控制的原理 4.1.2 范围变更管理的知识
	4.2 进度控制	4.2.1 能够分析项目进展情况 4.2.2 能够分析影响进度的因素	4.2.1 项目进度跟踪的基本知识 4.2.2 项目管理软件（进度控制模块）的基本知识 4.2.3 项目进度偏差的影响因素
	4.3 费用控制	4.3.1 能够分析费用绩效 4.3.2 能够分析项目费用偏差	4.3.1 费用执行情况测量的基本知识 4.3.2 费用控制基本原理及过程 4.3.3 项目管理软件（费用控制模块）的基本知识 4.3.4 项目费用偏差的影响因素
	4.4 质量控制	4.4.1 能够分析质量检查表 4.4.2 能够分析质量偏差产生的原因	4.4.1 质量检查表分析方法 4.4.2 质量控制原理 4.4.3 因果分析法、调查表法、分层法等质量控制方法 4.4.4 项目质量偏差产生的原因
	4.5 风险控制	能够跟踪已识别的风险	风险跟踪的方法
5. 项目收尾	5.1 合同收尾	5.1.1 能够核实合同的条款 5.1.2 能够复查并核实合同执行过程中的各种资料 5.1.3 能够进行合同的归档	5.1.1 合同内容核实的方法 5.1.2 合同关闭的基本知识 5.1.3 合同归档的基本知识
	5.2 管理收尾	5.2.1 能够草拟项目验收报告 5.2.2 能够草拟项目总结报告	5.2.1 项目验收报告的编制方法 5.2.2 项目总结报告的编制方法

2.4.2 中国项目管理师的认证体系

项目管理师共设四个等级，分别为：四级项目管理师（国家职业资格四级）、三级项目管理师（国家职业资格三级）、二级项目管理师（国家职业资格二级）、一级项目管理师（国家职业资格一级）。每个等级分别授予不同级别的证书。其能力及认证体系与 IPMP 类似。

各级别项目管理师分别有一定的申报和准入条件。四级项目管理师和三级项目管理师分为理论知识考试和操作技能考核。理论知识考试和操作技能考核均采用闭卷笔试或者上机考试的方式。理论知识考试和操作技能考核均实行百分制，成绩皆达 60 分及以上者为合格。二级项目管理师、一级项目管理师还须进行综合评审。

PMP、IPMP 和 CPMP 的项目管理者能力体系和认证体系的详细内容，请参阅各认证机构的相关资料，这里不再赘述。

2.4.3 关于英国商务部（OGC）推行的 Prince2 认证

近年来中国也开始引进英国商务部（OGC）推行的 Prince2（Projects IN a Controlled Environment，可控环境下的项目管理）系列项目管理人士的资格认证。该认证基于由英国政府商务部 OGC 发布的项目流程管理最佳实践。PRINCE2 自 1989 年诞生，1996 年正式发布，持续更新和修订，最新版 PRINCE2：2009 于 2009 年 6 月正式发布。据悉 20 多年来在全球 150 个国家，2000 多个政府组织和领先企业中得到广泛应用。目前欧美发达国家已经有超过 6 万人取得了 PRINCE2 认证，而中国大陆目前正在积极推行中。详细内容，请参阅认证机构的相关资料。

2.5 构建我国的项目经理能力体系

2.5.1 项目经理的能力体系

1. 关于体系

首先我们来明确一下什么是体系？

体系是指，若干有关事物互相联系、互相制约而构成的一个整体。体系也称系统。

系统定义：由若干要素以一定结构形式联结构成的具有某种功能的有机整体。在这个定义中包括了系统、要素、结构、功能四个概念，表明了要素与要素、要素与系统、系统与环境三方面的关系。

体系具有纵向、横向和纵横关联统一的立体结构；整体性、关联性，等级结构性、动态平衡性、时序性等是体系的基本特征。

2. 关于项目经理能力体系

由若干与项目管理相关的项目经理能力要素，以一定结构形式联结构成的，用以表示项目经理能力的有机整体，就是项目经理的能力体系。

本书所拟构建的项目经理能力体系是与项目经理能力相关的全部内涵与外在表现的整体。这个体系中包括了系统、要素、结构、功能四个概念，揭示了系统与结构、要素与系统、要素与要素、系统与环境几个方面的关系。

构建项目经理能力体系的结构层次如图 2-4 所示。

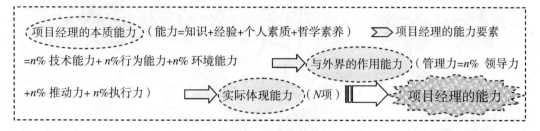

图 2-4　项目经理能力体系的结构层次

该思路表明项目经理的能力体系由项目经理的本质力、管理力（与外界的作用力）和实际体现力构成。

2.5.2　项目经理三层次能力体系模型

项目经理的能力体系框架模型如图 2-5 和图 2-6 所示，揭示了要素与系统的关系。项目经理的能力体系由本质能力、管理能力和体现能力三个层次构成。

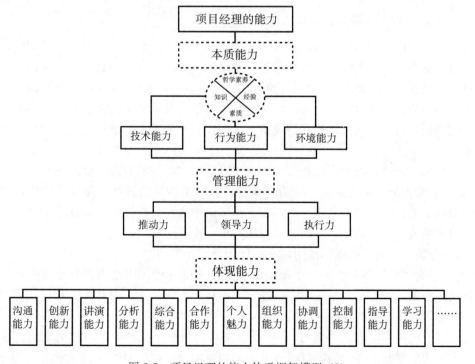

图 2-5　项目经理的能力体系框架模型（1）

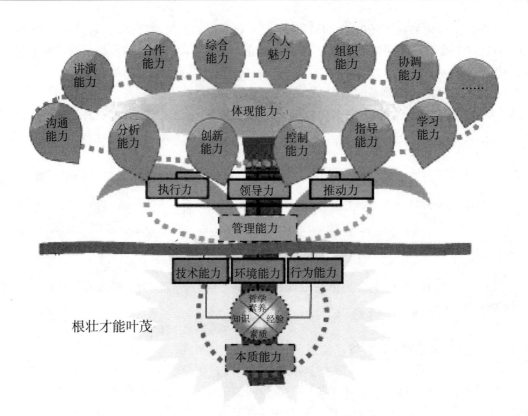

图2-6 项目经理的能力体系框架模型（2）

1. 本质能力（以下简称本质力）

首先，我们明确什么是本质。本质是事物的根本性质，是事物自身组成要素之间相对稳定的内在联系，是由事物本身所具有的特殊矛盾构成的。本质和必然性、规律是同等程度的概念。组成事物的要素以及要素之间的关系结构是事物本质存在的客观基础，一事物和他事物的本质区别是由事物的各个特殊的组成要素及其关系结构决定的。

本质力是项目经理能力之根，是最核心、内在实质的能力。是转化为管理力和体现力的基础。

前面我们讨论过，能力可以通过拆分为"能"和"力"两部分来加深理解。

"能"通常指能量。能量就是做功的本领。做功是能量的转换。在物理学中，能量是物理学最基础的、中心的概念之一。一般在常用语中或在科普读物中能量是指一个系统能够释放出来的或者可以从中获得的、可以相当于一定量的功。

"力"是物体对另一物体的作用，这种作用是相互的。

"力"或者"能"都是物体在运动中所表现出来的一种作用性质。力量或能量都是对物体作用性质的一种度量。外在的表现是力，内在的实质是能。力和能是相互依存的，有力的表现才可以体现能的存在。

我们讨论的项目经理之"能力"，本质含义与物理学中的"能"与"力"有许多相近之处。本质力就是我们界定的项目经理能力的内在实质，就是IPMA提出的能力的三个要素，即技术能力、行为能力和环境能力。而每一个能力要素又是由知识、经验、个人素质和哲学素养构成的。

2. 管理能力（以下简称管理力）

我们也还是先明确一下管理的含义。管理在汉语中是由"管"和"理"组成的，"理"是指道理、规律、规则，是制度。"管"是指制定规则和制度，并通过约束、控制、监督，促使规则和制度运行。管理就是在一定的环境下，为了达到组织的目的，制定规则，通过教导、强制组织内的成员按照规则行事，从而提高组织资源效率的行为。管理的目的是使工作按照组织的目标，有效率地良性循环地完成。通常一种管理活动由以下四个基本要素构成，即：

管理主体，回答由谁管的问题；

管理客体，回答管什么的问题；

组织目的，回答为何而管的问题；

组织环境或条件，回答在什么情况下管的问题。

管理力是项目经理的本质能力在项目管理方面与外界的相互作用，是核心能力在管理方面的转换。按照不同的管理层次，这种相互作用力又分为领导力、推动力和执行力。

3. 体现能力（以下简称体现力）

体现是指某种性质或现象在某一事物上具体表现出来的。近义词有表现、表达、展示、展现等。

体现力是项目经理在从事具体项目管理时（特定的管理项目、管理内容、管理时间阶段等）核心能力（通过管理力）在项目管理场合的各种各样的展示和体现，成为人们看到的成功项目经理色彩斑斓的能力。展示和体现是事物的外部联系和表面特征，是事物本质的外在表现。

据此思路，构建了项目经理能力体系的框架——项目经理的三层次能力体系。

在后面的章节中，我们将对几个层次的项目经理能力做一一解读。

2.5.3 建立和完善项目经理能力的考评认证体系

为了对项目经理的能力进行考核和认证，与项目经理能力体系对应的还应该建立项目经理能力的考评认证体系。这个体系可以分为三个层面。

1. 社会层面的考评体系

前面我们已经介绍了目前国际上多种对项目经理的考评方式和各种关于项目经理的资格认证体系——PMP、IPMP 和 CPMP。这些认证都是对项目管理专业工作者知识和能力的认证，其中以 IPMP 的考核（包括项目经理的知识、经验和个人素质以及技术能力、行为能力和环境能力的要求）更备受瞩目和普遍获得认可。这些认证是属于全社会层面的，由客观、公正、专业、权威的第三方协会、学会等社会组织实施。

2. 组织（企业）层面的考评体系

项目经理能力的考核认证还应该有项目所在的企业、公共事业单位和项目团队等组织内部层面的，我们也可以称为 OPMP 或 EPMP。这方面的工作在我国还刚刚开始。据悉，中国空间技术研究院、联想集团、华为公司、中工国际集团、中国海外工程总公司、一些项目导向型的工程承包公司和项目管理公司等，已经开始了对组织内部项目经理能力的考核评价工作。这项工作应该由组织（项目管理、项目团队等）的相关负责人和人力资源管理部门组织实施。

3. 个人层面的考评体系

项目经理能力的考核,还可以有一个个体层面。项目经理或者致力于成为项目经理的项目管理者,首先要对自我进行考核,进而主动接受本单位或社会的项目经理能力考评认证。

上述三种形式的考核有机地结合起来,就可以构成一个比较科学的项目经理能力考核评价体系,如图2-7所示。

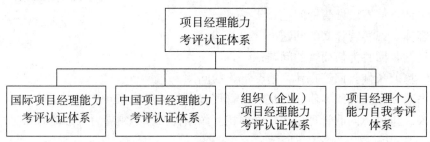

图2-7　项目经理能力考核评价体系

2.5.4　建立各层级项目经理的考评标准和实施规范

(1) 进一步完善国际和全国性的项目经理能力考评认证体系,保证质量,严格执行。

目前社会组织的对项目经理的考评认证工作已经比较规范,已被社会承认,关键是要严格执行,保证质量,保持其权威性和公信力。另一方面也希望参考本文所述的相关内容有所改进和深化。

(2) 建立项目管理等基层社会组织的项目经理能力考评认证体系,因地制宜地确定考核标准和认证办法。

项目管理可以引进社会性的考评规范,结合项目管理的实际,借鉴本书的相关内容,通过改造、创新,建立本单位的项目经理能力考评细则。目前我国的一些大型项目管理和项目管理集团已经建立了本单位的项目经理能力体系和考评认证体系,开始了本单位的项目经理人的培养、考评和认证。如联想集团、华为公司、中石油、中石化、中国空间技术研究院、中工国际公司、中国海外工程总公司、贵州中水建设项目公司和一些工程建设公司等。

(3) 提倡建立个人层面的项目经理能力考评认证体系,搞好个人的职业生涯建设,促进个人岗位成才。

我们说过人生就是一个大项目。职业生涯是人生的一个分项目。所谓职业生涯,就是一个人一生的工作经历,特别是职业、职位的变动及工作理想实现的整个过程。

确立人生态度,分析个人的资质、潜能、积蓄、培养职业需求的能力,结合社会的人才需求,确定职业目标,采取有效的职业发展策略,选择合适的职业发展道路,不断地学习、调整,一步步攀登事业的阶梯,就是取得事业上的成功,实现人生价值的过程。项目经理就是一种职业,而且是一种社会急需的黄金职业。为了能够胜任这种职业,需要培养自己成功项目经理的能力。

目前我国许多出身于专业技术的人员越来越多地开始担当起项目经理的工作，他们的优点是熟悉项目的专业技术，但是他们也习惯于过度关注具体技术细节，喜欢寻找标准答案，不善于沟通协作，不注重关注集成与全局，缺少管理艺术和行为能力，容易舍本逐末，耽误了工作，也迷茫了自己。

有志于成为项目经理的项目管理工作者，可以以前述项目经理的能力体系为参考，结合本人的实际，扬长补短，制定个人的职业生涯规划。要特别注意结合本人在项目管理学习和工作中总结出的经验、教训，因地制宜、因势利导。管理中只有最合适的，没有错对之分，项目经理最忌讳的就是呆板、机械的完美主义倾向，尤其是技术人员出身的项目经理，应该增强大局观，统筹规划，强调沟通合作，实现由专才到"懂技术、善经营、会管理"的复合人才的转变。

小资料

项目与项目管理知识回顾

项目是项目经理管理的对象。项目经理的能力与其要管理的项目密切相关，为此我们先对项目和项目管理做一点简单回顾。

1 项目经理要管理的项目

有几种表达方式，如：

（1）项目是为创造特定产品、服务或成果而进行的临时性工作。

（2）项目是一个特殊的将被完成的有限任务，它是在一定时间内，满足一系列特定目标的相关工作的总称。

（3）项目是受时间和成本约束、用以实现一系列既定的可交付物（达到项目目标的范围）、同时满足质量标准和利益相关方需求的活动。

这些定义实际包含了三层含义：

1）项目是一项一次性有待完成的任务，且有特定的环境与要求。

2）在针对一次性任务的特定的组织机构内，利用有限资源（人力、物力、财力等）在规定的时间内完成任务。

3）任务要满足一定性能、质量、数量、技术指标等要求，尽量使利益相关方满意。

2 项目的分类

在实际工作中，项目又是有区别和有分类的。管理不同的项目对项目经理的能力要求也是不一样的。为此，我们要了解项目的分类。国际项目管理协会和美国项目管理协会都把项目分为三大类。

2.1 项目（Project）

项目是受时间和成本约束的、用以实现一系列既定的可交付物（达到项目目标的范围）、同时满足质量标准和需求的活动。项目管理，通常涉及从助理项目经理到高级项目经理的从事项目管理的专业人员。

2.2 大型项目（Programme）

大型项目（也有的著述称为大型复杂项目或项目群、项目集，编者认为定义为项目系列比较恰当）是为了达到某个战略目标而设立的。大型项目包括一系列相关的项目、必要的组织改变、达到战略目标和既定的商业利益。大型项目的管理通常需要高级别项目经理来管理。

2.3 项目组合（Portfolio）

项目组合是为了控制、协调和达到项目组合整体的最优效果，而放在一起进行管理的一群不一定相关的项目和/或大型项目。项目组合级别的重要事件需要由项目组合经理汇报给组织的高级管理部门，并同时提出解决方案。这样有助于管理部门基于实际的信息，作出决策。

在一个组织中可能同时存在多个项目组合。比如，有可能有一个对于涉及多个组织部门参与的所有项目和大型项目进行协调层面的组合，或者需要最高管理层直接监督的组合；在一个组织部门内产生的项目和/或大型项目组合，并且都服从该组织部门的控制。

项目组合经理职能是在直线管理组织中充当持久的角色。组合中的项目和/或大型项目只会在有限的时间内存在，而项目组合却会继续存在。此职能通常要求更高级项目经理（IPMP A级）将从事项目的知识和经验与综合考虑了组织战略的项目组合结合在一起。项目组合经理应该具备很高的项目管理能力。

项目、大型项目和项目组合主要内容比较

	项目	大型项目（项目集）	项目组合
目标	是完成定义的交付物	实现战略变更	与战略相一致的协调与优化
愿景和战略	通过项目的业务事务相关联	实现于大型项目	通过项目组合进行协调和监控
商业利益	在很大程度上不考虑	充分考虑	在很大程度上不考虑
组织变更	通常不考虑	通常被考虑	通常不考虑
时间、成本	在业务中进行了定义，在项目中进行管理的	在战略中有粗略的定义，在大型项目中被分解为多个独立的项目	基于项目组合的项目优先级排序和战略目标的考虑

3 项目管理

什么是管理？

管理是指同别人一起，或通过别人使活动进行得更有效，目标实现得更好的过程。

管理是法、理、情的混合物；

管理是科学、艺术、哲学的融合；

管理是真、善、美的统一体。

管理者的任务就是创造一个大于各部分之和的整体。

这就如同交响乐队的指挥，通过他的努力、他的想象力和他的领导艺术将每个人发出的嘈杂的声音组合成美妙的音乐作品，但是指挥家是以作曲家的乐谱作为依据的，他只是一个诠释者，而管理者则既是作曲家又是指挥家。

什么是项目管理？

项目管理就是以项目为对象的系统管理方法，通过一个临时性的、专门的柔性组织，针对项目目标对项目进行高效率的计划、组织、指导和控制，以实现项目全过程的动态管理和项目目标的综合协调与优化，努力达到使项目的利益相关方尽量满意。

项目管理就是教我们如何做好未知的、一次性的、没有做过的事。项目管理可以教我们如何"做正确的事，正确地做事，获取准确的结果。"

项目管理具有一系列的特点，通常认为：

(1) 项目管理的对象是项目或被当做项目来处理的运作。

(2) 项目管理的思想是系统管理的系统方法论。

(3) 项目管理的组织通常是临时性、柔性、扁平化的组织。

(4) 项目管理的机制是项目经理负责制，强调责、权、利的对等。

(5) 项目管理的方式是目标管理，包括进度、费用、技术与质量。

(6) 项目管理的要点是创造和保持一种使项目顺利进行的环境。

(7) 项目管理的方法、工具和手段具有先进性和开放性。

编者通过进一步的分析认为，项目管理还有几项更为重要的特点，就是：

(8) 项目管理的本质特点——创新性。

(9) 项目管理的哲学理念——和谐与共赢。

(10) 项目管理的综合性——好、快、省、多。

(11) 项目管理的复杂性——对变化的管理。

项目经理是项目的管理者。项目管理的这些特点也就与项目经理的能力息息相关。

第3章 导读

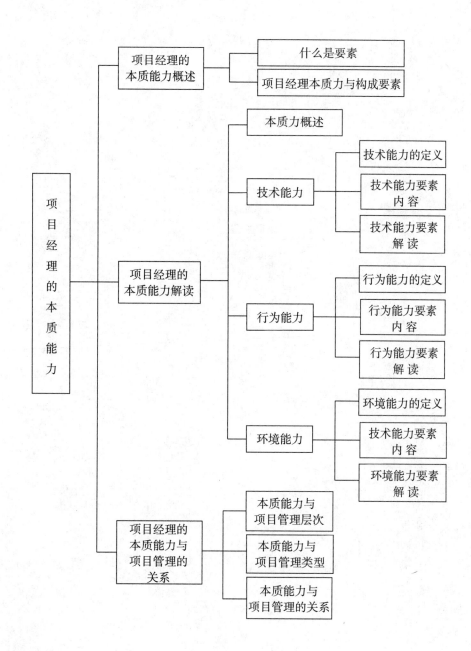

第 3 章 项目经理的本质能力

> 本章在明确了项目经理能力体系模型的基础上,分析解读项目经理的最核心能力——本质能力(本质力)。

3.1 项目经理的本质力概述

本书定义的本质力,基本上与 IPMA 对项目经理能力的定义相当。本质力是项目经理的核心能力,本质力的结构是:知识、经验、个人素质和哲学素养。它决定着项目经理的管理力和体现力。项目经理的本质力可以分为三个组成模块:技术能力、行为能力和环境能力。每个模块包括数量不等的相关能力要素。

本章解读、分析项目经理本质力的三个方面(IPMA 的三个能力要素模块)及其与项目管理层次的关系,这些对不同级别项目经理能力的培养和通过认证具有重要意义。

本质力在项目经理能力体系中的位置如图 3-1 所示。

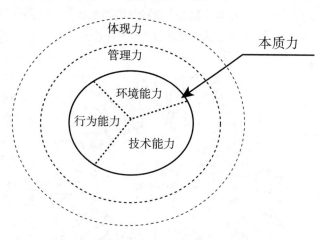

图 3-1　本质力在项目经理能力体系中的位置

3.1.1　什么是要素

要素是构成系统必不可少的因素,是组成系统的基本单元。

要素具有层次性,要素相对它所在的系统是要素,相对于组成它的要素则又是系统。这些基本单元在系统中相互独立又按相互关系联系成一定的结构,并在很大程度上决定系统的性质。同一要素在不同系统中其性质、地位和作用有所不同。

3.1.2 项目经理的本质力构成要素

项目经理的能力可以分为若干个子系统（如本质力、管理力和体现力），各子系统又是由必不可少的要素组成，这些构成项目经理能力系统的基本单元，就是项目经理的能力要素。

每一能力要素都普遍地具有其核心结构，这就是由知识、经验、个人素质和哲学素养组成的能力结构。这一点我们在前一章已经说明。

在对项目经理能力要素的认识上，各国际组织都有一些表述，IPMA 在《国际项目管理专业资质认证标准——ICB 3.0》有比较系统的论述，把项目经理本质力的能力要素分为两个层次：

(1) 项目经理的能力要素模块（第一层次）——技术能力、行为能力和环境能力；
(2) 项目经理的全部能力要素（第二层次）——分设在三个模块下的总共 46 个要素。
本章就此作一详细解读。

3.2 项目经理的本质力解读

3.2.1 解读概述

IPMA 在其能力基准 2.0 版本中，把其在《ICB2.0》中零散分布的项目经理的能力要素（42 个知识和经验点、8 个个人素质特征、总体印象的 10 个方面），展示为一个向日葵美丽花盘的图形（图 3-2），表示为能力要素间相互协调连接的方式，其缺欠的是没有分出能力要素的分类、相互关系和重要性。

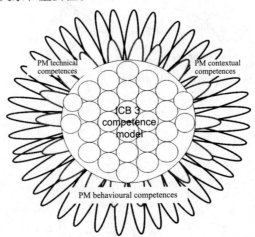

ICB 的向日葵模型（The Beauty of the sunflower）

IPMA 在《IPMA Competence Baseline 3.0——ICB3.0》中，把能力要素改为通过项目管理能力之眼来表示，形成了项目经理的能力新视野。

《ICB3.0》新界定的项目经理能力包括 46 个要素，分为技术能力、行为能力和环境能力三个组成部分（《ICB3.0》译文称之为模块）。这三个部分是：技术能力、行为能力、环境能力——也就是我们本书定义的项目经理的本质力。

《ICB3.0》以能力之眼表达这些能力要素的关系，如图3-3所示。

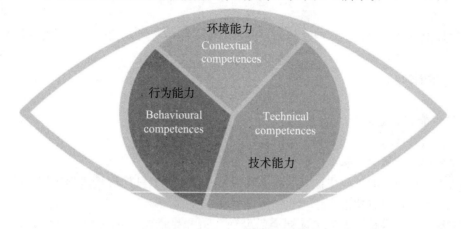

图3-3　项目管理能力之眼（IPMA Competence Baseline 3.0——ICB3.0）

这是目前在国际项目管理界对项目经理的能力要素比较科学的解释，也是本书对项目经理能力要素解读的基础。本节分成逐层深入的三个层次来解读：

一是把各大类（模块）能力要素的含义作一明确的解释；

二是把各大类能力中包含的能力要素归纳列表展示；

三是对列表中的每一能力要素进一步详细、具体解读。

我国翻译出版的《ICB3.0》——《国际项目管理专业资质认证标准》详细列出了项目经理能力要素的具体内容。但是由于文化差异、对编写结构和翻译的表达，读者反映有些内容不太好理解。

编者作为IPMA组织认证的中国国际项目经理资格认证的评估师、培训师，在对《ICB3.0》的学习和从事培训、评估的实践的基础上，对相关内容进行了梳理、归纳、总结和解读。

首先，明确有关能力要素的相关概念。《ICB3.0》中没有明确给出什么是技术能力、行为能力和环境能力的概念，而概念通常是对所述事物本质和规律性的表述，这些概念是我们理解和讨论能力要素的基础；所以编者通过资料收集、整理感悟，对技术能力、行为能力和环境能力的概念进行了定义和解释分析。

为了能够帮助读者从总体上、系统上把握，便于成年人理解、记忆，通过对比分析，加强可视化的效果，对各项能力要素的主要内容，设计、整理成一些表格，供读者参考，希望这种服务能对大家有所帮助。

在技术能力要素解读、行为能力要素解读和环境能力要素解读的三个表中，编者针对各种能力要素分别从能力要素的基本含义、主题内容和在项目管理各阶段的可能体现与应用这三个方面进行解读。其中：

（1）基本含义：主要是进一步明确各个能力要素的基本概念、定义，该要素的总体含义；与项目经理能力的关系和对项目经理的要求。由于原书中个别概念没有明确或者表达的不太有利于人们的理解，编者在本部分进一步做了些查证、解释性的服务工作。

（2）内容体现：从能力要素的内容在空间涵盖面上，介绍该能力要素应该体现在管理领域的哪些方面。

(3) 过程运用：从能力要素而定内容如何运用在不同的管理过程和项目进行阶段上进行描述。

通过以上三个方面，概念与总体，空间和时间，基本上可以把能力要素解释清楚了。

3.2.2 技术能力

1. 技术能力的定义

(1) 什么是技术

技术的最原始概念是熟练。熟能生巧，巧就是技术。

通常人们对技术的理解往往有些狭义和偏颇。认为技术只是自然科学领域下的具体专业技术，其实管理也有技术。

广义地讲，技术是人类为实现社会需要而创造和发展起来的手段、方法和技能的总和。作为社会生产力的社会总体技术力量，包括工艺技巧、劳动经验、信息知识和实体工具装备，也就是整个社会的技术人才、技术设备和技术资料。

"技术"与"科学"和"工程"是密切相关的一个概念，任何一门科学，都有其领域内的科学、技术和工程的关系问题。

科学的基本任务是认识世界，有所发现，从而增加人类的知识财富；技术的基本任务是发现世界，有所发明，以创造人类的物质财富，丰富人类社会的精神文化生活。工程是运用科学技术转化为社会成果的复杂活动。

科学要回答"是什么"和"为什么"的问题；技术则回答"做什么"和"怎么做"的问题；工程要解决做的实践活动和成果。因此，科学、技术和工程的成果在形式上也是不同的。科学成果一般表现为概念、定律、论文等形式；技术成果一般则以流程、设计图、操作方法、实现设备和工具、工艺配方、规范标准等形式出现；工程的成果通常是可以让人感受和体验得到精神享受和物化形式。科学产品一般不具有商业性，而技术成果可以通过工程商品化。现代技术具有较强的功利性和商业色彩。技术的发明是科学知识和经验知识的物化，使可供应用的理论和知识变成现实。现代技术的发展，离不开科学理论的指导，已在很大程度上变成了"科学的应用"。然而，现代科学的发展同样离不开技术，技术的需要往往成为科学研究的目的，而技术的发展又为科学研究提供必要的技术手段。技术远比科学古老。事实上，技术史与人类史一样源远流长。在它们之间是一种互相联系、相互促进、相互制约的关系。可以预见，它们的联系还会更加密切。

项目管理科学也同样存在项目管理技术，也同样有项目管理科学、技术和工程的关系问题。

(2) 项目管理技术

管理是科学。管理科学研究人类社会组织管理活动客观规律及其应用，是一门跨自然科学、工程科学、技术科学以及人文社会科学的综合性交叉科学。它随着现代社会化大生产的发展而产生，并随着社会与科学技术的发展而发展。

项目管理属于管理科学。

新中国成立以来，我国自然科学家与工程科学家承担了发展我国管理科学的历史责任。"左"的路线阻碍并破坏我国管理科学发展，社会科学的状况又决定其不可能接纳和推动管理科学发展。但是，社会进步与发展对管理科学有着十分强烈的需求，中国的现代化离不开管理的科学化。20世纪50年代初，一批从西方国家回国的具有系统工程、数学、运筹学等自然科学、工程科学专业背景的科学家，诸如钱学森、华罗庚等老一辈科学家。他们认识到管理科学对国家发展的重要性，高瞻远瞩，利用当时自然科学较社会科学相对宽松的社会环境，积极开创了我国管理科学的理论研究与实践活动。钱老运用系统工程的科学方法，推动"两弹一星"等大型工程的项目管理与科技管理；华老运用统筹法、优选法推进项目管理和企业生产管理，即使在"文化大革命"的逆境与十分困难的条件下，他仍旧带着小分队到企业中去、到项目上去，抓科学管理，抓产品质量，并取得成功。而系统工程和统筹法正是项目管理科学技术的核心内容。中国的自然科学家与工程科学家出于对国家的高度使命感，义不容辞地承担了推动与发展我国管理科学的历史责任，为我国管理科学（包括项目管理）的发展做出了不可磨灭的贡献。

改革开放以来国家注重和大力发展管理科学，有目共睹。特别是在理工科大学雨后春笋般地成立了众多管理科学院所、管理科学系和专业，尤为引人注目。这些管理院、系和专业的入学考试、课程设置、学位授予均属于大学理工科范畴，它们和以自然科学与工程技术为研究基础的管理研究单位构成了我国管理科学发展的主体。其研究人员大都具有理工科基础知识背景，并经过管理科学、管理工程的定量分析技术与方法的训练，运用定性定量相结合的方法，研究现代管理科学理论、方法与手段，研究社会、经济、科技、企业等重大的管理问题，在促进决策的科学化和管理现代化方面发挥了巨大作用。

2005年，我国在通过清华大学和北京航空航天大学试点的基础上，一举批准了72所重点高等院校设立项目管理工程硕士学位教育，至今已经发展超过160余所，足以说明项目管理在管理科学中的重要性。

项目管理有技术。项目管理技术不只是项目所涉及的具体专业领域的自然科学方面的技术，更是指项目管理科学自身的技术，是一系列跨自然科学、工程科学、技术科学以及人文社会科学的综合性交叉科学的管理技术。

（3）什么是技术能力

技术能力就是获取技术（包括管理科学技术和自然科学技术，这里重点是指项目管理技术）、应用技术解决实际问题实现目标和效益的能力。

（4）什么是项目经理的技术能力

项目经理的技术能力是项目管理的基本能力，是获取项目管理知识，依照规律、规范，运用相关的知识、技术、方法、工具和技能，从事项目管理的能力，特指包括表3-1所列的各项内容，是项目管理的"硬"要素。

2. 技术能力要素的内容

技术能力要素有20项，具体内容见表3-1所列。

技术能力要素　　　　　　　　　　　　　　　　　　　表3-1

1.01	成功的项目管理	1.06	项目组织
1.02	利益相关者	1.07	团队协作
1.03	项目需求和目标	1.08	问题解决
1.04	风险与机会	1.09	项目结构
1.05	质量	1.10	范围与可交付物

续表

1.11	时间和项目阶段	1.16	控制和报告
1.12	资源	1.17	信息与文档
1.13	成本和财务	1.18	沟通
1.14	采购与合同	1.19	启动
1.15	变更	1.20	收尾

3. 技术能力要素的深层解读

对技术能力要素的深层解读包括技术能力要素的基本含义，该内容在相关管理领域的体现和在项目管理各阶段可能的具体运用。

为了方便大家对比理解和有一个系统、总体的认识，我们对技术能力要素通过列表的方式进一步具体解读，见表 3-2 所列。

技术能力要素解读　　　　　　　　　　表 3-2

能力要素	基本含义和总体要求	内容体现与涉及范围	过程运用
1.01 成功的项目管理	成功的项目管理是项目的利益相关者对于项目管理成果的认可和欣赏。 项目经理应该认识到综合管理和"项目管理计划"对项目管理的成功至关重要	1. 利益相关者的期望； 2. 综合管理； 3. 项目管理评估审计； 4. 项目管理计划和项目计划； 5. 项目管理计划和合同； 6. 项目管理标准和规章； 7. 项目管理成功和失败的标准	1. 分析项目及项目环境，包括现有的决策和文档。 2. 在项目需求的基础上建立项目管理的概念，和利益相关者共同探讨计划，并且与客户达成项目管理协议。 3. 做出管理项目的计划，确立项目管理团队、方法、技术和工具。 4. 计划综合的管理程序，包括环境管理，排除不融洽的因素。 5. 实施和控制项目计划和变更，报告项目管理的进展及执行情况。 6. 汇集成果和相应的情况说明，与利益相关者进行沟通。 7. 评估项目管理的成功和失败，总结经验，为未来的项目提供参考
1.02 利益相关者	利益相关者是在项目绩效或成果中有既定利益，或者受项目约束的人群或团体。"顾客"和"用户"都是利益相关者的子集。 项目经理应该识别所有的利益相关者，分析他们在项目中所关心的利益是什么，并且按其在项目中的重要性进行排序	1. 内部和外部网络； 2. 利益相关者沟通策略； 3. 利益相关者的利益和满意度； 4. 利益相关者管理计划； 5. 期望管理； 6. 项目在大型计划、项目组合和项目组织中的位置； 7. 项目环境	1. 识别利益相关者的利益及其优先等级。 2. 分析利益相关者的利益及需求。 3. 与利益相关者沟通，分析他们的需求在项目中是否可以得到满足。 4. 开发有效应对利益相关者的策略。 5. 将利益相关者的利益和期望包容在项目管理计划的需求、目标、范围、交付物、时间进度和费用中。 6. 将利益相关者提出来的威胁和机会，作为风险管理。 7. 在项目团队与利益相关者之间建立自动调整的决策过程。 8. 在每个项目阶段中确保利益相关者的满意度。 9. 实施利益相关者的管理计划。 10. 执行、沟通和管理利益相关者计划的变更。 11. 记录得到的经验教训并将其应用到将来的项目中去

续表

能力要素	基本含义和总体要求	内容体现与涉及范围	过程运用
1.03 项目需求和目标	项目需求来源于机会和威胁的产生和客户的需求。 需求管理包括对需求的识别和定义，满足利益相关者，尤其是客户和用户的期望以及协议的要求。 项目目标是在要求的时间、预算内和可以接受的风险等约束情况下，完成协议的成果，尤其是交付物。 项目经理应该认识到项目目标是必须要达到的，以保证利益相关者对项目所能达到利益的期望	1. 评估和优先权排序； 2. 运营案例； 3. 项目立项； 4. 项目环境及环境情况； 5. 项目定义； 6. 项目目标和环境情况的认同； 7. 项目计划； 8. 项目需求管理； 9. 项目战略； 10. 价值管理、优胜基准、平衡记分卡	1. 收集项目需求，进行资料整理并达成一致意见。 2. 建立运营实例和项目战略，并对它们置于变更管理范畴 3. 确定项目目标，评价项目，根据可行性研究确立项目计划。 4. 沟通改进和变更。 5. 确认项目周期关键点上的需求。 6. 评估项目目标和需求的一致性，并取得项目授权。 7. 建立项目检查程序。 8. 总结经验教训，并将其运用到将来的项目中去
1.04 风险与机会	风险是指在特定情况下某种结果的不确定性，常指危险和损失发生的意外性和不确定性。 机会是指在未来某一恰好的时候发生了一种情况，在这种情况下，你有可能做你希望做的事情。 风险和机会都有一种不确定性。 项目经理有责任让自己和团队成员具有预见性，对风险与机会保持警惕性和敏感性，承诺在风险管理的过程中所涉及的利益相关者可以参与风险管理过程，并在必要的时候邀请专家来指导项目风险管理	1. 偶然事件应对计划； 2. 费用和持续时间的应急余量； 3. 期望货币价值； 4. 定性和定量风险评估工具和技术； 5. 残留风险和应对计划； 6. 风险与机会影响主体； 7. 风险与机会应对策略和计划； 8. 风险与机会应对态度，风险厌恶； 9. 风险识别技术和工具； 10. 情景计划； 11. 敏感性分析； 12. SWOT 分析； 13. 持续原则	1. 识别、评估风险与机会。 2. 详细描述风险与机会的应对计划，沟通并获得批准。 3. 根据已经批准的风险与机会应对计划更新不同的项目计划。 4. 评估完成项目时间和成本目标的可能性，并在项目的执行过程中不断保持。 5. 不断识别新的风险，重新评估风险，制定风险应对计划和修改项目计划。 6. 通过应对计划控制风险与机会。 7. 将得到的经验整理成文档，并将其运用到未来的项目中去；更新风险识别工具

续表

能力要素	基本含义和总体要求	内容体现与涉及范围	过程运用
1.05 质量	项目的质量是一系列满足项目需求的内在特性需要达到的程度。项目质量管理的过程贯穿于从初始的项目定义到项目过程、项目团队的管理、项目的交付物和项目收尾的所有项目阶段和项目的每个部分。 项目经理应该把项目的质量管理作为项目、大型项目和项目组合管理的主要内容，并要求每个团队成员的参与，他们都应该意识到，质量是项目成功的基础	1. 计算机辅助设计、样品制作、建模与测试； 2. 缺陷检测方法与缺陷补救方法； 3. 质量管理的成本和效益； 4. 矩阵分析； 5. 过程质量管理； 6. 产品质量管理； 7. 标准和操作程序； 8. 版本控制	1. 制定质量计划。 2. 选择、建立和测试。 (1) 样品/模型； (2) 版本； (3) 文档。 3. 建立和测试最终版本，并且得到批准。 4. 实施质量保证和控制。 5. 实施测试、归档，结果获得批准。 6. 推荐和应用纠错措施，并汇报纠错活动。 7. 将得到的经验归档，并运用到未来的项目中去
1.06 项目组织	项目组织是按照与职位、关系和业务组织或职能过程一致的职责所排列的一组人组成的结构，该能力要素涵盖了设计和维持最适合的项目岗位、组织结构、职责和能力要求。 项目经理应该具备设计和维持最适合的项目岗位、组织结构、职责和能力要求。项目组织的设计应该将文化和环境影响的因素考虑在内，项目组织的绩效取决于项目团队成员对其付出的努力	1. 决策模型； 2. 界面管理； 3. 组织结构图； 4. 程序与过程； 5. 资源评价和持续学习； 6. 责任矩阵； 7. 标准会议进度； 8. 工作说明	1. 确定适合的组织结构和需要的资源。 2. 识别所有向项目提供资源的组织单元。 3. 定义项目组织中的相关角色、职责、界面、权力等级及过程。 4. 从组织单元获得资源。 5. 说明并规范与长期组织中各单元的界面关系。 6. 沟通决策，领导项目组织。 7. 根据项目生命周期的需要，维持、更新和调整项目组织。 8. 连续不断地努力改进项目组织。 9. 将得到的经验进行归档，并且运用到未来的项目中去
1.07 团队协作	团队协作包含团队建设的管理和领导、团队运作和团队活力。团队是通过共同努力以实现特殊目标的一群人的组合。项目经理从团队建设的初级阶段一直到项目全过程中团队的工作、再到项目结束团队成员返回到他们原先的组织单位中以重新分配至其他项目，都需要不断地使团队及其成员得到发展。在项目进行的过程中，项目经理应该与直线职能型组织领导协商，定期对团队成员的绩效进行考核，并对开发、指导和培训需求进行评估以及采取适当措施	1. 团队协作能力； 2. 与管理部门的合作； 3. 决策制定和角色扮演； 4. 地域分离； 5. 团队活力； 6. 个体的概要评估	1. 形成阶段——建立目的、归属和承诺的一般共识。 2. 振荡阶段——分配角色和工作任务、职责，以利于控制、决策和解决冲突。 3. 正规阶段——营造团队成员协同工作的开放的氛围。 4. 成效阶段——团队成员紧密协作，以取得杰出的成果。 5. 在项目结束时，向直线职能型组织提交交付物并解散项目团队。 6. 将总结的经验归档，并运用到今后的项目中去

续表

能力要素	基本含义和总体要求	内容体现与涉及范围	过程运用
1.08 问题解决	问题解决是指采用系统的方法来识别问题和发现问题的根本原因，提出问题解决的方法，对所提出的方法进行筛选，选择一个最合适的方案，并且采取必要的行动来解决问题。 项目经理在采取解决问题的行动之前，要咨询利益相关者，并且获得他们的同意。如果在问题解决的过程中出现了阻碍，可以通过商谈和上升至合适的利益相关者进行决策、解决冲突和管理危机	1. 识别和评估各备选方案； 2. 反复考虑项目的整体和细节情况； 3. 系统思考方法； 4. 总体利益分析； 5. 价值分析	1. 在项目计划中引入发现问题的程序。 2. 识别什么情况下启动问题解决程序。 3. 分析问题并识别引发问题的根本原因。 4. 运用创造性的方法获得解决问题的思路。 5. 评价各种问题解决的思路，并选择一个满意的，在适当的时候让利益相关者加入。 6. 执行并检查选择的解决方案的有效性，并根据需要对方案作出适当调整。 7. 总结经验，进行归档并且运用到今后的项目中去
1.09 项目结构	项目结构是在项目内部建立秩序的关键机制，分级结构有助于确保在项目中没有遗漏任何要素。项目结构包括：工作分解结构、项目组织、项目关键路径各阶段、各个管理领域以及与项目实施相关的信息和文档。 项目经理应该根据自己管理的项目类型（项目组合、大型项目和项目）在各自的领域中协调不同的项目结构	1. 编码系统； 2. 数据库，定义数据输入/输出； 3. 等级和非等级组织结构； 4. 多维结构； 5. 结构的广度和深度； 6. 工作分解结构	1. 分析项目组合、大型项目或项目，定义适合的不同组织结构。 2. 给每个组织结构指派负责人。 3. 说明不同组织结构的要求及其运作机制。 4. 开发一个能展示组织结构的工具。 5. 详细描述、分析和选择组织结构。 6. 沟通和控制项目结构。 7. 维持组织结构。 8. 总结经验归档，并运用到未来的项目中去
1.10 范围与可交付物	项目的范围是对项目的边界作出的界定。 项目可交付物是为客户创造的有形或者无形的资产。 项目的范围和可交付物就是项目的所有内容（功能的、技术的和用户界面的特征）。 项目经理在界定项目范围的时候，应该清楚地界定什么包括、什么不包括在项目范围内，并通过项目管理保证应该交付项目范围内定义的所有交付物	1. 变更管理； 2. 配置管理； 3. 交付物设计和控制方法； 4. 文档和结果的一致性； 5. 界面； 6. 新的或变更后的交付物（实体产品或服务）及其功能； 7. 新的或变更后的组织职能和解决方案； 8. 范围界定	1. 定义利益相关者的要求及目标。 2. 与利益相关者就项目交付物达成一致意见。 3. 界定项目范围，并在项目各阶段对其进行控制。 4. 在获得利益相关者同意的情况下更新项目交付物及其范围。 5. 控制项目交付物的质量。 6. 将项目交付物正式移交利益相关者。 7. 将总结的经验进行归档整理，并将其运用到未来的项目中去

续表

能力要素	基本含义和总体要求	内容体现与涉及范围	过程运用
1.11 时间和项目阶段	时间涵盖时间的划分、排序、持续时间、估算、活动和/或工作包的进度安排，包括为活动配置资源，确定项目期限和定期监控其实施情况。 项目阶段是项目进行过程中，在本质上区别于其他阶段内容独立的时间段。项目阶段具有明确的交付物和规定的时间要求。 项目经理应该根据不同类型项目（项目组合、大型项目和项目）的时间和项目阶段，做好时间进度安排和控制	1. 关键路径法； 2. 生命周期模型； 3. 里程碑； 4. 阶段模型； 5. 资源供给及资源平衡； 6. 时间应急"缓冲"或"浮动"； 7. 时间控制方法； 8. 时间计划方法	1. 定义活动及工作包的先后顺序。 2. 估计活动持续时间。 3. 做出项目或阶段进度计划。 4. 分配、平衡项目资源。 5. 比较目标、计划和实际数据，如果需要，对预测数据进行更新。 6. 考虑变更的同时，控制项目的时间进度。 7. 总结经验教训并进行归档，以便将其应用于未来的项目中去
1.12 资源	资源包括人员、材料以及实施项目活动的基础（如原材料、设备、工具、服务、信息技术、信息与文档、知识、资金）。 资源管理包括资源计划、识别和合理配置资源的能力，还包括在进度计划中采用资源优化的方式，并且对资源进行持续的监控的能力。 项目经理和项目管理部门应该保证参与项目的人员具有必要的技术、行为和环境能力，并且向他们提供足够的信息、工具和培训，以成功地完成任务	1. 资源缓冲（在关键路径上）； 2. 资源控制方法； 3. 资源估算数据库（用于资源计划和平衡）； 4. 资源估算方法； 5. 资源率	1. 识别项目所必需的资源，其中包括特殊项目管理措施。定义参与项目团队的成员应该具备的个人能力。 2. 制定资源计划。 3. 与职能管理部门协商，对分配到项目中的资源达成统一意见。 4. 资源的估算和分配要纳入变更控制之下。 5. 管理任务的分配，关注新员工的工作（生产）能力。 6. 在变化的环境中控制资源的分配。 7. 确定在大型项目或项目组合的层面上是否高估或低估了资源（再）分配的水平。 8. 根据资源的实际使用情况，在项目结束时修订估算数据库。 9. 总结经验，进行归档并将其应用于未来的项目

续表

能力要素	基本含义和总体要求	内容体现与涉及范围	过程运用
1.13 成本和财务	成本是指对象化了的费用，在项目管理中，是指以项目为对象计算分配的费用。所谓项目费用，是指项目全部生产经营过程中所产生的各种耗费。在项目管理中同一个项目的成本可以视为就是项目的费用。 财务是指在一定的整体（例如项目）目标下，关于资产的购置、投资、融资和管理的决策体系。财务的基本职能是侧重于对资金的组织、运用和管理（预测、决策、计划和控制）。 项目经理一要抓好项目成本管理，对每个工作包、子系统以及整个项目都要进行成本的估算，并且建立整个项目的预算。二要抓好项目财务管理，要确保在项目的所有阶段，项目管理部门都了解每个时段需要的财务资源，分析可用的财务资源，并且对低于和超出的情况进行管理	1. 项目成本预算； 2. 现金流入和流出； 3. 现金"缓冲"和"预留"； 4. 账目表； 5. 成本控制方法； 6. 成本估算方法； 7. 成本结构； 8. 流通； 9. 成本设计； 10. 挣值法； 11. 最终成本预测； 12. 财务资源； 13. 融资模式； 14. 通货膨胀价格	成本管理方面： 1. 分析并确定项目、大型计划或项目组合的成本管理系统。 2. 分析和估算每个工作包的成本，包括管理成本。 3. 建立成本监控要素，如通货膨胀、货币流通管理等。 4. 定义成本目标。 5. 计算实际资源使用率和发生的成本或费用并建立账目。 6. 将所有的变更和索赔计入账目。 7. 平衡实际成本和计划成本，分析其不一致性，并找出原因。 8. 预测成本变化趋势及最终成本。 9. 制定和采取纠正措施。 10. 考虑变更的前提下更新成本估算。 11. 总结经验教训并将其应用到新的项目。 财务管理方面： 1. 为项目、大型项目和项目组合分析制定融资方案/模型。 2. 与可能的投资方进行商谈，并且制定相关的条款。 3. 选择项目融资对象。 4. 为成本事项分配预算，分析预支事项。 5. 计算财务资源使用率和项目、大型项目和项目组合的现金流入和流出。 6. 建立和控制操作过程，授权支付。 7. 认可或建立并控制会计和费用审计制度。 8. 根据项目生命周期中财务资源的使用和预算情况对账目进行调整。 9. 获准并管理预算，包括已经发生的成本。 10. 总结经验并归档，以便将其运用到新的项目中去。

续表

能力要素	基本含义和总体要求	内容体现与涉及范围	过程运用
1.14 采购与合同	采购是指从供应商获得产品或服务,实现货币价值的最大化。 合同是两方或多方之间为了开展工作或者是有条件地提供产品和服务而签署的具有法律效力的文件。 项目经理要对采购实施规范化管理,清楚地定义需其提供的产品和服务的内容,控制以及界定双方的责任。项目经理要控制合同的形成过程,并且在合同签署之后,在项目生命周期中对合同进行管理	1. 接受程序和检测; 2. 变更管理; 3. 索赔管理; 4. 合同绩效检查; 5. 合同条款,包括违约条款; 6. 自制或外购分析处罚; 7. 采购方针和惯例; 8. 采购合作伙伴; 9. 供应链协议; 10. 投标过程	1. 识别和确定采购清单。 2. 招标。 3. 选择供应商。 4. 成立合同管理部门。 5. 实施合同。 6. 管理变更。 7. 确认合同完成。 8. 结束合同。 9. 总结经验并归档,以便将其运用到新的项目中去
1.15 变更	变更是由于项目中可能会发生不可预测的事件,对项目说明书或者与供应商或客户的合同条款作出的改变。 变更管理是对变更进行识别、描述、分类、评估、批准或拒绝,以及按协议实现和检验变更的一系列活动进行管理。 项目经理必须按照运营案例中制定的原项目基准进行变更管理。应该建立预先变更管理程序。 在项目的最初阶段,采用的变更管理程序应该得到利益相关者的同意。项目范围的变更或者交付物规范的变更都要经过正式的过程	1. 变更授权; 2. 变更管理; 3. 变更订单管理; 4. 变更请求; 5. 配置管理; 6. 产品的重新设计	1. 确定采用的变更管理方针及其程序。 2. 识别所有提出的变更。 3. 分析变更对项目的影响。 4. 必要时获得变更需要的授权。 5. 决定批准或不批准变更。 6. 已批准变更的计划、实施、控制和结束。 7. 完成后上报变更情况。 8. 参照项目基准计划,监督变更带来的影响。 9. 总结经验教训并归档,以便将其应用到新的项目

续表

能力要素	基本含义和总体要求	内容体现与涉及范围	过程运用
1.16 控制和报告	控制是指建立在项目目标、计划和合同的基础上,对实际的项目实施过程和绩效进行衡量,将结果与项目的基准进行对比,并且采取必要的纠正措施。 报告是提供项目工作状况,对项目发展趋势作出预测,直到项目结束的信息和交流。报告也包括财务审计和对项目的检查。 项目经理要建立综合的项目控制和报告体系,关注例外报告和综合报告	1. 实际状况; 2. 应急措施; 3. 纠正措施; 4. 预测; 5. 监督; 6. 项目状态	1. 建立有效的项目报告体系。 2. 按期监督项目状态和绩效。 3. 分析目标、计划和识别偏差,进行趋势预测。 4. 制定备选方案,开展模拟试验(假设分析和权衡分析)。 5. 开发和应用纠正措施。 6. 最终确认项目目标。 7. 向利益相关者报告项目状态和绩效。 8. 总结经验并归档,以便将其运用到未来的项目中去
1.17 信息与文档	信息是反映现实世界的运动、发展和变化状态及规律的信号与消息,是事物属性标识的集合。项目信息就是项目数据(正式的、非正式的、图表的、纸介质的和电子版的)。 文档是所有的数据、信息、知识和在整个项目生命周期中产生的智慧结晶的载体。 项目经理应该关注项目信息与文档管理指派专人负责,保证其与组织的方针和所有关于信息与文档的规则要求保持一致	1. 保密; 2. 文档设计和格式; 3. 文档识别和修订; 4. 整理和存档; 5. 交给用户; 6. 信息数据库; 7. 信息结构和管理计划; 8. 规则要求; 9. 安全; 10. 语言学	关于信息: 1. 为项目、大型项目以及项目组合设计项目管理信息系统。 2. 确保信息与组织的方针和所有关于信息的规则要求保持一致。 3. 实施项目管理信息系统。 4. 控制对于项目管理信息系统的使用。 5. 审查对于项目管理信息系统的使用。 6. 总结经验教训,进行归档并应用于未来的项目。 关于文档: 1. 制定文档管理计划。 2. 确保文档与组织的方针和所有关于文档的规则要求保持一致。 3. 文档分类。 4. 发布文档。 5. 以硬盘拷贝或者电子版的形式储存文档。 6. 控制文档的更新和版本。 7. 存档。 8. 总结经验并运用于新的项目中去

续表

能力要素	基本含义和总体要求	内容体现与涉及范围	过程运用
1.18 沟通	沟通是用任何方法，彼此交换信息，达到相关方之间有效的交流和信息了解。沟通可以通过谈话、会议、研讨会、大会来实现，也可以通过交换报告、会议备忘录、电视、网络、其他工具或者非正式的意见交流。项目经理要有沟通计划，进行有效的沟通，这对项目成功是至关重要的；应该向相关方传递正确的信息，并且做到精确、持续地达到他们的预期。沟通应该是有用的、清晰的和及时的	1. 适当的沟通； 2. 形体语言； 3. 沟通计划； 4. 正式和非正式沟通； 5. 倾听； 6. 会议； 7. 演讲； 8. 安全和保密； 9. 口头沟通； 10. 书面沟通	1. 在项目、大型项目或者一个项目组合开始时制定沟通计划。 2. 识别沟通的目标人群及其场所。 3. 决定沟通的需要及背景。 4. 选择沟通的地点、时间、持续时间和方式。 5. 设计沟通程序，准备资料。 6. 检查下级组织，实施沟通。 7. 收集沟通效果的反馈。 8. 评估并采取适当的措施。 9. 总结经验教训，归档并应用于未来的项目
1.19 启动	启动是为了开始一个项目或项目阶段，必须要做一些前期工作。这些工作包括项目发起人和用户的组织战略规划和经营策略，组织对项目的经营要求、组织的资源分析，项目团队的组成和授权获得，完成项目概述，决定实施策略。项目启动可能由项目所在组织和项目经理共同完成	1. 大型项目/项目立项； 2. 大型项目/项目管理计划； 3. 启动研讨会； 4. 招募合适的项目团队成员； 5. 授权	1. 开始项目的启动程序。 2. 就大型项目/项目的目标及其环境进行沟通。 3. 在计划中为大型项目/项目构建共同的愿景和任务。 4. 编制详细的大型项目/项目管理计划。 5. 取得对大型项目/项目以及大型项目/项目管理计划的认同。 6. 使大型项目/项目团队协同工作并专注于大型项目/项目的目标。 7. 可靠的资源、财务、设备和设施。 8. 确保大型项目/项目、项目/子项目以及项目阶段在适当的时候开始。 9. 通过大型项目/项目立项以及大型项目/项目管理计划，对大型项目/项目、项目/子项目的每一个阶段进行检查，在需要的时候采取更正措施。 10. 总结经验，归档并运用到新的项目中去

续表

能力要素	基本含义和总体要求	内容体现与涉及范围	过程运用
1.20 收尾	收尾是指在交付了大型项目、项目或者项目阶段成果之后,项目、大型项目或者项目阶段的完成。 项目经理对项目或子项目的每个阶段都要有一个正式的收尾,收尾的时候都要对实施的项目阶段做出评价并记入文档,检查阶段的目标是否达到,用户的需求是否得到满足。同时应该对项目下一个阶段的提案进行评审和将任何需要作决定的问题提交相应的授权部门批准	1. 实际交付的项目文件; 2. 合同的符合性检查; 3. 验收程序和试验; 4. 合同条款,处罚; 5. 提交文件; 6. 验收说明	1. 开始使用项目交付物。 2. 进行正式的项目完成程序,并移交运作文件,同时就遗留问题的处理程序达成一致。 3. 得到客户反馈。 4. 更新/同意与交付物相关的服务,例如实际交付的文件、培训课程以及产品支持。 5. 就保证书的问题达成一致意见。 6. 与承包商和供应商结束合同。 7. 完成所有的财务方面的交接并且更新最终成本。 8. 召开项目收尾会议。 9. 释放人力资源以及其他资产,解散项目组织,结束项目管理角色并将责任转交项目业主。 10. 将项目记录存档。 11. 发布最终报告。 12. 总结经验并将其运用到新的项目中去

3.2.3 行为能力

1. 行为能力的定义

(1) 什么是行为

《辞海》对行为的定义是:行为是生物以其外部和内部活动为中介与周围环境的相互作用。

其解释是:内部行为即心理活动。人的行为有其自然前提,但基本上是受社会制约的、以符号为中介的活动,其典型形式是劳动、交往。行为又可以分为个体行为和群体行为。个体行为的特点依赖于个人与所属群体的相互关系的性质、群体规范、价值定向、角色作用。行为应该是非常具体的、可操作的,而不应该是抽象的概括。

(2) 什么是行为能力

我们常见的有关行为能力的解释多源于法律范畴。

行为能力,一般指法律关系主体能够通过自己的行为行使权利和履行义务的能力。公民的行为能力是指公民能以自己的行为行使权利和承担义务的能力,是一个以事实为基础的法律上的概念。

法律范畴的民事行为能力是民事主体独立实施民事法律行为的资格。具有民事权利能力,是自然人获得参与民事活动的资格,但能不能运用这一资格,还受自然人的理智、认识能力等主观条件的制约。有民事权利能力者,不一定就有民事行为能力,两者确认的标准不同。

行为能力需要行为人具有相当的判断能力和认识能力。如果行为人对自己的行为后果缺乏必要的预见，则行为人自身的利益就难以得到保护，同时，也不利于维护社会经济秩序的稳定。行为能力必须具备一定的条件和要求才能具备，不是一生下来就有的，所以，一个人一辈子都会有权力能力，但行为能力就不一定一辈子都有，而且行为能力根据你自身达到的条件和要求，来确定你的这个能力。

在教育界，也有学生行为能力的提法。所谓学生的行为能力是指学生在未来职业生涯中的从业能力。是一个人在社会中生存的基础，而其中的关键能力则是个人自我发展的动力。

（3）什么是项目经理的行为能力

项目经理的行为能力，是项目经理进行项目管理的必备要素。更强调个人素质和领导、协调、合作等人际关系处理的技能层面，特指表3-3所列的内容。

（4）行为能力与管理艺术

在第2章的分析中，我们曾说到，行为能力具有很强的艺术色彩，是一种管理艺术。那么什么是艺术呢？

《辞海》对艺术的内涵和外延作了解释：

"人类以感情和想象作为特性的把握世界的一种特殊方式，即通过审美创造活动再现现实和表现情感理想，在想象中实现审美主体和审美客体的互相对象化。具体说，它们是人们现实生活和精神世界的形象反映，也是艺术家知觉、情感、理想、意念综合心理活动的有机产物。作为一种社会意识形态，艺术主要是满足人们多方面的审美需要，从而在社会生活尤其是人类精神领域内起着潜移默化的作用。根据表现手段和方式的不同，可分为表演艺术（音乐、舞蹈），造型艺术（绘画、雕塑、建筑），语言艺术（文学），综合艺术（戏剧、影视）。根据表演的时空性质，又可分为时间艺术（音乐），空间艺术（绘画、雕塑、建筑）和时空并列艺术（文学、戏剧、影视）。"我们这里所述的不完全是《辞海》所解释的艺术本意概念，我们更重视的是艺术在管理范畴的延伸与体现，即我们说的"管理艺术"。

"艺术"（ART）在英文里本义为"人工造作"。艺术是自然在人的头脑里的"反映"，是一种意识形态；艺术也是人对自然的加工改造，是一种劳动生产。一切艺术都要有一个创造主体和一个创造对象，人类劳动和有目的的活动是为了创造物质财富和精神财富，因此，它既有人的条件，又有物的条件，具备艺术产生的环境和基础。人的条件包括艺术家和管理者的自然资禀、人生经验和文化教养；物的条件包括社会类型、时代精神、民族特色、社会实况和问题，这些都是需要不断加工改造的对象；此外还要加上用来加工改造的工具和媒介。

艺术是人类发自内心的创作、行为、原则、方法或表达，一般带美感，能有超然性和能引起共鸣。

目前对艺术的定义也是众说纷纭，仁者见仁智者见智。编者也无暇、无力去讨论。我们更关心的是管理艺术。

管理艺术是指管理活动中的一种高超的手段和方法，它是在长期的管理实践中总结出来的，建立在一定的素养、知识、经验基础上的有创造性的管理技巧。

管理艺术具有一些自身的特点，这是由于它的弹性、人文特性以及它受管理者、被管理者、管理环境等多个因素制约，具体如：灵活性（随机性）处理随机事件的应变能力和技巧，多样性、实践性、技巧性、创造性、经验性等。

现代管理艺术应重点体现在三个方面：即对人、对事、对时间的管理艺术。

1) 对人的管理艺术（待人艺术）

对人的管理艺术应该源于待人之道。人生在世几十年、甚至逾百年，待人之道是做人的最大课题之一。一个人从上幼儿园起，以致以后的上学、求职、做事业的人生道路上，天天在和人交往，也总是不停地学习和检验待人之道。很可能我们穷一生之努力，最难参透的学问还是待人之道。

圣人、先贤和伟人以及当代的行为楷模，为我们展示了待人之道的诸多标准，留下了那么多传诵古今的警句格言，让我们学习、遵循。难的是需要我们不停地反躬自省，不断校正，不断实践。

待人之道，首在宽厚、有度量。

孔子说的"宽则得众"，林则徐说道"海纳百川，有容乃大"，就是指凡宽厚者就一定能出于爱心，勇于付出，广结善缘，得道多助。

待人之道，美在有礼、要谦和。

"三人行，必有我师"，"满招损，谦受益"，"虚心使人进步，骄傲使人落后。"对别人尊重、理解，待人以礼，谦虚自抑，是做人的美德。有礼与谦和，也能赢得别人的理解与好感，人和人相处，最忌目空一切、盛气凌人。能以谦和之态待人，别人自然也会给以友善的回报。

待人之道，贵在无私，在真诚。

如果宽厚、谦和是待人之道的外部表现，那么无私与真诚就直指人心。孟子说的"诚者，天之道也；思诚者，人之道也"；"心底无私天地宽"；"壁立千仞，无欲则刚"。大公无私可能难以做到，确是仁人志士的追求与自我约束。进步的社会主张真诚，要求人们有感恩之心，要报效社会。所以人就要襟怀坦荡，秉持真诚之念。真诚待人是人生修身的核心，《大学》里讲的"诚意、正心、修身"，所指的就是这一个核心。

当然待人之道，其前提还需要明是非，有正气。

作为一个管理者，对人的管理艺术，主要指构成管理关系的各个相关方的管理艺术。

① 对下级，主要在于与其和谐相处，调动他们的积极性和主动性——对下级要用人之长。

② 对同级，主要在于诚恳相待，争取得到他们对你工作的配合和默契——对同级要互相尊重。

③ 对上级，主要是理解尊重，取得他们的领导和支持——对上级严于律己。

管理者对人的管理艺术关键是理解及发挥各方面的积极因素，处理好这"一线三点"的关键链，以及其纵横相连形成的网络，在组织和项目团队中建立和谐的人际关系。

2) 对事的管理艺术（理事艺术）

① 统筹兼顾，全面安排（系统思维与"弹钢琴"）；

② 抓住中心，突出重点（抓住主要矛盾）；

③ 扬长避短，发挥优势（SWOT分析的应用）；

④ 层次分明，有声有色；

⑤ 注意分寸，有礼有节；

对事的管理艺术有哲学理念，技术、方法和工具三个层面。高度决定视野；角度改变观念；尺度把握人生；思维指导行动；实践铸就成效。

3）对时间的管理艺术

管理者对时间运用的艺术在于如何分割、集中、巧于应付。这方面有许多专题的著述，这里不再赘述。

我们视行为能力有厚重的管理艺术成分的根本原因在于：管理是和人打交道。没有人就没有管理；但人不是呆板的、标准化的、统一化的，更不是无生命的材料、零件和机器。人尽管有同样的共性一面，但恰恰是人的特殊性构成了不同的企业和团队。世界上没有两个完全一样的人，世界上也没有两个同样的企业和团队，管理永远是具体的。

对项目管理来说，每一个项目都是独一无二的，不仅工作主体、工作内容与对象不同，而且实施过程中存在很多未知和不可预测的变数，需根据实际情况制定合理的实施计划，进行良好的组织管理，展开良好的沟通、整合，实施强有力的成本、时间、质量、风险控制。项目管理是一项需要很高技巧的复杂工作，尤其是一些大型复杂的项目，项目管理更需要管理艺术。举例而言，在项目管理中，项目管理者要面对各个利益相关方，沟通是十分重要的。沟通需要交流，沟通需要理解对方和说服对方。要说服对方，需要依靠理性和情感的力量而使对方心悦诚服地转变态度。说服，注重的是心灵的呼应，它与制度约束、法律仲裁、强权、舆论压力等强制性的手段不同。说服对方时，要尊重对方，态度要平等温和，保持理智，这是说服对方的前提。建立良好的人际关系是基础，把握说服的时机和运用诚挚、适当的语言、恰当的表达方式，以及合理的让步是行为技巧。让对方心悦诚服而又无压抑感和威逼感，必须讲究策略。所以说说服这种行为既是一种心理作战技巧，更是一种艺术。

我们很看重《辞海》中有关艺术是"实现审美主体和审美客体的互相对象化"；"在社会生活尤其是人类精神领域内起着潜移默化的作用"的解释。我们关心通过艺术实现在管理活动中管理者和被管理者（这两者有时是相互对换的）的互相欣赏、享受与愉悦，从而更有利于实现管理的目标。

艺术是客观世界的反映，源于现实的社会和自然，但它又不是对事物的、简单的认识和反映，而是经过人们主观的探索、提炼、剪裁和加工，采用相应的技法和工具。项目管理艺术正是根据项目管理的需要，形象地传达艺术主体的感情，服务于他人，服务于社会的具体体现。

2. 行为能力要素的内容

行为能力要素有 15 项，具体内容见表 3-3 所列。

行为能力要素　　　　　　　　　　　　　　　　　　表 3-3

2.01	领导	2.09	效率
2.02	承诺与动机	2.10	协商
2.03	自我控制	2.11	谈判
2.04	自信	2.12	冲突与危机
2.05	缓和	2.13	可靠性
2.06	开放	2.14	价值评估
2.07	创造力	2.15	道德规范
2.08	结果导向		

3. 行为能力要素的深层解读

对行为能力要素的深层解读包括行为能力要素的基本含义，该内容在相关管理领域有所体现，以及在项目管理各阶段得到了具体运用。

为了方便大家对比理解和有一个系统、总体的认识，我们对行为能力要素通过列表的方式进一步具体解读，见表3-4所列。

行为能力要素解读　　　　　　　　　　　　　　　　　　　　表3-4

能力要素	基本含义和总体要求	内容体现与涉及范围	过程运用
2.01 领导	领导是指为了完成项目的交付物，而指导项目前进的方向和激励团队成员所担负的工作职责。领导方式包括行为模式、沟通方式、面对冲突和批评的态度、控制团队成员行为的方法，作出决策的过程、数量和种类。项目经理应该是一个领导者，但不是每个领导者都是项目经理。领导能力是项目经理一项至关重要的能力	1. 指导； 2. 代表； 3. 反馈； 4. 领导方式； 5. 激励； 6. 自然权威； 7. 权力； 8. 认可； 9. 坚毅； 10. 愿景	1. 确定用什么样的领导方式来应对具体的情形（团队、高层管理部门、利益相关者）。 2. 确保与你自己的方式和能力的兼容性。 3. 以所选的领导方式开展工作。 4. 检查绩效，寻求反馈（从团队、高级管理部门、适当的利益相关者）和必要时修改领导方式。 5. 运用训练和指导的机会来提高自己的领导能力。 6. 在领导过程中为团队成员提供培训和指导。 7. 在领导过程中进行检查，努力持续提高自己和团队成员的能力。 8. 总结经验，并将其运用到将来的项目中去
2.02 承诺与动机	承诺是一种约定，是从项目经理到项目的内部人员和与项目相关的人员的约定。承诺使人们相信其在项目中，希望成为项目的一部分。动机是指给行为一种刺激和给行为以力量的动力。它是发起、指引和维持躯体和心理活动的内部过程。它包括两个成分：人们想做什么（动机的指向）和这么做的愿望有多强（动机的力度）。项目经理应该关注团队成员个人的技术和经验，以及他们的态度、状况及其本身内在的需求，形成良好的工作氛围，促成个人诚恳的承诺和动机，增加个人和团队的工作效率	1. 可信任； 2. 委托和授权； 3. 热情； 4. 激励模型； 5. 团队建设； 6. 积极的态度； 7. 目标的语言描述和形象化	1. 关注不同利益相关者关心的利益、环境因素以及项目中个人的利益。 2. 分清哪个利益相关者或个人的利益不能被保证实现。 3. 核实包括所有部门利益的可能性，识别快速制胜和动机。 4. 确保清楚地了解哪些项目团队成员参与了工作，关注激励水平的变化。 5. 快速充分地对绩效进行评价、沟通和/或记录归档。 6. 创造自豪的项目文化环境，对团队和个人提出定期的反馈并保持全员参与。 7. 关注利益相关者及其利益和相关行动可能的变更。 8. 总结经验，并将其运用到未来的项目中去

续表

能力要素	基本含义和总体要求	内容体现与涉及范围	过程运用
2.03 自我控制	自我控制,也可以称为自我管理,是用以处理日常工作和需求变更以及应对高压环境的一个系统和自律的方法。 项目经理应该做好自我控制的工作,注意在团队协作中实施自我控制的方式,还要对团队成员做好自我控制的教育	1. 对于工作的态度; 2. 平衡和优先顺序安排; 3. 成本管理; 4. 智力模型; 5. 自我控制; 6. 团队协作; 7. 时间管理; 8. 在压力下工作	1. 分析有压力的环境:压力或自我控制失控产生于何处?为什么会发生? 2. 分析你个人的工作行为,并确定使你变得有压力和自我控制失控的原因。 3. 为项目团队提供足够的资源(能力)。 4. 完成强势和弱势分析,决定个体目标设定。 5. 识别可以减少压力的行动。 6. 公开并诚恳地与相关人员沟通,以减轻压力。 7. 分担部分职责和工作,用合适的职位来承担。 8. 很好地安排自己的工作并以适当的方式工作。 9. 从压力的环境中和不能自我控制的情况中学习总结经验;在将来的项目中,运用知识将这些情况带来的负面影响降到最低
2.04 自信	自信是能够很有权威性地阐述自己观点的能力,是项目经理借以确保自己和团队成员以及利益相关者进行有效沟通的能力,具有采用他们结论的全部知识的能力,能够对影响项目的问题进行决策。 项目经理应该避免自己的决策受到他人的影响和牵制,以致所作的决策不利于项目利益的实现。 项目经理可以运用说服力,引导其他团队成员采取正确和必要的行动,以实现项目利益。 项目经理应该将自信和说服力贯穿于项目的始终	1. 自信和说服; 2. 权威(授权); 3. 外交; 4. 谈判; 5. 自我确认; 6. 个性; 7. 关系; 8. 自我信仰; 9. 自我控制	1. 识别项目成功应该达到的目标、成果和目的。 2. 分析当前情形,识别可能引起争论的问题和一些可能出现的结果。 3. 考虑对一些具体问题开展切实的讨论;准备在讨论中的发言,还应考虑在讨论过程中如何辩驳反面意见。 4. 对参与的人员以及他们的观点、利益和关系进行评估。 5. 筹备讨论问题的会议。 6. 以沉着和自信的方式提出你的观点。 7. 对利益相关者的参与表达谢意,同时对他们的贡献表示感谢。 8. 与利益相关者培养长期合作的关系。 9. 从你的经历中不断地总结经验,并将其运用到将来的项目中去

续表

能力要素	基本含义和总体要求	内容体现与涉及范围	过程运用
2.05 缓和	缓和是在困境中减轻压力的能力。与利益相关者进行富有成效的合作,减轻压力是至关重要的。它能够在必要的时候解除压力,或者给团队成员重新注入活力。 项目经理应该有能力在压力很大的时候缓和压力,将项目恢复到原先的状况,调整团队,并且确保团队成员一如既往地努力工作。 项目经理要保证自己以及团队成员都维持一种"工作、家庭、休闲"的相对平衡状态	1. 适当的"工作、家庭、休闲"的平衡; 2. 意识; 3. 降低强度; 4. 幽默; 5. 想象力; 6. 理解; 7. 个人关系; 8. 重振精神	1. 洞察项目中存在的压力和疲劳。 2. 在前期发觉产生紧张和疲劳的原因并消除它;采取紧急行动来缩小其影响范围。 3. 如果有富裕的时间考虑合适的反应,仔细选择采取行动的地点和时间,并把相关人员召集到一起,开展面对面的会见和商谈。 4. 选择的地点可以远离工作场所和/或非传统娱乐活动场所,将调解与社交、休闲活动相结合(例如在野外进行烧烤活动,在保龄球馆打球,或者推车运动)以达到最佳的效果。 5. 在行动中不断地实施和加强措施的效果,让团队成员参与其中。 6. 总结经验,并在将来的项目或者项目阶段中出现类似问题的时候运用这些经验
2.06 开放	开放是一种能力,它能让其他人感觉到你很乐于表达自己的想法,也很乐意对项目提出他们的想法、建议、担忧以及关注,而项目也从此受益。开放是一种从他人之处获取知识和经验的必须过程。 项目经理通常在工作中都会涉及多个专业领域,所以,开放有助于项目经理借鉴他人经验。 需要制定与开放相关的政策。 还需要避免由于年龄、性别、种族、宗教、文化差异或者残疾而引发的歧视问题	1. 可达到的; 2. 项目管理之外的广泛; 3. 知识; 4. 机动性; 5. 公开在年龄,性别,种族,宗教,文化和残疾差异; 6. 透明度	1. 制定与开放相关的政策。 2. 以非正式沟通的手段,如电话或者面对面打招呼的方式开始一天的工作。 3. 乐于接收信息,在谈话中善于阐述自己的观点。 4. 使用开放的问题。 5. 在团队中创造鼓励讨论的开放性环境。 6. 对提出积极建议的员工予以表彰,让其他人知道团队是鼓励开放的。 7. 总结经验,并且在以后的项目环境中对经验作进一步的改进

续表

能力要素	基本含义和总体要求	内容体现与涉及范围	过程运用
2.07 创造力	创造力是一种以原始和创新的方式进行思考和行动的能力。创造力可以概括为："挑战不可能,完成难以实现的!" 项目经理应该开发个人的创造力以及团队和组织的集体创造力。 应该在团队中推行相应的程序,进行激励、记录和评估。 在团队中,要小心地挖掘创造力,以保证项目重心不会偏移	1. 创造力技能; 2. 情商; 3. 整体性思维; 4. 想象力; 5. 直觉; 6. 新的组合; 7. 乐观; 8. 目标的语言描述和形象化	1. 识别在哪些环境中存在有待解决的问题和所要面对的挑战,哪些地方需要开发新的概念,何处适合采取创造性的活动。 2. 决定谁可以为创造性解决问题作出贡献,无论他是团队成员与否,也无论他在组织的内部还是外部。 3. 将合适的人员召集在一起,说明具体情况,并且表明需要拿出一个解决方案,要求他们发挥想象力,提出自己的想法。 4. 激励和运用头脑风暴法,不加评论地收集信息。 5. 评估每个意见的长处,进行优劣排序。 6. 讨论可行性和实施方案可能达到的效果,并选择最佳的方案实施。 7. 计划与实施选中的方案。 8. 总结经验,并将其运用到将来的项目中去
2.08 结果导向	结果导向将团队的注意力聚焦于关键的项目目标,以利于所有相关的团体都得到最优的成果。项目经理应该确保项目的成果可以满足利益相关者的需求。 项目经理必须去了解,不同的人想要从项目中得到些什么。项目经理应该对团队成员的部署和团队建设进行管理,将他们的期望变成现实	1. 持续的提高; 2. 沟通能力; 3. 委派(授权); 4. 效率; 5. 发起者; 6. 社会、技术和环境因素的结合; 7. 利益相关者预期的管理; 8. 对于风险、变更和配置进行管理	1. 尽可能清楚、明白地定义所有的利益相关者所期望的项目成果(目标、可交付物)。 2. 将成果分类为客户、项目团队和其他利益相关者的成果。 3. 明确哪些是利益相关者的预期,排除那些不属于项目目标、项目成果或可交付物的预期。 4. 决定项目的关键路线,很好地与所有相关方沟通,得到其认可。 5. 完成项目计划并关注快速完成,沟通项目计划,得到认可。 6. 在项目中运用这些步骤来管理风险、机会、变更和期望。 7. 将团队的工作绩效不断地定期汇报给利益相关者,为了达到持续的发展而奋斗。 8. 与利益相关者沟通良好的项目绩效、成果、可交付物和目标。尤其注意快速完成。 9. 将项目绩效和获得的成果与已经达成协议的项目参数进行比较。 10. 总结经验,并且在将来的项目或者项目阶段中运用和实施

续表

能力要素	基本含义和总体要求	内容体现与涉及范围	过程运用
2.09 效率	效率是高效地运用时间、资源和资金来生产既定的交付物,满足利益相关者需求的能力。它包括以最有效的方式来实施方法、体系和流程。效率是项目管理的基本要素,至少在相关事件中实施。项目经理为了确保有效地使用项目资源,需要对所有活动进行详细的计划、进度安排以及成本估算。为了保证成果达到预期的效果,效率应该成为组织文化及其团队的组成部分	1. 优胜基准和衡量; 2. 折中(让步); 3. 紧急情况; 4. 不断改进; 5. 生命周期成本; 6. 生产能力; 7. 资源和能源效率; 8. 社会和环境成本	1. 主动寻求与项目、大型项目和项目组合相联系的现有方法、系统、过程和结构的改进。 2. 制定必要的活动计划,分配资源以满足既定的任务,在适当的时候采取应急措施。 3. 根据优先权和可接受时间、金钱或工作的偏差作出决定。 4. 在项目中综合资源和能源效率的技术,同时考虑项目的外部成本。 5. 管理工作的实施,在不影响质量的情况下尽可能地节约资源。 6. 监督正在进行的工作和资源使用情况,将其与项目计划进行比较。 7. 预计完成项目所需要的资源。 8. 当确定的资源不足时进行报告,提出相应的对策。 9. 在项目的结束阶段计算实际使用的资源量;参考新的数据,对相似的工作进行再计划,实践中不断地提高。 10. 借助文件及沟通为其他项目或者同一项目中的其他项目阶段制定优胜基准目标
2.10 协商	协商是当事人各方进行理论、有理有据地辩论、倾听他人意见、谈判以及找出解决方案的能力。协商是基于尊重、系统和条理性的思考,以及分析事实、争论或情景,产生一个相互可以接受的决定。在项目管理中,它是针对项目中存在的问题所进行的意见交换。协商将问题的分歧呈现给大家,有助于项目中的角色扮演。项目经理应该注重协商,通过协商达到统一,至少也能求大同存小异	1. 辩论; 2. 对抗; 3. 协商的方法和技术; 4. 作出决策,实现双赢; 5. 外交; 6. 谈判; 7. 理论; 8. 情景计划; 9. 系统性和条理性的思维; 10. 系统工程	1. 分析现状和环境。 2. 识别目标和(其次的)可选项;考虑他人的目标和意见。 3. 倾听他人的观点。 4. 识别共性和差异。 5. 诊断问题,识别解决方案和/或采取解决问题的行动。 6. 消除差异或者对差异及其解决方案达成一致。 7. 考虑可能发生的后果;存档和沟通。 8. 将总结的经验运用到将来的项目或者是同一项目中的其他阶段中去

续表

能力要素	基本含义和总体要求	内容体现与涉及范围	过程运用
2.11 谈判	谈判由"谈"和"判"两个字组成，谈是指双方或多方之间的沟通和交流，判就是决定一件事情。谈判是人们为了协调彼此之间的关系，满足各自的需要，通过协商而争取达到意见一致的行为和过程。在项目管理中谈判是相关方用以解决关于项目或者大型项目意见分歧，以达到多方满意的一种途径。 项目经理应该具有良好的谈判能力。良好的谈判能力有助于避免真正冲突的发生。项目经理应该尝试在谈判过程中建立和维持与相关方之间的良好关系	1. 身体语言； 2. 沟通； 3. 领导； 4. 谈判技巧； 5. 问题解决； 6. 舆论管理	1. 定义预期的成果和可接受的底线。 2. 制定谈判策略。 3. 提出问题，收集分歧背后的数据，并作出分析。 4. 提出解决问题的方案。 5. 考虑能达到谈判共赢的方案。 6. 关注你所赞成的部分，与相关方维持积极的关系。 7. 对每个回答都进行讨论和评价，按需要反复探讨谈判，直到达成一个共同的结论。 8. 将得到的经验记录、整理、归档，并且运用到将来的项目中或者同一项目的其他阶段中去
2.12 冲突与危机	冲突是利益的相互抵触，或者是个性的不合，它会威胁到项目目标的实现。 危机是项目中的一段非常困难的时期，它可能是冲突发展到最后的结果，但是比冲突要严重。 项目经理应该具有冲突与危机管理的艺术。在项目的最初阶段，就应该制定控制冲突与危机的策略。在解决问题的过程中应该避免出现人员和组织的愤怒情绪，或者是处于惊慌失措的状态。项目经理应该在最短的时间内收集足够的信息，权衡利弊，力图找出有利的、合适的和有效的解决方案。最重要的是项目经理应该保持冷静，调节好自己的状态，并且以友好的态度解决问题	1. 仲裁； 2. 合同； 3. 危机管理团队； 4. 上报程序； 5. 人际交往技能； 6. 评判； 7. 调停； 8. 激励； 9. 风险分析	1. 在风险分析的基础上，在项目合同中描述和涵盖事件，并制定冲突或危机的应对计划。 2. 在项目发生冲突或危机的情况下： (1) 确保项目经理没有涉及冲突和危机之中。如果项目经理本人被牵扯到冲突与危机之中，那么最好上报项目委托人或者上级管理者，由他们指派另外的人员来解决问题。 (2) 从所有的利益相关者的角度考虑冲突或危机。 (3) 考虑使用什么方式来解决问题，是否邀请第三方来仲裁。 (4) 考虑解决问题的方案，平衡所有利益相关者的利益。 (5) 对于已经制定的解决方案进行讨论、决策和沟通。 (6) 将得到的经验写入文档，并用于将来的项目或同一项目的其他阶段

续表

能力要素	基本含义和总体要求	内容体现与涉及范围	过程运用
2.13 可靠性	可靠性是指按照项目说明书中约定的时间和质量标准提交项目交付物。做一个可靠的人，别人就会相信，你是一个能够兑现承诺的人。可靠性包含了责任、正确的行为、坚定以及自信。它还暗含了将错误的发生降到最低，并保持开放性和一致性。可靠性是利益相关者最为欣赏的品质。项目经理应该致力于自身和项目团队的可靠性建设。可靠性可以加大完成交付物的机会，并且让所有的利益相关者充满信心。它鼓励所有的团队成员进行自我控制，充满信心。这样，比较容易避免或者去除在项目中可能发生的困难和障碍	1. 控制周期； 2. 管理方式； 3. 同所有的利益相关者之间的沟通； 4. 计划和组织； 5. 质量管理； 6. 方案的策划； 7. 系统的和规律的工作方法； 8. 目标管理； 9. 容忍过失	1. 完善组织，使用合适的计划和进度技术，同项目利益相关者保持及时的沟通。 2. 了解项目各方利益相关者所关心的利益，评估他们在个人和工作的两个层面上的可靠性。 3. 在多方互相尊重基础上，诚实地与项目中所有相关的个人和团体一同创造开放性的氛围。 4. 确保所有主要的人员都参与到项目问题的解决和情景规划工作中去。 5. 在项目计划中识别和评估风险与机会，并制定合适的情景和行动和/或实施结果。 6. 达成解决方案和/或修改计划的一致意见。 7. 系统地实施和管理已完成的工作。 8. 充分交流，对得到的经验进行意见反馈
2.14 价值评估	价值评估是感觉他人内在品质，了解他人观点的能力。它还包括与他们沟通的能力，以及能够接受他人的观点、价值判断和道德标准。价值评估的核心基础是相互尊重。项目经理应该具有自己内在的、健康的价值标准，并且能够在团队成员和利益相关者面前展现出来。还应该接受周围人员的健康价值观，并鼓励他们在与其交流的时候表现出来。对个人、组织和社会范围价值观的了解，可以使得项目计划更加容易被接受	1. 关注可能产生的影响； 2. 长期组织与项目团队之间的联络； 3. 联系的维持； 4. 个人兴趣和目标； 5. 个人表达； 6. 政治敏感性； 7. 团队压力； 8. 社会敏感性； 9. 为自己的行为负责	1. 确保自身与项目相关的价值能够被利益相关者所知悉和接受。 2. 对于在组织内部和外部有政治和社会影响力的团体，要考虑他们的价值、观念、道德和利益。 3. 当可能影响项目时，考虑在社会中流行的价值观念（受到政治观点、团队压力、利益相关者等影响）。 4. 在讨论的过程中，要考虑沟通和合作对象的价值观念。 5. 在适当的情况下，拟订和采取一个备选方案。 6. 尊重和欣赏他人的观点。 7. 对变更作出快速反应，给予环境因素改变对项目范围可能的影响以足够的重视。 8. 将经验运用于将来的其他项目或同一项目的其他阶段

续表

能力要素	基本含义和总体要求	内容体现与涉及范围	过程运用
2.15 道德规范	道德规范通常包括对每个个体成员操行的要求,道德行为是每个社会体系的基础。在组织的雇佣合同中都会包含道德标准的条款,其中还可能包括雇主对雇员专业性和规则性的要求。还有可能会涉及法律条款,以进行约束,或者将其作为道德规范的参考框架。道德规范要求团队成员以令人满意的方式来运作项目,交付项目成果。 项目经理在任何情况下,都应该以广泛被接受的专业操行惯例作为行为准则	1. 行为守则; 2. 信心; 3. 公平; 4. 诚实; 5. 忠诚; 6. 道德标准; 7. 尊重; 8. 团结一致; 9. 透明度	1. 确保运用于项目的任何法律或规章框架的一致性。 2. 发现影响项目和个人工作的不道德行为时应提出意见;确保公开此类事件时的透明性,解决差异问题。 3. 让相关的利益相关者介入,涉及本事件的个人提出问题。 4. 能够很清楚地阐述哪个道德规范与你相关。 5. 如果对方坚持己见,继续从事你认为有违道德规范的活动,就试着理解对方,以和善的态度解决问题;如果以这种方式不能解决问题,就将问题报告给高层管理者,或者利用仲裁来解决问题。 6. 就结果进行沟通,做好后续工作。 7. 对项目采取必要的行动。 8. 将经验运用到未来的其他项目中或者同一项目的其他阶段中去

3.2.4 环境能力

1. 环境能力的定义

环境能力是近年来 IPMA 在《ICB3.0》最新提出的项目管理能力要素。很多人对此感到茫然,好像与项目经理的能力没有直接的关系,有些"风马牛不相及"。而编者却认为这一提法是很有道理的。项目处于环境之中,项目管理及项目的成败与项目的环境要素影响与作用密切相关。为了说明这一问题,我们来分析一下环境和环境能力。

(1) 什么是环境

《辞海》中定义:环境是围绕着人类的外部世界,是人类赖以生存和发展的社会和物质条件的综合体。环境可分为自然环境和社会环境。

所谓自然环境是指存在于人类社会周围的客观物质世界;社会环境是指人类在自然环境基础上创造和积累的物质文化、精神文化和社会关系的总和。主要包括由人与人之间的各种社会关系形成的人文环境,如:政治局面、经济状况、文化传统、社会舆论、社会秩序、社会风气等。人的知识水平、行为习惯、思想品德、人生观、世界观等高级人格心理的形成,均与社会环境有关。一方面,社会环境对于个体来说是客观的,不同的个体均处于同样的社会环境之中,社会环境在未被个体所意识到的情况下,间接地对个体的心理活动发生影响。另一方面,人与外部世界的联系表现为关系,这种"关系"表明外部世界是被人们改造的结果。作为社会环境的外部世界又是人工世界,它不是自古以来就有的、始终如一的，而是随着社会的变化而变化的。

在环境科学中，有的学者认为，"环境"一般是指围绕着生物圈的空间和其中可以直接、间接影响人类生活和发展的各种自然因素和社会因素的总体。

近年来，国际环境教育界提出了新颖而科学的"环境定义"：
1) 人以外的一切就是环境；
2) 每个人都是他人环境的组成部分。

"环境"一词在英文中是"environment"，其含义是"包围"、"环绕"的意思。袖珍《牛津英语词典》对环境一词的解释是"环绕任何事物的物体或区域"。可见"环境"一词是个相对的概念，一般是指围绕某个中心事物的外部世界。由于中心事物的不同，环境的概念也就会随之不同。

为什么对项目经理会有环境能力这一概念呢？

人们对项目经理的能力与环境有关的疑惑，可能来源于对法律上环境概念的认识。

如我国环境保护法关于环境的定义"是指影响人类生存和发展的各种天然的和经过人工改造过的自然因素的总体，包括大气、水、海洋、土地、矿藏、森林、草原、野生动物、自然遗迹、自然保护区、风景名胜区、城市和乡村等"。虽然作为法律所保护的对象的环境，应该不仅有自然环境，还应当包括人为环境，它们都应当受到法律的保护。但是有人认为，人为环境外延过于广泛，不仅难以确定，而且语意甚为模糊，为此，作为法律定义上的环境应仅限于自然环境。立法之所以采取这种方式给环境下概念，主要是基于以下两方面的考虑：一方面是考虑到把环境作为法律的保护对象，其概念和范围必须明确和具体，因此就以列举的形式将其尽可能具体而又明确地列出。另一方面，还考虑到随着科学技术的不断发展，人类活动对自然界影响的范围必将日益扩大，法律所保护的自然客体也势必随之而扩大。而列举性规定虽然可以使法律上环境的概念和范围更加明确和具体，但是不可能穷尽庞大而又复杂的人类环境的所有要素，因而还应以概括性规定对环境概念作出表述；在概括性表述之后的列举性规定中加上"等"，以表示法律对环境的保护范围并不仅限于这些列举的内容。

本书认为：环境是指围绕着人类的生存空间，并可以直接、间接影响人类生存和发展的各种自然因素和社会因素的总体。

有关项目管理的环境概念，应该是在上述广义的环境概念之下，"由于中心事物的不同，环境的概念也就会随之不同"的特定的一类。即：

项目（或项目管理）的环境，是围绕着项目的生存空间，并可以直接、间接影响项目生存和发展，导致项目成功或失败的各种自然因素和社会因素的总体。

（2）什么是环境能力

正确处理项目管理者与环境的关系，是需要能力的。国际自然保护同盟（IUC）认为通过环境教育可以培养和提高人们的环境能力，环境教育是一个认识环境价值和澄清人类与环境关系概念的过程，它必须贯穿于人们制定环境政策和形成环境行为准则的过程之中。这一观点，也对我们理解环境能力具有启迪作用。

环境能力是指正确处理项目管理者与环境关系的能力。

（3）什么是项目经理的环境能力

项目经理的环境能力是指项目经理正确处理与项目周边环境相关的各个要素关系的项

目管理能力，特别是项目经理处理与项目所在组织环境中的直线型组织和职能型组织之间关系以及基于项目化管理的能力。

2. 环境能力要素的内容

环境能力要素有 11 项，具体内容见表 3-5 所列。

环境能力要素　　　　　　　　　　　　　　　表 3-5

3.01	面向项目
3.02	面向大型项目
3.03	面向项目组合
3.04	项目、大型项目和项目组合的实施
3.05	长期性组织
3.06	运营
3.07	系统、产品和技术
3.08	人力资源管理
3.09	健康、保障、安全与环境
3.10	财务
3.11	法律

3. 环境能力要素的深层解读

对环境能力要素的深层解读包括环境能力要素的基本含义，该内容在相关管理领域有所体现，以及在项目管理各阶段得到了具体运用。

为了方便大家对比理解和有一个系统、总体的认识，我们对环境能力要素通过列表的方式进一步具体解读，见表 3-6 所列。

环境能力要素解读　　　　　　　　　　　　　表 3-6

能力要素	基本含义和总体要求	内容体现与涉及范围	过程运用
3.01 面向项目	面向项目是一种术语，它用以描述组织按项目进行管理的定位以及提高项目管理能力。 面向项目的组织是按项目进行运作的组织，其目的是效果、开发和改变市场竞争力，而普通的直线职能组织，其目的可能只是为了提高效率	1. 重新设计业务流程； 2. 项目管理能力发展； 3. 项目管理职能单元（如项目管理支持办公室）； 4. 项目管理方法、技术和工具	1. 了解需求以实施项目。 2. 考虑与项目相关的组织，及其文化和流程。 3. 对组织中实施基于项目管理的运营与其他管理时间比较紧张的业务制作运营案例。 4. 变更组织及其相应的文化和流程。 5. 监督进展情况，从项目中学习经验，并将其运用到未来的项目中去

续表

能力要素	基本含义和总体要求	内容体现与涉及范围	过程运用
3.02 面向大型项目	面向大型项目是指以大型项目的方式进行管理，以及提高大型项目管理能力这一理念的决策和运用。组织的战略目标是通过大型项目和项目的方式来实现的，因此大型项目管理就是组织借以实现战略规划的工具。 面向大型项目的组织的能力要素包含了对大型项目的定义和属性的理解，以及对于大型项目的管理。大型项目的管理和控制需要运用其他的方式和资源（见主题内容）	1. 业务流程； 2. 组织、战略和业务计划； 3. 大型项目管理方法、技术、工具和程序； 4. 大型项目管理支持办公室； 5. 资源管理； 6. 大型项目的中央控制； 7. 管理变更的经理（一个或多个）； 8. 大型项目主管（或者委托人，发起人）； 9. 大型项目经理； 10. 大型项目常务委员会	1. 列出业务改进的工作，并确定优先次序。 2. 确保存在可以运用于大型项目管理的运营案例。 3. 引入一个评分系统来量化主要（核心）的大型项目及其利益。 4. 运用评分系统，使得主要的大型项目及其利益与组织战略目标保持一致。 5. 运用合适的管理水平对结果进行评价，作出决策并对结果进行沟通。 6. 变更组织及其相应的文化和相应的流程。 7. 启动相关的大型项目。 8. 监督进展情况，从大型项目中学习经验，并将经验运用到将来的大型项目中去
3.03 面向项目组合	面向项目组合是指对项目组合的管理。这是一项与直线管理类似的持续性职能，主要用于管理在业务范畴内不相关的多个项目和大型项目，但是这些项目共同分享组织中的稀缺资源。其目的是协调组织中所有或者一部分正在运作的项目或者大型项目。 面向项目组合经理通常站在组织层面上实施管理，包括评价、选择、监控、优先排序和终止的过程。项目组合监控中要使用其他的工具和组织（见主题内容），以确保项目在传递经营战略方面的重要性。项目组合层面上的事件必须向上级汇报，由组织最高的管理部门进行决策	1. 平衡计分卡； 2. 通用的格式； 3. 关键绩效指标（KPI）； 4. 组织的战略和经营计划； 5. 项目组合支持办公室； 6. 项目管理支持办公室； 7. 资源管理； 8. 向高层管理部门提交的整体项目组合报告（工作摘要）； 9. 项目综合管理信息系统； 10. 项目组合管理办公室； 11. 优先排序委员会	1. 列出与组织战略/目标协调一致的项目、大型项目，并确定其优先次序。 2. 为项目组合分配资源，并根据需求来平衡供给。 3. 定义项目组合中所有大型项目/项目标准化的流程、工具和报告机制，并且建立支持机构。 4. 持续监控项目组合中的大型项目/项目，并启动纠正措施。 5. 当大型项目/项目不再相关或者组织业务战略发生变化时，将其从项目组合中删除，并确保有相应的反馈机制以学习项目教训。 6. 选择并向项目组合中增加新的大型项目/项目（回到1）

续表

能力要素	基本含义和总体要求	内容体现与涉及范围	过程运用
3.04 项目、大型项目和项目组合的实施（简称PPP的实施）	项目、大型项目和项目组合的实施是指对PPP实施作出定义，致力于提高各类项目的管理水平，为了PPP的实施，对组织变更进行新的实践、运用新的程序。运用优胜基准（比如IPMA项目管理大奖模型）来定义和对比、判断最佳的实践，提高项目、大型项目和项目组合的管理效率，增加组织实现战略计划的可能性。PPP实施的负责人：通常在组织层面上负责将原则、过程和项目管理工具运用到项目团队的工作中去，改良组织运作，为实现PPP战略的成功而努力	1. 优胜基准； 2. 业务流程； 3. 变更管理； 4. IPMA卓越项目管理模型（国际项目管理大奖）； 5. 成熟度模型； 6. 人力资源开发； 7. 项目办公室； 8. 标准和规则； 9. 系统与技术	1. 将组织中采用项目/大型项目/项目组合管理的决策作为一个持续改进的过程/变更管理项目。 2. 通过与业界的优胜基准（IPMA项目管理大奖）和最佳运作的项目比较，确定项目/大型项目/项目组合管理的状况。 3. 在组织中建立项目/大型项目/项目组合管理的基本概念。 4. 通过试行PPP大型项目计划，验证其可行性。 5. 对试行结果进行评价，如果成功了，就开始全面实施PPP大型项目计划。 6. 根据能力的发展、变化的需求以及采用的方法、技术和工具，确定实施的速度以及实施成熟度路径的步骤。根据计划的实施步骤，选择并培训项目/大型项目/项目组合人员。不断提高，运用经验
3.05 长期性组织	长期性组织有三重含义：一是指组织中已有的长期性直线职能组织；二是指由于项目管理模式的引入，尤其是在以项目为导向的组织中，"按项目管理"成为长期性组织的一种理念，将会产生新的长期性组织，如项目管理办公室等；三是指如何处理好项目组织和长期性组织几者之间的关系。项目经理应该深入了解长期性组织运作和组织中项目的计划和管理原则，为成功创造前提条件	1. 变更管理； 2. 进行组织决策； 3. 组织战略和结构； 4. 项目管理办公室	1. 了解组织结构、目标和工作方式。 2. 考虑利益相关者的结构、目标和工作方式。 3. 识别并且建立项目组织与长期性组织的沟通界面。 4. 识别共同点和差异。 5. 考虑备选方案和使用每种方案可能产生的后果。 6. 讨论、决策、沟通、实施。 7. 监督进展状况，实施经验总结循环

续表

能力要素	基本含义和总体要求	内容体现与涉及范围	过程运用
3.06 运营	运营是一种涉及提供产品或服务的工业、商业或专业性运作,其应用于盈利和非盈利组织。此能力要素涵盖运营业务对项目、大型项目和项目组合管理产生的影响,以及各项目管理对运营业务产生的影响。 负责运营的部门和法律部门在战略的层面上,有责任建立一个项目和大型项目都可以更加有效运作的框架;在战术的层面上,通过运营业务与项目或者大型项目联系在一起;在运作的层面上,应该识别关于项目或者大型项目交付物的运营要求,还需要确定交付物的检测和移交标准,并且使用交付物。 项目经理在管理、实施和控制的过程中,应该充分反映利益相关者的要求。必须了解在何处决策及决策的约束条件,以及向上级汇报事件或者变更	1. 会计; 2. 变更管理; 3. 沟通; 4. 临时性组织的人力资源; 5. 面向项目的组织; 6. 贯穿项目和大型项目的战略	1. 设置直线型组织,为项目和/或大型项目和/或项目组合建立组织机构。 2. 制定战略标准和指导方针(例如法律、财务与经济、人力资源、销售与营销、信息与沟通技术等)。 3. 启动在组织中设置适当标准和指导方针的过程,并以此标准和指导方针评价项目/大型项目。 4. 实施运营变更战略,管理报告和运营业务的需求。 5. 总结并反馈得到的经验,并将其运用于合适的长期性组织和/或项目组合/大型项目/项目组合管理上
3.07 系统、产品和技术	此能力要素是指项目/大型项目与组织涉及的系统、产品和/或技术三个要素及相互之间的联系。它被划分为用以应用、交付和实施的系统,以及为组织而产生的,或者由组织产生的,或者引入组织的产品和技术。 项目经理应该建立提供或者变更产品或服务的系统。技术的选择和变更通常都是贯穿于项目管理过程中的战略问题。将新的或者变更的系统、产品或者技术由概念变为产品、再将产品分配出去,这样的过程应该作为一个项目进行管理,此类项目的管理团队应该了解产品开发过程,同时也应该了解生产经理的角色	1. 客户满意度; 2. 设施管理; 3. 可行性分析; 4. 运作和维持; 5. 产品设计; 6. 产品生命周期; 7. 产品设计与管理; 8. 要求,功能; 9. 供应链; 10. 系统开发; 11. 系统理论; 12. 系统生命周期管理; 13. 价值工程	系统运用方面: 1. 分析系统的结构、范围和环境。 2. 进行可行性分析并且建立运营案例。 3. 识别客户,系统功能化。 4. 确定系统、子系统和组成部分的目标或需求。 5. 设计系统的生产及其分配的供应链。 6. 分配责任,授权子系统及其组成部分的设计和生产。 7. 依据对于用途、维持和经济效益建议,优化整体系统。 8. 通过模拟试验对系统进行测试,发现问题并将其彻底解决。 9. 根据运营案例的需求,确认系统的有效性

续表

能力要素	基本含义和总体要求	内容体现与涉及范围	过程运用
3.07 系统、产品和技术			10. 交付并移交给组织/客户。 11. 产品生命周期管理。 12. 总结经验,并将其应用于未来的项目。 系统开发方面: 1. 将系统开发定义为一个新的项目。 2. 确定系统的客户和功能改进的需求。 3. 设计与相关产品相适应的系统。 4. 设计产品的生产和分配。 5. 计算系统成本。 6. 根据要求对系统进行优化。 7. 向组织和各岗位发布市场和产品生命周期中改进的系统。 8. 识别系统战略进一步改进的机会。 9. 总结经验并将其运用于将来的项目中去
3.08 人力资源管理	人力资源管理能力要素包含项目管理和/或大型项目中人力资源(HR)管理的所有问题,包括计划、人员招募、人员选择、培训、维持、绩效评估和激励。项目经理应该与组织中的人力资源管理部门合作管理项目中的人力资源管理事项	1. 评估技术; 2. 项目成员的利益; 3. 职业发展; 4. 项目资源计划; 5. 团队角色模型; 6. 培训、指导和在工作过程中的学习	1. 识别项目对人力资源的技术、知识、经验和行为的需求,以及开始的时间,用多长时间,在个体时间所占的比例。 2. 选择合适的人员和/或与事先选择的个人和团队共同工作。 3. 向每个团队成员提出项目对他们的期望和要求,并评价成员个人的情况、兴趣和目标。 4. 管理个人和团队计划的和实际的绩效。对出现的偏差进行核查,并作出解释,实施纠错。人力资源管理应该完整并与时俱进。

续表

能力要素	基本含义和总体要求	内容体现与涉及范围	过程运用
3.08 人力资源管理			5. 监督个人环境和对团队成员激励的变化。 6. 与负责人力资源管理的人员以及直线部门经理保持日常联系,讨论团队成员工作的绩效、个人问题和发展机会。 7. 项目结束后,解散项目成员并将他们安排回原先的部门,同时对其在项目中的贡献致以谢意。 8. 总结经验,并运用到未来的项目中去
3.09 健康、保障、安全与环境	健康、保障、安全与环境能力要素包括了所有为确保在健康、保障、安全与环境的范围内,组织发挥适当的作用,并且在计划阶段,确保健康、保障、安全与环境的实施,及其在交付产品的生命周期中的退出和安排。 项目经理应该以高度的责任感,在项目中制定标准、规范和运作程序,对健康、保障、安全、环境的问题都作出相应的规定,确保运作,适时检查,以便将风险尽量降低到组织、公众、法律体系、操作者和他人都可以接受的程度	1. 审查; 2. 环境影响计划; 3. 健康; 4. 法律和公司政策; 5. 安全和保障计划; 6. 安全和保障问题研究	1. 识别适用的法律和规范。 2. 识别健康、保障、安全与环境问题存在的风险、需求和责任。 3. 评价实际的情况。 4. 制定健康、保障、安全与环境问题保护计划。 5. 监控计划的实施效果。 6. 汇报事件及其风险。 7. 总结经验并运用于组织中将来的项目或项目的其他阶段
3.10 财务	此能力要素涵盖了在组织运作的过程中可能涉及的财务内容。 财务管理负责合理并及时地为项目筹措必要的资金。会计包括组织运作的成本计划财务会计事务,支出和收入以及资产和负债是为了清楚地反映现金流量和组织(或者组织相关部门)的偿付能力。	1. 预算规划和预算控制; 2. 运营案例管理; 3. 变更管理; 4. 金融市场; 5. 金融模式; 6. 普通会计(学); 7. 财政	1. 识别项目的财务环境。 2. 运用组织指导方针来定义: 　运营实例; 　财务行政管理; 　财务报告。 3. 执行财务报告。 4. 必要时制定财务审计进度。 5. 在项目收尾时进行财务结算。 6. 总结经验并运用于将来的项目中

续表

能力要素	基本含义和总体要求	内容体现与涉及范围	过程运用
3.10 财务	项目经理应该向财务管理部门提供必要的财务需求信息,并且协助其进行资产的评估、付款的核查以及对资金使用情况的控制。必须了解如何组织财务管理体系的运作,并且在分析和检查项目整体或部分不同方案的财务效益时使用他们的方法解释来自会计系统的数值		
3.11 法律	法律能力要素阐述了法律和法规对项目和大型项目产生的影响。减少法律纠纷和以法律与道德规范处理业务的信誉是重要的。项目经理应注意防止各种侵权行为(侵权行为法保护个人安全、固定资产、资金来源和名誉不受损害)的发生,也避免可能引起的诸如撕毁合同之类的问题的行为出现。项目经理应该确保决策和运作在法律允许的范围内进行,重要的法律事件应该咨询法律顾问	1. 协议; 2. 适用的法律; 3. 仲裁; 4. 合同; 5. 知识产权; 6. 负债; 7. 许可证; 8. 标准和规范	1. 设置与组织或项目组合相适应的法律标准和指导方针。 2. 启动执行组织或项目组合中法律标准和指导方针的过程,依据标准和指导方针对项目和大型项目进行评估。 3. 为项目组合或组织调查并描述可能在项目和大型项目中运用的相关法律条款。 4. 适当地管理项目或大型项目的合同、索赔以及变更。 5. 有效地回应有组织的罢工。 6. 适当地回应对工作的抱怨、歧视、安全问题以及不作为等问题。 7. 总结经验。 8. 反馈项目经验,必要时调整标准和指导方针

3.3 项目经理能力要素与项目管理的关系

编者根据自己多年从事项目管理实际工作、教学和理论研究的实践,对项目经理的能力与项目管理关系等相关问题作进一步的解释。

这种解释将以项目经理的能力为基点,以项目经理的视角展开,通过分析项目经理的能力核心、能力应用与能力的外在体现形式等关系,解读面对不同管理岗位和管理不同类型的项目时,不同等级项目经理应该具有的能力,进而建立起项目经理的能力体系模型,提出项目经理的能力培养和考评的建议。

3.3.1 能力要素与项目管理层次

项目管理和一般管理的实践告诉我们,管理是分层次的,负责不同层次管理的管理者应该具备不同的管理能力。编者的经验和社会调查表明,这种关系可由表 3-7 来近似表示。

不同管理岗位对项目管理知识需求比例参考表　　　表 3-7

	专业技能	人文技能	理念技能	能力集合
高层管理人员	25%	35%	40%	洞察力、决策力、创造力、统筹力、批判力、领导力
中层管理人员	30%	40%	30%	判断力、协调力、沟通力、领导力、专业能力
基层管理人员	60%	25%	15%	专业能力、执行力、判断力、协调力、沟通力

专业技能:对生产产品或提供服务的特定知识、程序和工具的理解、掌握、应用能力;

人文技能:在组织中建立融洽人际关系并作为群体一员有效工作的能力;

理念技能:从整体把握组织的目标,洞察组织与其环境的相互关系的能力。

3.3.2 能力要素与项目管理类型

IPMA 认为:通过国际项目管理资质认证标准认证的不同级别的项目经理,对项目经理能力要素的掌握应该具有不同的权重,具体可以表示为表 3-8。

IPMP 对 A、B、C、D 各级别项目经理能力要求的权重　　　表 3-8

	A 级(%)	B 级(%)	C 级(%)	D 级(%)
技术能力	40	50	60	70
行为能力	30	25	20	15
环境能力	30	25	20	15

尽管表 3-7 与表 3-8 的内容有所不同,但我们可以看出其表达的本质含义是一致的。

结合 IPMA 对项目经理能力 46 个要素,按照技术能力、行为能力和环境能力三个组成部分的划分,再考虑能力的结构可以理解为每一种能力都包括知识、经验、个人素质和哲学素养的内涵,能力之眼可以进一步表示为图 3-4。

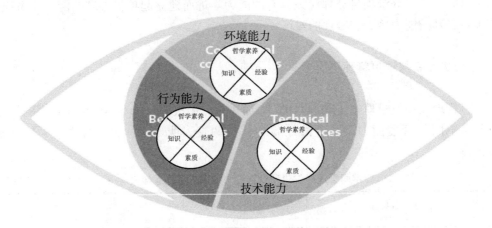

图 3-4　进一步完整含义的能力之眼

IPMA 在《ICB3.0》中认为不同类型的项目（项目、大型复杂项目、项目组合），应该由不同级别的项目经理来负责管理；不同级别的项目经理应该具有不同比例的能力结构。具体情况应该符合图 3-5 和表 3-8 的要求。

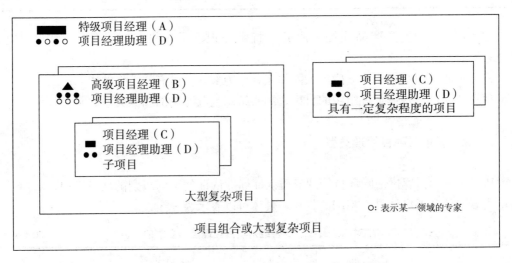

图 3-5　项目经理与不同类型的项目管理的对应关系

3.3.3　能力要素与项目管理的对应关系

综合上述各种关系，我们可以归纳出一个更完整的关系图来表达项目经理的能力、项目管理的层次和不同类型的项目管理之间的关系，如图 3-6 所示。

在图 3-6 项目经理的能力与项目和项目管理的关系图中，我们以不同级别的项目经理作为出发点，画一条水平线，在不同的区域截成不同长度的线段，从线段的长度就可以看出，该级别的项目经理应该具有的相关能力的比例，以及可以胜任的项目管理类型。

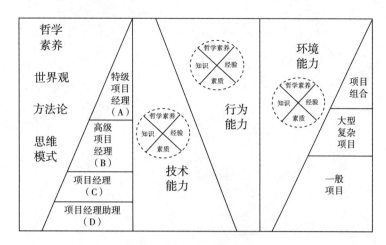

图 3-6 项目经理的能力与项目和项目管理的关系

例如特级项目经理（IPMP-A 级）与项目经理（IPMP-C 级）相比较，前者就需要较多的哲学素养、环境能力和行为能力，相对较少的技术能力，可以管理项目组合和大型复杂项目；而项目经理在具备哲学素养和掌握环境能力和行为能力方面的比例可以少于特级项目经理，技术能力要更多一些，可以负责管理一般项目。

第4章 导读

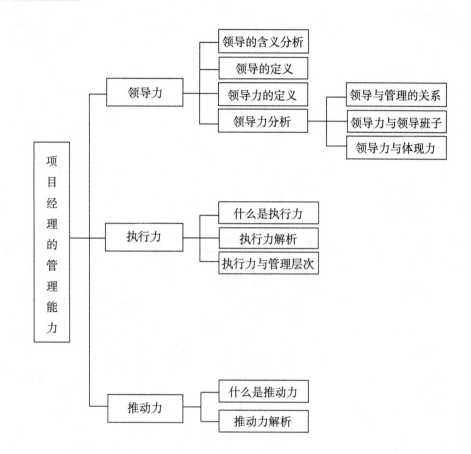

第 4 章　项目经理的管理能力

> 管理能力是项目经理最重要的应用能力,是核心能力——本质能力(本质力)在管理工作中的具体作用。其中最重要的有领导力、推动力和执行力。本章将分析解读项目经理的这几种管理能力。

管理能力(管理力)是项目经理对管理对象——项目,实施管理的最直接作用力。它体现的是管理者和被管理者的相互作用,管理力也要考虑力的大小、方向和作用点。这是项目经理能力与项目管理关系最密切、最契合的能力。

管理力可以分为三个层次:领导力、推动力和执行力。

从对不同层次项目管理者的重要性而言,领导力更对应于高层项目经理;推动力主要对应于中层项目经理;执行力对各层经理都很重要,更重要的是对基层项目经理。

管理力在项目经理能力体系中的位置如图 4-1 所示。

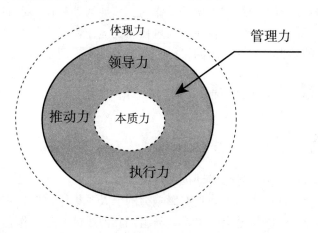

图 4-1　管理力在项目经理能力体系中的位置

4.1　领导力

我们要明确什么是领导力以及如何发挥领导力。

4.1.1　领导的含义分析

从人类出现以来,领导现象就伴随和推动着人类社会的发展。领导活动是任何社会组织共有的社会现象，大到一个国家，小到一个家庭，都存在着领导活动。项目团队同样要有领导活动。但要对领导这一概念作准确的定义，却是一件较为困难的事，因为人们可以从不同的角度对领导作不同的理解。

"领"，是领项，是带领、率领、引领；"导"是指导向、引导、开导、教导、疏导、辅导；领，强调的是有人站在高端，走在前面，率先垂范，一呼百应，重点是明示与决策，要先知、先行；导，是强调组织、引导和促使组织成员愿意和能够与引领者一道前行，去实现组织的共同愿景，主要是认知与行动。

领导两个字合起来具有整体意义，是决策和指挥引领活动。通用公司的CEO杰克·韦尔奇认为："领导是一种能将其想做的事或其发展，设想成一种远见，并能使其他人理解、采纳这种远见，以推动这种远见成为成功的、现实的人。"也就是说，领导是指领导者在一定的环境下，确定目标，为实现既定目标，对被领导者进行管理和指引的行为过程。

领导一词通常至少包括以下5个方面的含义：

（1）领导的主体既包括领导者，也包括被领导者，二者是一种互动的关系。其中领导者处于主导的地位，被领导者处于从属的、但是不可替代的地位。因为领导者是领导活动的发起者与组织者，他们的决策正确与否是领导活动是否成功的关键。然而，领导活动目标的实现也依赖于被领导者能否服从与追随，能否忠实、有效地执行决策，因此，领导者与被领导者共同构成了领导活动的主体，二者缺一不可。

（2）领导活动是存在于群体环境之中的，单个人不能形成领导。如果没有群体环境的存在与发展，领导也就失去了产生的前提与存在的意义。

（3）领导是在一定的组织结构中展开工作的。领导活动是在一定的组织体系与组织规则中展开的，在组织结构中，领导者通过角色权力的运作，实施对组织的控制。

（4）领导的目的是为了实现一定的目标。组织的目标规定了领导活动的方向，也是领导活动的归宿。

（5）领导的两项主要工作是："出主意"和"用干部"。

4.1.2 领导的定义

上述分析我们可以给出领导作为动词的定义为：

领导就是在社会的共同生活中，具有影响力的个人或集体，在特定的组织结构中，明确组织目标，通过建立和维持健全的关系，与组织其他成员一起工作，以实现组织目标的过程。

如果把领导作为名词来解释，则是特指领导者。

在本书涉及项目经理能力的领域，我们主要按动词来解释。

4.1.3 领导力的定义

力，是指物体（事物）的相互作用。包括三个要素：大小、方向和作用点。

领导力（leadership）：指领导者在其管辖范围内充分地利用客观条件高效率办事的能力，就是领导者发挥领导作用的能力。也指领导者以其身份和个性特征，有效地影响并改变被领导者心理和行为的能力。

领导力是一种互动的作用。领导力是在领导者与被领导者之间体现出来的。也包括三个要素：大小、方向和作用点。

4.1.4 领导力分析

领导力有时也称领导影响力。领导者都需要利用自身的影响力团结和领导下属，共同努力实现组织的统一目标。领导力的大小取决于许多因素，如领导者的地位、能力、品格、知识、才能等。

领导者的影响力分为权力性影响力与非权力性影响力两大类。

权力性影响力是由社会赋予个人的职务、地位、权力等构成的，所以它是掌权者才具有的，具有一定的强制性，也称为强制性影响力、外加影响力。也就是说权力性影响力对领导者来说具有外加性；对被领导者来说具有很大的强迫性。

非权力性影响力也叫自然影响力、内在影响力，它与外加权力无关，是靠领导者自身的个性特征与作为形成的。从领导者角度说，非权力性影响力具有很强的内在性；对被领导者来说，具有很强的自愿性。

在传统的"官本位"社会，组织的领导者的管理主要依靠外加的权力来达成；而在现代以人为本的"人本位"社会，组织的领导者的管理则更多依靠其内在的影响力、人格魅力——即非权力性影响力。一个成功的领导者不再看其身居何等高位，而是指其拥有一大批追随者和拥护者，并且使组织取得了良好绩效。

1. 领导与管理

在 21 世纪的各种管理中，管理与领导相对分开，这是一种进步。这种相对的区分只是为了便于经理人对管理和领导的理解，但若二者分得越来越清楚，甚至把二者割裂开来，对管理将是一种灾难。有两个问题应该引起注意：

其一，本书认为管理是个大概念，管理中包含领导功能。正确的做法是在概念上把二者相对分开，在应用时把二者融合起来。

其二，领导是管理中的高层次。领导者是指管理者中决定组织（企业或团队）向哪个方面发展以及如何发展的全局性问题的管理者，领导者需要具有较高的哲学素养，属于战略性层面，一般由组织战略和组织文化这两个宏观方面组成；同时需要较强的处理人际关系的能力、多方面的经验、艺术性的与员工的交流方式、训练程度和启发水平，以及在这些方面的处理能力。

2. 领导力与领导班子

领导力可以是个人的，也可以是领导班子的。项目管理中我们重视优秀个人的作用——实施项目经理责任制，我们更希望项目管理的领导力是项目团队领导班子的领导力，希望实现 1+1>2 的效果。

一名好的领导人领导好一个组织（项目管理或项目团队）并不容易，一个差（坏）的领导人却很容易把一个组织搞垮。一个卓越的领导班子的领导力就是项目团队成功的核心能力。

3. 领导力的体现

项目经理的领导力是项目经理本质能力在与项目相互作用时，转换成的高层管理力；

最终体现为：决策力、综合力、规划力、学习力、创新力、公信力、凝聚力、人格力等多个方面。

4.2 执行力

4.2.1 什么是执行力

执行力（Execution），指的是组织或其成员贯彻战略意图，完成预定目标的操作能力。它是组织竞争力的核心，是把组织战略、规划转化成为效益、成果的关键。

作为一个组织或者项目经理个人，再伟大的目标与构想，再完美的操作方案，如果不能强有力地执行，最终也只能是纸上谈兵。

执行力有两种，一种是组织的执行力，一种是个人的执行力。完整的执行力应该是包括组织、团队和个人在内的一个系统。一个企业是组织，一个项目团队也是组织。组织的执行力是组织管理成败的关键。项目经理个人的执行力也是项目经理成功的关键。要提高组织的执行力，不仅要提高组织从上到下的每一个人的执行力，而且要提高每一个单位、每一个部门的整体执行力，只有这样，才会形成组织的系统执行力，从而形成组织的执行力、竞争力。个人执行力是组织执行力的基础，我们这里讨论的主要是项目经理个人的执行力。

4.2.2 执行力解析

"领导"和"执行"历来是管理学中传统的课题，以往人们理解的常常是其狭义的概念，领导是上级，管的是决策，而执行不过是基层管理者或者是员工的事。直到几年前，管理界提出"领导力"和"执行力"这两个词语，人们的认识改变了，领导力和执行力成了每个人的基本素质，成了形影不离的"搭档"。

执行力在不同层级的经理和员工中的定位与要求是不同的。执行贯穿于所有岗位、所有层级，从组织高层的 CEO、高级项目经理到最基层的普通员工、团队成员，执行力是与战略、决策和领导力一样神圣、重要的组织行为。

我们前面讨论认为领导力就是一种他人自愿追随的、特殊的人际影响力。每个人都可能影响别人，因此每个人都具有潜在的和现实的领导力。从某种意义上说，培养优秀的团队，让每个队员养成好的执行习惯，让每个人充分发挥这种帮助组织朝着正确方向前进的内心冲动、身体力行，就是在底层的员工身上真正体现了领导力的存在。对于高层领导者而言，为了体现其领导力，执行力更加关键。首先，只有高层领导者确保战略是可以执行的，不仅自己知道，同时也让员工了解如何去执行，提高组织的执行力才有实际意义。作战中把指挥部设在前线，正是千百年战争实践验证了的"真理"，领导者亲自体现作战意图，就是最好的领导力和执行力。对于成功的项目来讲，制定正确的规划、计划固然重要，但更重要的是规划、计划的执行。能否将既定战略执行到位是项目成败的关键。

当然，我们也不否认伟大领导者和优秀领导力的存在。成功的项目管理需要伟大领导力和伟大执行力的珠联璧合，协调统一。

4.2.3 执行力与管理层次

从管理的角度来讲，执行力也是一种比较基础的完成具体任务的领导方式。通常认为实行此种领导方式，取决于管理者的技术水平和操作技能，需要较少的思考和独创性。对于最基层的管理者来说，这是更重要的能力。作为基层管理者或员工，执行力是立身之本。强化执行力的前提是良好的职业道德、责任感和对岗位和职责的认同，是良好心态的调整。执行力还要以专业能力和操作技能作为实力保证。但是我们也认为，作为基层项目管理者，也不能一味简单地、被动地接受任务，对于工作中的疑问要第一时间向上级主动汇报、沟通，通过对目标和任务的多方位理解，完善和坚定自己的执行。同时从上级处获得资源也很有助于自己的有效执行。

目前关于执行力，已经有太多的著述在宣扬和讨论，有兴趣的读者可以选择一些深入研究，本书不再赘述。

4.3 推动力

4.3.1 什么是推动力

推动力（driving force，impetus），此词最早见于物理学中，是指体系中同一物理参数在不同位置处之差。例如，液体中两处的浓度不同，则组分从浓度高处向浓度低处传递；物体两处温度不同，则热量从高温处向低温处传递；若两处压力不同，则能量从压力高处向压力低处传递。浓度差、温度差或压力差即为传递的推动力。推动力越大、传递速度越快。当推动力为零时，传递速度也变为零（参见百度百科相关条目）。

推动力用于管理学，可以理解为推动力就是能使事物前进，或者是能使工作展开的力量，是指对新的政策、新的管理模式、新的制度流程等的推动运作能力。

本书拟定义为：推动力是指理解组织战略规划和目标，承上启下，组织实施，使规划和目标逐步转变为成果的推动运作能力。

推动力是连接领导力和执行力最重要的中间环节。推动力也是一种领导力和执行力，只不过是领导力和执行力在组织中层管理者身上的特定体现形式。在项目管理中，中层管理者是指大型复杂项目中子项目的经理，一个项目中在项目经理领导下的专项管理部门负责人，如项目团队的质量管理部门负责人、财务部门负责人、计划部门负责人、HSE（健康、安全、环境）管理部门负责人等。

4.3.2 推动力解析

项目团队的中层管理者在组织内部起着承上启下的作用。承上，是指中层管理者需要充分领悟组织整体战略、主管领导的策略思路等，并基于此对各项目标进行充分的延展、完善和细化，使部门中的每一个员工都能了解自己的目标和方向，让战略目标真正和每一个人关联，使执行体系具备可操作性；启下，是指中层管理者需要利用管理技能，保障每一个执行细节落实到位，最终实现一个个的子目标。组织中中层管理者承上启下的特点，决定了他在组织体系里特有的地位。领悟力是组织中中层管理者重要的素质。领悟力来自于对事物本身的深邃理解。中层管理者作为承上启下的环节，如果不能真正理解高层的战略思维，那么很多工作可能南辕北辙或者形似神不是。对中层管理者来讲，做任何一件事以前，一定要先弄清楚是否与组织的战略目标一致，清楚地了解上级的准确思路，然后以此为目标来把握做事的方向。当前在项目管理中需要特别强调中层管理者的领悟、思索能力，需要加强双向的交流与沟通。

推动力还与中层管理者处理上级领导者和员工之间的人际关系的能力密切相关。包括中层管理者的经验、与员工的交流方式、训练程度和启发水平，以及在这些方面的处理能力。

推动力的实现也需要展示管理者的个人魅力，这取决于管理者对自己的态度、习惯、爱好和信仰的认识，以及这些因素怎样影响自己作为中层领导的角色。

中层管理者发挥推动力的核心点是"管理"。通过中层管理者的有效管理，通过"计划、组织、实施、控制、反馈、改善"等管理环节，最终实现组织的一个个目标。确保执行的有效实施，完善执行体系的细节等，这些都需要通过中层管理者的"管理"能力——推动力才能实现。

作为中层管理者，既要"有所为"，又要"有所不为"。该"有所为"时要"勤奋"，该"有所不为"时要"懒惰"。在项目管理中这两种精神都是需要的。中层管理者应"勤奋"于自己主管业务的拓展、创新性的工作，培训和指导下属；应"懒惰"于干下属分内的工作、甚至是已经可操作的工作等。这里的"懒惰"指的是中层管理者遇事不要事必躬亲，更不能越俎代庖，该谁干的事就让谁去干，把权力和责任一起交给下属，如果中层管理者在下属工作范围内做得太勤快，那么下属就会有依赖感或者感到上级对自己不够信任。中层管理者绝对不能轻易帮着下属做事情，只能是指导下属做事情。中层管理者只应履行自己的职责，而不应好心甚至是热衷于做下属的事情，否则，不仅自己本职的工作做不好，下属也失去了锻炼的机会和工作压力，意味着两层都失职了。

中层管理者必须调动起下属和自己一样忙，而不能只是自己忙得焦头烂额，否则中层管理者就会太浪费组织所配备的人力资源。中层管理者必须要忙起来，不是中层管理者显得游刃有余才是优秀的，一个组织要有紧张感，必须首先体现在中层管理者层面上。同时，必须让下属在其职责范围内也紧张起来，否则，中层管理者忙而下属不忙，往往意味着该做的工作没有做或者是上级替下属干活。这是中层管理者在管理上最容易犯的错误。如果下属不得力或者不上进，进度又不能拖，那就自己干了算了，一次两次可以，长此以往甚至形成惯性，则需要反思了。

总之，对于中层管理者来说，一定要有推动力，推动力的内涵主要是：

（1）有高度的责任感和实干精神，理智而积极地认识推动的意义；

（2）一定要承上启下，要有桥梁的作用，连接的能力，对上情和下情都要有充分的理解；

（3）要能够读懂高层领导的心理，创造性地贯彻上级指示和意图；

（4）要特别善于沟通，有强大的说服力和协商力，能够深入细致地做好下属的思想工作；

（5）要有较好的涵养，有一点"受气"的承受力，不轻易向困难低头，具有人格魅力；

（6）关心下属，善于发现和挖掘团队成员的潜力和积极性；

（7）自身业务能力强，又善于学习，令团队成员信服。

目前关于企业中层管理者的能力、作用，已经有一些相关的著述，如参考文献等。虽然这些著述论述的范围是企业管理，但对项目管理也有一定参考意义。

关于项目管理者推动力的提法，目前见到的还不多。选择具有一定推动力的项目管理者，对于实现成功的项目管理特别重要。实际上无论是在项目管理中还是企业管理中，推动力都具有特别重要的意义。如果"两头热，中间冷"，项目一定搞不好。

领导力、执行力和推动力是处于不同管理层面的项目管理者都应该按不同比例具有的管理能力，是项目经理本质能力在管理上的具体作用力。

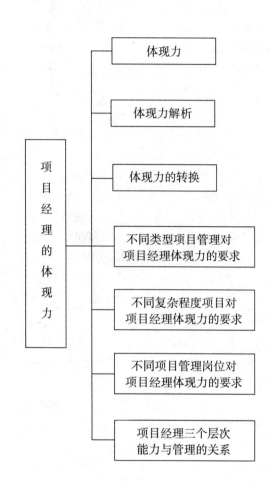

第 5 章　项目经理的体现力

> 体现力是项目经理能力在从事具体项目管理时的最外在表现形式，是项目经理能力更细腻的展示和特性风采。本章将分析解读项目经理的这种最具体化的管理能力。

体现力是项目经理能力的最外在、最具体化的表现形式。

体现力在项目经理能力体系中的位置如图 5-1 所示。

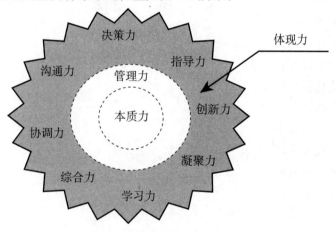

图 5-1　体现力在项目经理能力体系中的位置

5.1　体现力

体现力是不同项目经理对不同项目管理展现出其能力各具特色的方方面面。其表现可以是五光十色、多种多样的。它体现的是项目经理能力程度、外在形式和特性。是项目经理能力更细腻的展示，是项目经理的能力在项目管理中最具体的体现，这些体现力包括（但不限于）：决策力、综合力、规划力、指导力、学习力、沟通力、协调力、创新力、公信力、凝聚力、人格力等多个方面。是成功项目经理的风采。

5.2　体现力解析

这些体现力内涵的方方面面还可以细化，这里我们仅以与领导力相关的体现力为例，略作展开解析如下：

（1）决策力——决策拍板，审慎气魄

坚持原则，积极审慎；
不同意见，注意倾听；
讲求方法，注重程序；
承担风险，多方善后；
把握时机，及时断定。
(2) 综合力——把握大局，实施领导
目标明确，控制范围；
战略规划，层层分解；
统筹兼顾，分层指导；
综合协调，关注集成；
相关各方，满意为重。
(3) 规划力——周密计划，执行控制
统筹规划，巧妙安排；
令出必行，指挥若定；
精简层次，优化幅度；
人事相符，因事设人；
沟通信息，优化执行；
奖罚分明，良性运转。
(4) 学习力——厉行学习，与时俱进
事业发展，时代要求；
博学笃行，能力提升；
勤于思考，善于总结；
以身作则，培训员工；
知识管理，战无不胜。
(5) 创新力——勇于变革，持续创新
项目管理，需要创新；
技术管理，方方面面；
提倡引导，组织掌控；
积极稳妥，试点慎重；
总结经验，持续前行。
(6) 公信力——公正廉洁，以身作则
无私无畏，诚恳诚信；
严于律己，宽以待人；
吃苦在前，享乐在后；
惩恶扬善，襟怀坦荡；
一视同仁，赏罚公平。
(7) 凝聚力——人本管理，春风化雨
正视自己，尊重员工；
合理授权，激发潜能；

关心团队,引导服务;
深入实际,诚意沟通;
是非分明,严明奖惩。
(8) 人格力——个人魅力,赢得拥戴
哲理爱心,虚怀若谷;
目标专注,积极进取;
激发别人,自尊自强;
博学多才,幽默风趣;
身心健康,精力旺盛。

5.3 体现力的转换

我们以项目经理能力中领导力这条线索来分析一下本质力—管理力—体现力的具体转换。

前面我们已经介绍过:项目经理的领导力是项目经理本质能力(核心的能力结构——知识、经验、个人素质和哲学素养;项目经理特定能力要素——技术能力、行为能力和环境能力)在与项目相互作用,成为管理力的一种转换。最终这种管理力要在具体的项目管理相关方面展现为体现力。这些体现力是多方面和多种多样的。针对不同的项目管理特点,项目管理的不同阶段,其体现总是有所不同。其中应该包括:决策力、综合力、规划力、学习力、创新力、公信力、凝聚力、人格力等多个方面。再具体的细化就如 5.2 所述。

体现力的详细描述请参考其他有关能力的著述。

5.4 不同类型项目管理对项目经理体现力的要求

5.4.1 项目管理的不同类型

项目管理的类型,会依划分标准和方式的不同,而有不同的分类。本书基于控制论的基本原理,通过对输入、输出和过程的关系分析(图 5-2),把项目管理类型分为 A、B、C 三大类:

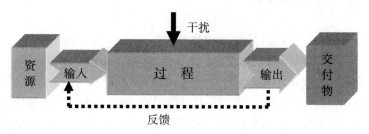

图 5-2 项目管理的控制示意图

A类：智慧转换为主型的项目管理——计算机软件开发、科研项目、文化产品项目、项目管理咨询、智慧服务型的第三产业（如会计师、律师服务项目）；

B类：实物资源转换为主型的项目管理——建筑工程、国防工程、各类工程建设项目、商贸项目、新产品开发项目；

C类：事件与过程处理型的项目管理——大型活动、体育赛事、突发事件应对。

这三类项目管理各具特征，主要内容见表5-1所列。

A、B、C三类项目管理的比较　　　　　　　　　　　表5-1

序号	比较内容		A类项目	B类项目	C类项目
1	输入资源		智慧含量高	智慧＋物化物	智慧＋物化物
2	输出交付物		知识产品为主	物化产品为主	感受和体验
3	项目涉及资源规模		一般较小	大	中或小
4	专业技术能力要求		高	较高且分层次	通常不高（特殊专业例外）
5	管理复杂程度		中或低	中或高	中
6	管理过程对社会影响		中或小	中或大	大
7	对项目经理综合能力要求		中	中或高	高
	对项目经理体现力的要求	决策力	中	强	特强
		综合力	中	特强	特强
		规划力	中	强	强
		沟通力	中	强	特强
		协调力	中	强	特强
		学习力	中	强	中
		指导力	中	强	强
		创新力	强	强	中
		表达力	中	强	特强
		感召力	中	强	强
		公信力	中	强	特强
		凝聚力	中	强	强
		人格力	中	强	强

5.4.2 对项目经理体现力的要求

1. A类项目管理对项目经理体现力的要求

A类项目的管理相对界面较少（特大型项目例外），团队成员的工作相对独立，项目相对封闭，利益相关方相对不多，项目交付物以知识产品为主，团队成员个人文化、技术、专业素质相对较高，项目经理需要在传统项目管理的基础上，使项目管理职能的"有形"为主，转为"无形"，进入"无形胜有形"的境界。更要注重发挥知识型团队成员的个人才能和积极性，项目经理要使管理更适合员工的创新活动，营造良好的团队文化和项目环境。

从事该类项目管理的团队成员和项目经理多是出身于科技人员，通常具有较丰富的专业技术知识，也会对专业技术问题轻车熟路，情有独钟，容易深入技术问题的讨论钻研之中，容易习惯于单枪匹马地单干，常常会导致顾此失彼、只见树木不见森林，不善于沟通与协作，疏于项目管理的大局目标。因此 A 类项目管理对项目经理体现力的要求要加强"补短"，要特别注意综合力、沟通力、协调力、指导力和凝聚力的培养和展示。

2. B 类项目管理对项目经理体现力的要求

B 类项目的管理界面相对较多（特别是大型复杂项目），涉及较多的项目组织，较多的专业、学科，多个利益相关方，团队成员来自四面八方，而其工作又互相关联，项目的外界环境开放、复杂，常常有一定的社会影响和关联。项目交付物以实物产品为主，也凝聚有一定的知识含量。团队成员个人文化、技术、专业素质参差不齐，各利益相关方立场多样、需求各异、甚至互相矛盾，项目进行中情况多变，项目经理需要有较广泛的体现力。由于该类项目管理的层次较多，对项目经理体现力的要求也会分为不同的层次，不能一概而论。关于这一点，我们会在随后的"不同复杂程度项目对项目经理体现力的要求"和"不同项目管理岗位对项目经理体现力的要求"中进一步阐述。

举例而言，B 类项目的管理综合代表可以工程总承包 EPC（Engineering Procurement Construction）为例。2008 年北京奥运会的各种场馆建设，大部分采取的是这种项目管理模式。如：国家体育场（鸟巢）、水立方、老山自行车馆、飞碟靶场、五棵松文化体育中心、奥林匹克森林公园、青岛奥帆基地以及在此期间建设的央视大楼和国家大剧院等，代表了现代工程项目管理的主流。EPC 模式将工程设计、工程管理和工程施工完美结合，可以达到创新设计、质量优良、缩短工期、降低投资的目的。EPC 项目管理的模式对项目经理和项目团队成员的素质要求就比较高。

EPC 工程项目一般采用强矩阵式的组织结构。根据 EPC 项目合同内容，从公司的各部门抽调相关人员组成项目管理组，以工作组（Work Team）负责工作包（Work Package）的模式运行，由项目经理全面负责工作组的活动，而工作包负责人全面负责组员的活动和安排。管理部门一方面要根据公司的法定权利对工作组的工作行使领导、监督、指导和控制功能，另一方面，还要协调和管理其他的项目参与方——"虚拟项目团队"，确保项目的管理活动符合公司、业主、各参与方和社会的各个利益相关方的利益。EPC 工程项目对项目经理和工作包负责人的要求有别于传统的施工经理或现场经理。EPC 的项目经理必须具备对项目全盘的掌控能力，即沟通力、协调力和领悟力；必须熟悉工程设计、工程施工管理、工程采购管理、工程的综合协调管理，这些综合知识的要求远高于普通的项目管理。工作包负责人的素质要求也远高于具体的施工管理组。国际 EPC 项目的管理组成员不乏 MBA、MPA、IPMP 和 PMP 等管理专家，也包括其他的技术专家。工作包负责人往往是在专业上的技术专家，同时也是管理协调方面的能手；不仅在技术工作、设计工作、现场建设方面有着多年的工作经验，而且在组织协调能力、与人沟通能力、对新情况的应变能力、对大局的控制和统筹能力方面均应有出色才能。只有这种高素质、高效率的团队和项目经理的综合能力才能保证项目的成功。

3. C 类项目管理对项目经理体现力的要求

C 类项目的管理在拥有其他项目管理一些共同特征的同时，存在自身的一些特殊性。

如在该类典型的大型活动的管理中［这里所说的大型活动，指的是节庆活动、展览（博览）、会议、招商引资、集市交易会、市民活动、仪式典礼、影视剧拍摄、运动会以及其他一次性的具有类似特征的公众集会活动］，最终期限和活动的场地是两个高于一切的必须保证的要素。最终期限的绝对地位很好理解：作为已经对社会公布的公众活动，不论组织者是否完美地完成了准备工作，预定的活动都必须如期举行。所以与最终期限相比，其他所有要素，例如：成本、准备的完美程度都必须为其让位。这一点在其他领域的项目管理中明显不同；另外一点，对于工程建设项目，现场也是非常重要的，但是大型活动项目活动地点重要性的权重远远高于其他要素。

5.5 不同复杂程度项目对项目经理体现力的要求

5.5.1 项目管理的不同类型

项目管理按项目类型不同具有不同的特点，对负责相关类型项目管理的项目经理的能力也有不同的要求。

现代项目管理通常按项目复杂程度的不同分为三大类：

一般项目（Project）：为创造独特的产品、服务或成果而进行的临时性工作。

大型复杂项目（项目集）（Program）：是指一组相互关联且被协调管理的项目。这些项目需要协调管理，以获得对单个项目分别管理所无法实现的综合目标（控制和利益）。

项目组合（Portfolio）：在组织层面，为了便于有效管理、实现战略目标而组合在一起的项目、项目集和其他工作。列入项目组合中的项目、项目集不一定彼此有依赖或直接关联关系。

对上述项目的管理也相应地分为三个层次，三个层次的项目管理内容不同、范围不同、难度不同，对项目经理的要求也不同，如图 5-3 所示。

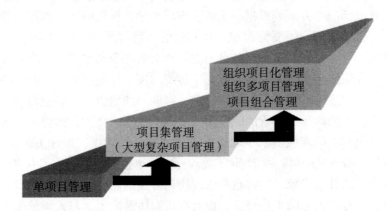

图 5-3 项目和项目管理的层次

5.5.2 对项目经理体现力的要求

编者调查数据表明,对于不同层次的项目,项目经理体现的能力具有表 5-2 所列的统计规律,可以看作不同层次项目对项目经理体现能力的要求。

项目经理体现的能力 表 5-2

	专业技能(%)	人文技能(%)	理念技能(%)	能力体现
组织级项目管理	25	35	40	洞察力、决策力、创造力、统筹力、批判力、领导力、演讲力、指导力、整合力
项目集管理	30	40	30	判断力、协调力、沟通力、领导力、专业能力、控制力、整合力
一般项目管理	60	25	15	专业能力、执行力、判断力、协调力、沟通力、控制力、学习能力

专业技能:对生产产品或提供服务的特定知识、程序和工具的掌握应用能力;
人文技能:在组织中建立融洽人际关系并作为群体一员有效工作的能力;
理念技能:从整体把握组织的目标,洞察组织与其环境的相互关系的能力。

5.6 不同项目管理岗位对项目经理体现力的要求

清楚地认知中层管理者的角色和自我定位,了解自我成长的途径,培养正确的心态,做一个勇担责任,值得信赖的管理者。
(1) 掌握自我管理的方法,学习时间管理的方法与工具,安排好日常工作。
(2) 了解作为经理人应掌握的基本人事知识和财务知识,做好基础管理。
(3) 学会应用目标来管理团队,并将愿景转化为具体工作目标去执行。
(4) 掌握激励下属的理论和方法,点燃员工的热情,并帮助员工调整情绪,减轻压力。
(5) 掌握有效指导员工的方法,能够对员工的工作进行跟进和指导。
(6) 学会根据员工在做不同工作时的不同工作状态实施有效的领导,从而达成组织绩效。
(7) 建立团队规则,并对偏离团队目标的行为进行控制。
(8) 掌握管理技能的核心——沟通技能,学会与上司沟通,与同级沟通。

5.7 项目经理三个层次能力与管理的关系

以上几个层次的能力可以由图 5-4 项目经理的能力与项目和项目管理的关系图作一对比表示。以不同级别的项目经理作为出发点,画一条水平线,就可以看出,该级别的项目经理应该具有的各类能力的比例,以及可以胜任的项目管理类型。这里展示了能力体系要素之间以及系统与环境之间的关系。

为了进一步揭示项目经理能力体系要素之间的关系，我们用一个示意性的放射图来表示项目经理的能力体系三个层次的关系，如图5-5所示。

本质能力应该是相当"能"的部分，是发挥作用的内涵和可能性，可以做功、发力的本领，但还不是实际的和现实的作用和表现；管理力是项目经理作用与管理对象——项目的作用力；体现力是项目经理针对更具体的项目实际需要的、来自于本质能力和管理力的，有所取舍的更具体的表现——是我们能够看到的、感悟到的、考核到的。

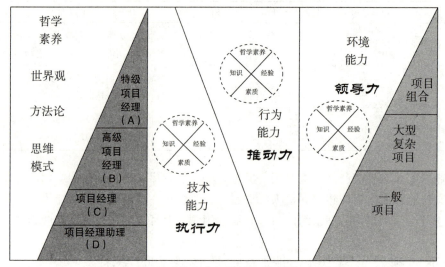

图5-4 项目经理的能力与项目和项目管理的关系图

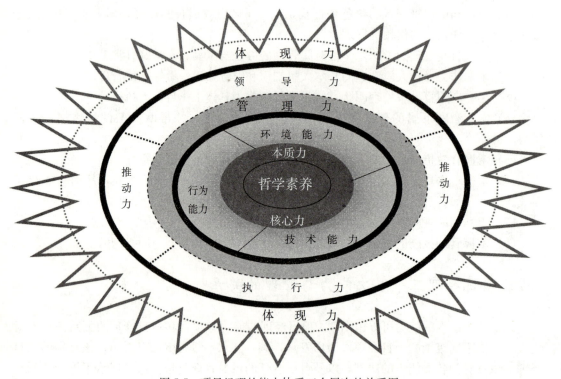

图5-5 项目经理的能力体系三个层次的关系图

第6章 导读

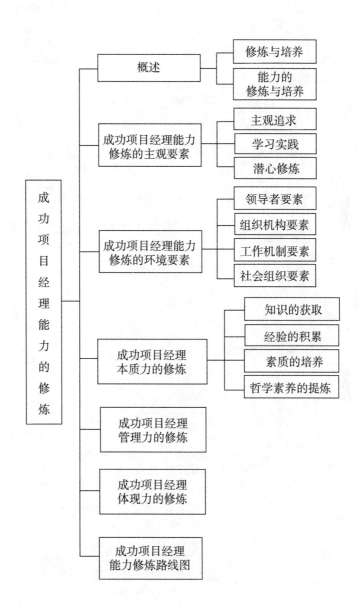

第6章　成功项目经理能力的修炼

> 项目经理的能力既有先天的基础，也有后天的培养和修炼，而后天的培养和修炼是更重要的因素。本章讨论成功项目经理能力修炼与培养的相关内容。

6.1　概述

把一次性的，没有做过的事做好是项目经理的能力。项目经理需要思考的是这种一次性的，没有做过的事该不该做，如何做，做到什么程度。项目经理的能力就应该是"做正确的事，正确地做事，获取正确的结果"的能力。

项目经理是一种职业，胜任职业需要能力。项目经理的能力既有先天的基础，更有后天的培养和修炼，而后天的培养和修炼是更重要的因素，把一次性的没有做过的事做好的能力是后天可以修炼和培养的。

6.1.1　修炼与培养

1. 什么是修炼

"修"有多重意思：

（1）兴建、建造、建立；装饰，使完美；如修饰、修辞、装修等；

（2）整治、整理，改正、修理、恢复完美；用于学问，品行方面如：钻研、学习、锻炼；

（3）特指信奉宗教的人虔诚地学习教义，并付诸行动：如修行等。

"炼"也有两重意思：

（1）用火烧制或用加热等方法使物质趋于纯净、坚韧、浓缩；

（2）后引申为锻造、造就，如：炼钢，锤炼；用心琢磨使精练。

在我国，修炼也指道教和佛教的修心炼身。如道教的"修道、炼气、炼丹"等活动。道教不但有修心的方法，还特别强调炼身的方法，强调心身并炼。修炼在道家常用来指炼丹等活动，如通过炼内丹使人"养形炼精，积精化气，炼气合神"，使身体更坚韧、健康。"修炼"两字合用，多见于道家典籍，如《黄帝阴符经》："知之修炼，谓之圣人。"

修炼从字义上解读，是修为的淬炼过程。修炼要求人依照高标准做人，最终目的是成为"一个高尚的人，纯粹的人，有益于人民的人。"成为"受欢迎的人，受人尊敬的人，被大家认为成功的典范"。修炼，是使人升华成高层级生命的过程。修炼者随着境界的提高，对"修炼"内涵的认识还会不断有所升华，修炼是一个动态发展的过程。

修炼特别注重主观因素。

2. 什么是培养

辞海中对"培养"的解释是：

（1）用适宜的条件促进生物体生长、发育和繁殖；如：培养花木、培养细菌。

（2）训练，造就，如：培养人才、培养接班人。

通过分析可以认为，培养兼有主观和客观双重因素。有时培养常偏重于他方和环境因素。

6.1.2 能力的修炼与培养

如何理解人的能力的修炼呢？

人的能力修炼是指：通过学习、研究和实践，自我造就一种能力。这种能力的造就，要建立体系、理清脉络，它不是孤立的一块砖、一片瓦杂乱堆放，而是要建造的一座建筑（例如一栋新的楼房）。当你的学习研究已经到了"似成体系"的时候，在"修"的基础上需要"炼"了，这不仅仅是"练习"，还要反复的"冶炼"、"锻炼"和"淬炼"。如何评价修炼到一定层次了呢？那就像炼钢一样，把一块块的矿石（就像开始学习到的零散的知识），放到熔炉中"炼"，当矿石不见了，而呈现出金属液体形状的时候（也就是各个零散的知识相互融合的时候），矿石残渣沉淀，所需要的金属液体上浮，这才算第一步"炼"到了。随后还要有进一步的"锻造"、"锤炼"，再后还要将其加热到一定的温度，淬到油里或水里，使之获得特殊的性能等。这很像金属工艺技术中的冶炼—锻造—热处理的过程，最后达到"百炼钢绕指柔"，或"神刀宝剑"那种"外刚内柔、吹毛断发、削铁如泥"的高层境界。

我们的能力修炼也是这样，开始学习和研究项目经理能力的时候，只是获得零零散散的，或已有记忆中支离破碎的东西，就像一块块大小不一的矿石，我们需要把矿石整理出来，哪些是铁矿石、哪些是石头、哪些是其他金属矿石、哪些是杂质——这是一个"修"的过程；然后我们需要把学到的东西融合起来——这就像矿石的冶炼和锻造一样，把有用的金属分离出来，不断地锻打，这也是提炼、净化和锻造的过程；进一步研究其内在规律，通过热处理，使其发生相变，获取新的性能，是又一次质的飞跃。这正是"钢铁是这样炼成的"、"宝刀锋利出于淬炼"的过程，也是"宝剑削铁如泥的奥秘"。

修炼需要适当的环境和条件支持。要考虑主观要素和环境要素，需要个人、组织和社会共同的努力。这就是成功项目经理能力的修炼和培养。

本章专题介绍有关成功项目经理能力修炼和培养的方方面面，包括主观要素、客观条件，最后给出一个可供参考的练就成功项目经理的路线图。

6.2 成功项目经理能力修炼的主观要素

6.2.1 主观追求

项目经理能力的修炼和培养，首先需要项目经理或者立志要成为项目经理的人，确立追求，下定决心，通过学习与实践途径，不断循环、提升来实现。其动力是以健康的世界观和科学的方法论为灵魂，以追求卓越为目标，心怀项目经理的使命与责任。

我们每个人实际都有身边项目管理的经历，只是或大或小，或繁或简而已；我们每个人都有一些项目管理的知识，只不过是或多或少，或深或浅罢了——可能我们已是"半仙之体"；已经具有相当的素质，只不过是略微好一些或者略微差一些就是了。也就是说，基础我们是有了，就是看我们是否还想要再上一层楼。没有超凡脱俗和追求卓越的目标，就不会有修炼成功项目经理能力的欲望、理念，也就不会有修炼的行动。

6.2.2 学习实践

人非生而知之，经一事长一智。修炼成功项目经理的能力需要学习和实践。

客观地分析我们项目管理的国情，应该说我们项目管理者中的大部分人，已经开始了成功项目经理的修炼之旅，有许多人已经入了门，"入门既不难，深造也是办得到的。只要有心、善于学习罢了"。还是中国古代圣贤的老话："天下事有难易乎？为者，则难者亦易矣；不为，则易者亦难矣。人之为学有难易乎？学之，则难者亦易矣；不学，则易者亦难矣。"

活到老，学到老。是我们中华民族的美德。成功的项目经理应该是一专多能，"懂技术，会经营，善管理"的复合型人才。

想要成功的项目经理需要向他人学习，向环境学习，通过实践学习，通过自身总结反思学习。

想要成功的项目经理不仅应该学习有关项目管理的知识，还应该掌握一个社会人应该掌握的基本知识，如：理解项目环境、处理人际关系的知识和技能、应用领域的标准、法律与规章制度和项目管理知识等，有一个合理的知识结构。

感觉到了的东西，并不一定能立刻理解它；只有理解了的东西，才能够更深刻地感觉它。为了实现更深刻地理解，就需要我们亲身去实践。通过实践，"去粗取精，去伪存真，由此及彼，由表及里"，改造加工，总结升华，获得真知识。更何况实践也是检验真理的唯一标准。项目经理的历史使命不仅是认识世界，更重要的是改造世界，为人类造福。成功的项目经理是知和行的统一实践者。

6.2.3 潜心修炼

成功项目经理能力形成的第三个主观要素就是要修炼。

《礼记·大学》中说："古之欲明明德于天下者；先治其国；欲治其国者，先齐其家；欲齐其家者，先修其身；欲修其身者，先正其心；欲正其心者，先诚其意；欲诚其意者，先致其知；致知在格物。……心正而后身修，身修而后家齐，家齐而后国治，国治而后天下平。"我们进行项目管理就是"齐家、治国、平天下"。要做到这一点，首先就要通过"正心、修身"，培养成功项目经理的能力。项目经理成功的过程是一个艰苦修炼的艰难之旅。

6.3 成功项目经理能力修炼的环境要素

项目经理是在项目环境中工作和成长的,项目又存在于其所在的更大的组织环境之中。组织的成功建立在团队成员成功的基础之上,组织的发展与团队成员的个人发展密不可分。我们可以通过激活、焕发团队成员的潜力与创造力,用团队成员的成长来持续创新和推动组织的前进和发展。现代项目管理要求我们对团队成员的激励方式要从金钱、惩戒、纪律等外在激励因素,转变为其希望发展自己能力,转变为想要成为组织核心人力资本一员的内在激励因素。从助力团队成员成长的角度出发,组织将会激发出每一个团队成员的内在潜力。

了解团队成员的需求和成长管理是组织可持续发展的基础。要充分了解团队成员的个人需求和职业发展意愿,可以通过定期沟通、问卷调查、绩效面谈、发展磋商等不同方式,了解团队成员的想法、定位与愿望。组织不仅仅要为团队成员提供一份与其贡献相称的报酬,使其分享到自己所创造的财富,组织还必须根据自己的职位资源,为其提供适合其要求的上升道路,给团队成员更大的权利和责任,提供足够大的个体的发展空间。项目经理能力的修炼,需要组织提供的培养环境。构建和具有能够培养和产生成功项目经理的环境也是组织重要的核心竞争力之一。实现项目管理人才从较低层次向较高层次的过渡和发展,需要一个相当长的过程,组织在这方面不应短视,而应眼光长远、加大投入、构建环境、积极培养。成功项目经理能力修炼的环境是由多方面的要素组成的,这些要素包括(但不限于):领导者要素、组织机构要素、工作机制要素和社会组织要素等。

6.3.1 领导者要素

组织的领导者充分重视。领导者的理念、制定的政策,是构建成功项目经理能力培养的环境的第一要素。

领导者认识到世间一切事物中人是第一位的、是最重要的,从而注重培养项目经理是大前提。有组织领导者的正确思路、远见卓识,才会有组织和项目经理个人的良好出路。领导者还需要不断更新观念,与时俱进,了解项目经理能力要素的构成,科学地提供项目经理能力形成的知识、经验、素质、哲学素养和领导力、推动力、执行力发挥的环境、条件,给成功项目经理能力提升以更大的空间。

6.3.2 组织机构要素

注重和落实项目经理能力修炼组织环境的具体实施主体建设——这是成功项目经理能力培养的最直接环境组织。项目管理是依附于组织形式的。项目环境不能脱离组织环境而独立存在。组织的人事政策、薪酬制度、办事程序可以促进或制约项目团队成员成长。适当变通或制定一些有利于成功项目经理培养的常态化政策是必要的,这对于项目导向型组织和多项目管理组织尤为重要。

通常项目经理能力培养的环境组织由项目所在组织或团队的人力资源开发与管理部门

和职能部门构成。但是仅仅靠组织的人力资源部门和职能部门还是不够的,由于项目组织在其所处的大环境中(如企业、企业集团或政府机构),有时这个项目团队是跨部门、跨行政组织、而不专门归属于某一部门,这就有可能导致"几不管"的情况,会导致成功项目经理的培养环境形同虚设。这时,组织中如果设立项目管理委员会和项目管理办公室,并赋予他们培养成功项目经理的职权,其作用就显得格外重要。

6.3.3 工作机制要素

有具体的项目经理培养计划、日常管理机制和措施。如:
(1) 在组织的人力资源管理体系中建立项目经理培训、选拔和管理分系统。
(2) 有明确的项目经理职业生涯管理机制,如我们国内有些组织就有员工的双渠道或多轨职业发展道路机制,如图 6-1 所示。

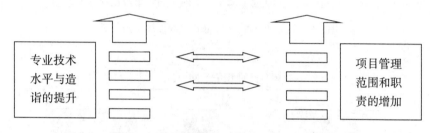

图 6-1 项目团队成员双渠道发展职业道路

如国际上的博莱克·威奇公司就把工程/建筑系列的相关岗位体系划分为 8 个级别。最低级别的职位为助理工程师/建筑师(1~2 级),他们一般是新毕业的大学生或者研究生,他们主要在项目中担任支持的角色,通过时间和培训不断提高其技术能力、对于项目的理解以及人际沟通能力。随着项目经验和技能的增加,可以晋升为设计工程师/建筑师(3 级),在项目团队中独自对所下达的工作任务负责。在这之后,员工可以根据自我的职业兴趣选择不同的职业发展通道。一条通道的目标是成为技术专家,可以从主管工程师/建筑师(4~5 级)发展到高级工程师/建筑师(6~8 级),他们是技术领域的带头人,是年轻人的导师,能在一些大型复杂的项目中作为技术带头人、提供专家级的技术和指导。另一条通道是成为技术管理专家,可以从技术经理(5~6 级)发展到高级技术经理(7~8 级),他们是工程服务部门的不同专业的经理,主要负责部门管理和项目管理工作。这种建立职业发展通道体系的做法如图 6-2 所示。

(3) 有科学的项目经理产生、聘任流程(图 6-3),提供项目经理脱颖而出的条件和空间。

(4) 系统的项目经理培训和学习型组织建设计划、措施。如有些组织系统地组织员工参加项目管理的相关培训,鼓励和支持项目团队成员参加和通过 IPMP、PMP、CPMP 的认证,获取各级项目经理的任职资格,并把这种资格作为组织内部担任项目经理的条件。

(5) 构建科学有效的项目管理人员绩效考核及晋升体系。近年来我国中石油系统一些企业,在内部建立项目经理五级培养、认证、任用、考评体系等,取得了很好的成效。

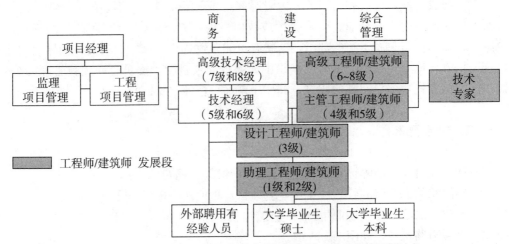

图 6-2 博莱克·威奇公司的职业发展通道体系

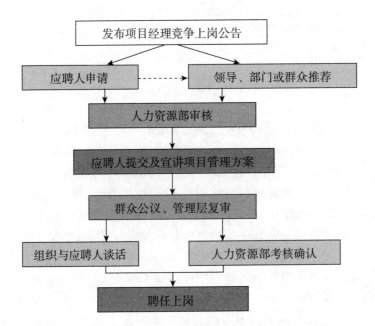

图 6-3 某工程建设企业项目经理聘任流程

6.3.4 社会组织要素

有关项目管理的学会、协会等社会组织和政府部门的规范和引导,对营造有利于培养成功项目经理能力的环境具有重要的积极意义。

2008年中国建筑业协会等12家行业协会联合印发《关于全面推进项目经理职业化建设的指导意见》,参考文献在这方面就发挥了很好的作用。该《指导意见》中有许多很好的做法。如:

(1) 对培养项目经理的能力，进行项目经理职业化建设认识深刻。

1) 明确提出推进项目经理职业化建设的指导思想。

认为培养成功项目经理的能力，进行项目经理职业化建设是指按照政府规划、行业指导、企业推动、市场认可的原则，逐步实现建设工程项目经理人才培养专业化、岗位要求标准化、企业任用科学化、人才流动市场化、行业管理规范化、队伍建设职业化的目标。推进项目经理职业化建设，必须坚持以邓小平理论和"三个代表"重要思想为指导，全面贯彻落实科学发展观和人才强国战略，紧紧围绕建设事业改革发展的中心任务，尽快为企业培养一支懂法律、善经营、会管理、技术精、作风硬、适应市场需求、满足建设工程项目管理需要的职业化项目经理队伍，为建筑业可持续发展提供人才保证和智力支持。

2) 推进项目经理职业化建设是贯彻落实人才强国战略，促进建筑业可持续发展的重要举措。

项目经理作为建筑企业经营管理团队的重要组成部分，既是工程项目管理的核心，又是保障工程项目功能、质量、安全、进度、成本、节能环保目标实现的重要岗位与责任主体。因此，全面推进项目经理职业化建设，持续培养造就一支高素质、复合型、职业化的项目经理人才队伍，对建筑业贯彻落实党的十八大提出"创新发展理念、破解发展难题，深入实施科教兴国战略、人才强国战略、可持续发展战略，加快形成符合科学发展要求的发展方式和体制机制，不断解放和发展社会生产力，不断实现科学发展、和谐发展、和平发展"具有重要的现实意义和历史意义。

3) 推进项目经理职业化建设是进一步坚持项目经理责任制，巩固建筑业改革与发展成果的迫切需要。

改革开放以来，建筑业作为城市改革的突破口，其最重要、最直接的体现是在工程项目上实行了项目经理责任制，推进项目经理职业化建设既是企业进一步落实项目经理责任制的迫切需要，更是坚持巩固建筑业改革与发展成果的必然要求。

4) 推进项目经理职业化建设是施工生产组织方式和工程项目管理活动规律的内在要求。一个建设工程项目要进行施工生产组织，进行项目管理，就必须有一个项目经理。项目经理是建筑企业重要的人才资源，项目经理职业化建设是企业兴旺发展的永恒主题。特别是面对新形势和国际化的挑战，企业间竞争的核心已成为职业化的较量。建筑企业要实施"走出去"战略，不断提高和创新项目管理水平，就必须走职业化建设的道路，这是企业管理科学发展的客观选择。

5) 市场和企业对项目经理的广泛认可，是推进项目经理职业化建设的强大动力。20年来，建筑业生产方式变革所建立的以项目经理为核心的项目团队组织管理项目，市场和业主给予了高度评价与广泛认同。企业把项目经理及项目经理部称为利润的源泉、市场竞争的核心、公司形象的窗口、经营管理的基础、建楼育人的熔炉、文化建设的基地。由于其地位之重、作用之大，要求这一重要岗位必须是经过长期职业化培养锻炼的专业人士才能胜任。

(2) 措施具体落实。通力协作、齐抓共管，构建新型的项目经理职业化建设运行机制。

1) 构建新型的项目经理职业化建设运行机制具有广泛的行业基础与发展空间。20多年来，全国共培训了上百万项目经理，已经在行业内建立了规范有序、科学合理的培训体系和管理机制，应该始终不渝地坚持下去并加以完善。行业协会要在政府建设行政主管部门的指导下，以依靠市场力量配置项目经理人才资源为基础，以行业人才评价和信息公开为手段，建立起政府监管、行业自律、社会培训、企业任用、市场配置的新型项目经理职业化建设运行机制。

2) 充分发挥行业协会"提供服务、反映诉求、规范行为"的行业自律管理作用。国务院《关于加快推进行业协会商会改革和发展的若干意见》中，对行业协会的定位作了明确的规定。在推进职业化建设中，要充分发挥行业协会整合社会资源的优势和桥梁纽带作用。各行业建设协会要认真研究和制定本行业《建设工程项目经理岗位职业管理实施细则》等规范性自律管理文件，健全项目经理职业化建设的组织机构，充实工作力量，规范管理行为，切实强化项目经理职业化建设的组织协调与服务工作。

3) 坚持发挥企业在项目经理职业化建设中的主体骨干作用。建筑企业要把项目经理当作宝贵财富，把提高项目经理素质、培养与管理好项目经理人才队伍纳入企业发展规划，以聚才的方法培养、以识才的慧眼选拔、以爱才的诚心任用，努力为其创造良好的学习、工作环境和条件，进一步促使项目经理注重实践，不断积累经验，提升综合管理能力，倡导诚实守信，积极承担社会责任。同时在选聘项目经理时要遵守国家法律法规，遵循行规行约，严格程序制度，真正把符合条件的优秀人才选拔到项目经理岗位上。

4) 重视发挥培训机构在项目经理职业化建设中的基础支撑作用。职业化培训需要依靠重诚信、高水准、强管理的职业教育培训机构来完成。各培训机构要积极发挥开展职业教育工作的优势，坚持以行业需求为导向，以理论与实践相结合为主线，以提高培训质量为根本，创新培训理念、培训模式和教学方法，加强师资队伍与组织机构建设。特别要强化培训过程管理，注重效果反馈，坚持持续改进，创造性地开展项目经理职业化教育和培训工作。

5) 紧紧依靠政府建设行政主管部门强有力的监管指导作用。项目经理队伍从酝酿建立到诞生、发育和壮大，都是在政府部门的强有力指导下进行的。国家建设行政主管部门在《建设事业人才队伍建设"十一五"规划》中提出了"研究建立职业经理人资格评价制度，有针对性地组织企业主要经营者和项目经理等管理人员进行培训"。在新形势下，由政府主管部门强化对项目经理职业化建设的政策指导，实施制度监管、组织监管和信息监管，对提高项目经理职业化运行机制的效率与质量，保障项目经理职业化建设健康、规范与持续发展尤为重要。因此，今后一方面要广泛依靠行业力量，按照政策法规积极地开展工作，另一方面要主动向政府主管部门汇报，努力争取政府部门给予更多的监管与具体指导。

（3）步骤积极稳妥，以人为本，扎实推动，确保项目经理职业化建设规范、有序地开展。

1) 继续做好建造师执业资格与项目经理岗位职业管理工作协同推进、相互补充的有机结合。在推进项目经理职业化建设过程中，要正确认识和处理好项目经理与建造师的关系。建造师作为专业技术人员的执业资格，须在政府主管部门注册后方可执业，重在知识能力的积累。项目经理作为企业经营管理人员和项目管理活动中的重要领导岗位，需要企业授权予具有较高综合管理能力的人员担任，重在经验业绩的积累。从两者关系看，执业资格是职业化的基础和条件，同时又要接受职业岗位的选择。正是从这一角度出发，

2006~2008年中国建筑业协会先后邀请多家有关行业建设协会共同研究，按照中共中央、国务院《关于进一步加强人才工作的决定》"从规范职业分类与职业标准，建立以业绩为依据，由品德、知识能力等要素构成的各类人才评价机制"的要求，参照国际项目管理专业资质认证的做法，共同制定并印发《建设工程项目经理岗位职业管理导则》，明确建立和实行"统一标准，自愿申报，专业培训，行业考核，企业选聘，市场认可，编号登录，颁发证书"的项目经理岗位职业管理机制。它为加强行业自律、为企业任用合格的项目经理提供了重要的依据，较好地实现了在建设工程项目管理活动中专业技术人才与企业经营管理人才知识素质提高和综合管理能力加强的有机结合。

2) 努力抓好职业化培训工作，重在提高项目经理的职业水平。项目经理岗位职业能力培训是职业化建设的基础性和先导性工作，是促进项目管理人才提高政治素质、业务素质与职业能力的重要而有效的途径。在总结20年来项目经理培训经验的基础上，中国建筑业协会会同各行业建设协会共同制定了《2008年至2010年建设工程项目经理职业化培训大纲》。该大纲明确了项目经理岗位职业能力培训的目的、内容及要求，体现了理论与实践相结合、实际应用与未来发展相结合、职业能力与个人素养相结合的职业教育特点，有利于项目经理人才在其职业发展的不同阶段获得与岗位职业相适应的专业及管理知识。

3) 切实做好项目经理诚信评价工作，积极探索和建立项目经理市场诚信体系。由于项目经理在工程项目管理活动中有着举足轻重的作用，其诚信度是建筑市场与行业诚信体系建设的基础。在建筑企业中积极探索建立项目经理市场诚信体系，实施专项评价，是行业建设（建筑）协会落实国务院和建设行政主管部门关于建立和谐社会、完善社会信用体系的一项重要工作。它不仅有利于引导项目经理增强诚信意识，规范约束项目经理行为，同时也是保证工程质量安全，营造公平竞争、诚实守信的市场环境的关键。通过项目经理专项诚信评价，以其责任、尊重、公正、诚实向社会展示项目经理的良好形象。

4) 着力抓好项目经理职业化建设素质培养、能力考核、行业服务与总结提高四个环节。

一是抓好项目经理岗位职业素质培养。项目经理的培养主要靠工作实践。随着项目管理国际化的发展，项目经理从最初只承担施工阶段的项目管理到负责工程总承包、代建制项目的管理，从国内走向国外开展国际工程承包等，对项目经理的标准和素质要求越来越高。因此要以能力建设为核心，切实提高项目经理的思想政治和道德素质，完善知识结构，注重提升沟通协调、市场开拓、风险应变和管理创新能力。

二是严格项目经理岗位职业能力考核评价。以市场需求和出资人认可作为能力评价的重要依据，进一步建立和完善由品德、知识和能力等要素构成的项目经理岗位职业能力评价体系，突出对能力的考核与业绩的评价。逐步健全完善考核评价机制，坚持公正透明，实行考培分离，严格把关，科学评价，确保质量，形成品牌。尤其要建立健全社会监督机制，以强化监督指导为重点，实现考核评价标准化和规范化，为推进项目经理职业化建设健康开展创造良好的环境。

三是拓宽协会行业人才服务领域。采取建立项目管理人才数据库的方式，首先把项目经理纳入行业自律管理，通过个人信息采集、分类、整理、储存和披露等形式，健全和完善项目经理市场诚信体系。同时要通过广泛联系各地各行业项目经理管理机构，开拓人才中介服务领域，在工程建设中全方位、全过程地为企业提供内容丰富、形式多样的项目经理人才资源服务，促进项目经理人才合理有序的流动。

四是注重总结提高，加快与国际接轨。建立科学规范的建设工程项目经理培养、评价和使用制度，既要统筹协调，分类指导，稳步推进，取得经验，形成规范，使项目经理岗位职业能力评价和职业化建设工作经得起时间和实践的考验，能够得到行业与市场的进一步认可。同时又要积极学习、引进和借鉴国际项目管理专业资质认证标准，使我国项目经理岗位职业能力评价建立在国际（ICB3.0）量化标准上，更具有操作性，并逐步与国际接轨。

6.4 成功项目经理本质力的修炼

知识、经验、个人素质和哲学素养是项目经理的核心能力，决定了项目经理能力的本质，是项目经理管理力和体现力的内涵、基础和源泉。对项目经理核心能力的修炼是最基本的修炼。

6.4.1 项目经理知识的获取

知识的获取需要学习。前面已经谈到，一位成功的项目经理应该掌握的知识不仅仅是有关项目管理的知识。除了有关项目管理的知识之外，他还应该掌握一个社会人应该掌握的基本知识，有一个合理的知识结构。包括：理解项目环境、处理人际关系的知识和技能、应用领域的标准、法律与规章制度和项目管理知识等。项目经理的知识结构应该是"精深"（项目管理知识方面）与"广博"相结合的"通才"的知识结构。这种知识结构决定了项目经理对知识的获取应该是多渠道、深层次和全方位的。学习、接受培训、在实践中体验是主要途径。具体示意的路线图如图6-4所示。

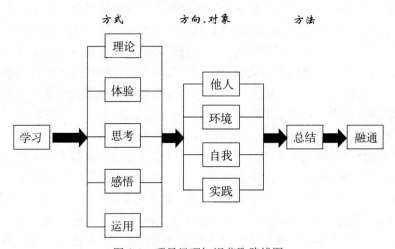

图6-4 项目经理知识获取路线图

6.4.2 项目经理经验的积累

经验需要积累。前面的章节已经阐明：经验与经历、体验、参与、观察、验证、认识、知识、技能等相关。经验和体验、经历并不完全相同。体验更多的是从内心着眼；经历则更多的是从外部遭遇和联系着眼；而经验却不特别强调内部和外部，可视做两者的统一。

经验是亲身经历、体验和感悟的过程，经验必须把体验或观察某一事件后所获得的心得应用于后续作业，把过去曾经做过的事应用于未来，并取得成功。如果没有这个处理解决后来事件的过程，这个所谓的"经验"只能称之为经历。

"经验"需要靠经历、感悟、总结去积累。要形成自己独特的经验，必须经过自身强烈的体验，并对自己的体验进行反思、总结、感悟和提炼。要"有心，善于学习，善于思考，善于总结"。我们强调：

经验＝经历＋总结＋感悟＋升华＋再运用

这也是一个积累的过程。

经验的积累为良好能力的形成提供了必要的基础条件。在我们成长的过程中可能会积累很多的经验，可能这些经验是有助于我们将来的成功的，或者有助于我们将来处理一些复杂的事情的。但是我们不能被动地坐等经验上门，而要主动地寻找和抓住机遇去经历，去体验和观察，去感悟和总结。即要主动地、有意识地、有针对性地去积累经验。

经验积累路线图如图 6-5 所示。

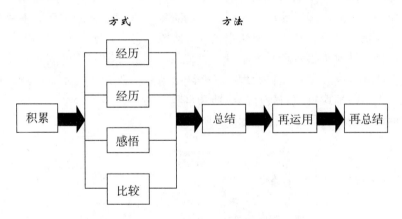

图 6-5　项目经理经验积累路线图

6.4.3　项目经理素质的培养

素质靠培养。前面我们已经讲过，素质是能力形成和发展的自然前提，离开了这个前提就谈不到能力的发展。"培养"是用适宜的条件促进生物体生长、发育和繁殖；培养还有训练、造就的意思。培养兼有主观和客观双重因素。

项目经理个人素质中的心理素质和身体素质具有遗传的因素，但有的不是完全遗传的；素质本身不是能力，也不能现成地决定一个人的能力，它仅能够提供一个人能力发展的可能性，只有通过后天的教育和实践活动——培养，才能使这种发展的可能性变为我们需要的现实性。

培养，需要项目经理自己去争取、去创造培养的客观环境，需要自己在客观环境中发挥自我主观能动性。

项目经理素质的培养路线图如图 6-6 所示。

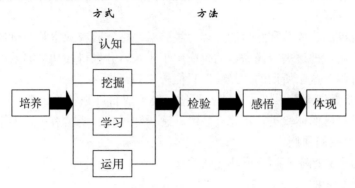

图 6-6　项目经理素质培养路线图

6.4.4　项目经理哲学素养的提炼

项目管理科学需要哲学显而易见。而哲学素养的形成，绝不是一蹴而就的。哲学对于项目管理的作用，更如涓涓细流取之不尽，滋润着项目管理科学的发展。项目经理需要用哲学的视界、原则、观点、技术、方法来诠释、观察、分析、研究和处理项目管理实践中的各种问题，特别针对项目管理科学本身一时难以回答或无法回答的问题，从方法学和价值选择提供思考和判断，解答项目管理科学实践中遇到的理论、技术、伦理、社会、经济等诸多问题，以不断地取得项目管理的成功和自我的进步。

项目经理哲学素养提炼路线图如图 6-7 所示。

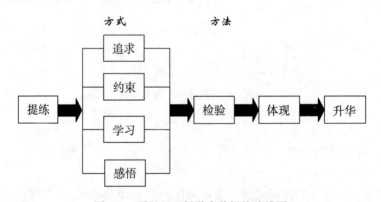

图 6-7　项目经理哲学素养提炼路线图

哲学素养来源于生活经验，又服务于生活实践。"离开人生，哲学是空洞的；离开哲学，人生是盲目的"。哲学素养需要在学习、实践与感悟中提炼，需要通过读、学、思、用、创新。

为了提升哲学素养，这里提出六个方面的参考内容：广泛涉猎学习、培养思考习惯、掌握整体观点、确立价值取向、力求知行合一、不断总结升华。

我们在生活中常常会看到，一般人通常缺乏思考习惯，因此发生事情时都凭着本能的感觉立即反应，并且很容易受到别人的影响。如此一来，这个人对自己生命的主宰性就丧失了。有些人则是受到个人情绪的左右，你一看他的脸色就知道他心情好不好。这是因为他无法控制自己的情绪，喜怒哀乐都充分表现在脸上。这些都是缺乏理性思考的结果。反之，您若培养出了思考的好习惯，遇到任何事情发生时，就会先冷静下来想清楚："到底发生了什么事？这是怎么一回事？我应该怎么办？"这一点非常重要。那么如何培养思考习惯呢？就是"要在不疑处有疑"——在看似没有任何怀疑的地方产生怀疑。有传说云："牛顿因为坐在苹果树下，被一颗苹果掉下来打了头，引发思考而后发现了万有引力定律。"如果是我坐在苹果树下，一颗苹果掉下来打在我的头上，我也可能会想："啊！上天赐给我一颗苹果，那么我就把它吃掉吧！"于是我就成为一个多吃一颗苹果的人，而无法成为牛顿。其原因之一可能就在于我们没有思考的习惯。如果我们把很多事情视为理所当然，就无法养成思考的习惯。如果对任何状况都能够加以思考，就会发现，虽然有很多事情现在如此，但它可能没有必要一定是如此，也有可能是别的样子。这样一来，我们就可以在很多看似理所当然的事情中，找到新的可能性。我们就可能会"有所发现，有所发明，有所创造，有所前进"。我们就可能胜人一筹。

6.5 成功项目经理管理力的修炼

管理是一种社会活动，管理是人类认识世界、改造世界，与世界和谐相处的实践。管理能力一定是在实践中形成的。成功项目经理管理力的修炼就是针对在项目管理组织中的岗位和层次，分别对管理实践活动所需要的领导力的修炼、推动力的修炼和执行力的修炼。管理力的修炼主要是结合项目管理实际，学习管理知识，参与项目管理，与人与物打交道，实践磨炼、体会，不断感悟、总结积累的过程。这方面的内容在众多的管理书籍中都有较多的论述，可参考阅读，本节不再赘述。

6.6 成功项目经理体现力的修炼

项目是多种多样和丰富多彩的。管理好一个具体项目所需要的能力，既有项目经理能力共性的部分，又有其个性的内容，不会千篇一律，千人一面。面对具体化的项目，项目经理必须结合项目实际，具体问题具体分析，抓住重点，讲求实效，有针对性地修炼和展示自己基于核心能力的具体、特性化的项目管理能力。

如果你从事的是工程项目施工管理，你就需要较多的组织能力、沟通能力、联系能力、激励能力、处理矛盾冲突的能力、解决问题的能力、一定的技术能力、个人魅力等。

如果你从事的是软件开发项目管理，你就需要较高的系统思考能力、解决问题的能力、一定的技术能力、与客户的沟通能力、项目的决策能力等。

如果你从事的是大型公共活动项目管理，你就需要较多的系统思考能力、团队领导能力、组织能力、沟通能力、讲演能力、应变能力、一定的业务能力、创新能力等。

长期从事某一类型的项目管理，注意自我修炼，可以练就一些特长，把自己造就成某一方面的项目管理专家和职业经理人。

6.7 成功项目经理能力修炼路线图

成功项目经理能力修炼的参考路线图如图 6-8 所示。

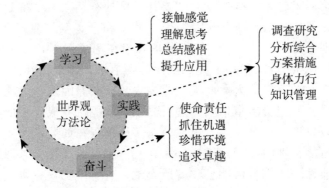

图 6-8　成功项目经理能力修炼的参考路线图

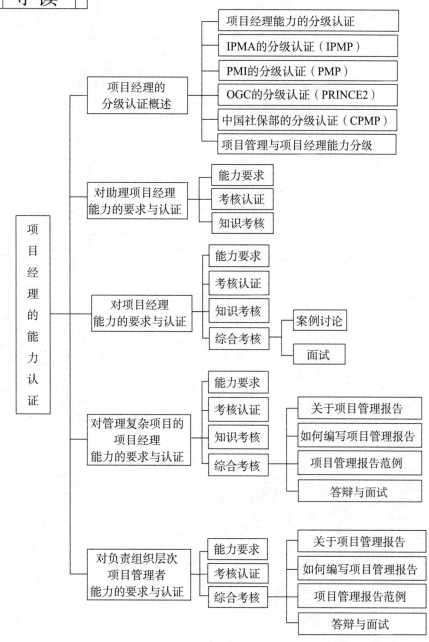

第 7 章 项目经理的能力认证

> 本章是对项目经理能力认证的细化和深层解读,包括:IPMP、PMP、PRINCE2、CPMP 各系列,其中特别以国际项目管理协会(IPMA)不同级别的国际项目管理专业资质认证(IPMP)为例作了详细介绍。认真理解这一章,将会对您通过相应级别的项目经理资质认证具有重要的助力作用。

7.1 项目经理能力分级认证概述

7.1.1 项目经理能力的分级认证

通过前面的讨论,我们已经基本清楚了什么是项目经理的能力。那么如何才能培养出成功项目经理的能力,进而通过对项目经理能力的认证,就是我们最关心的问题。从这一章开始我们就要讨论这些内容。

1. 什么是认证

"认证"一词的英文原意是一种出具证明文件的行动。ISO/IEC 标准认为"认证"的定义是:"由可以充分信任的第三方证实某一经鉴定的产品或服务符合特定标准或规范性文件的活动。"

认证是一种识别与确认的过程,其结果是要产生证明文件。认证的主体是可以被充分信任、具有权威的第三方,认证的客体是需要被认证并要取得证明文件的认证申请者。

第三方的认证活动必须公开、公正、公平,才能有效。这就要求第三方必须有绝对的权力和威信,必须独立于第一方和第二方之外,必须与第一方和第二方没有经济上的利害关系,才能获得双方的充分信任。在国际上多为不受政府或行政干预的、具有专业领域权威的非政府机构。这样的组织称为"认证机构",而在我国这个第三方通常由国家认可的组织去担任,在不断改革开放的大趋势下,这种情况将会有所改变,会逐渐与国际接轨。

2. 认证的主体

目前国内外对项目经理能力认证的第三方有多个。简要介绍如下:

(1)国际项目经理资质认证(IPMP)的主体是国际项目管理协会(IPMA—International Project Management Association)。

IPMA 是一个在瑞士注册的非盈利性国际组织,它的职能是成为项目管理国际化的主要促进者。IPMA 创建于 1965 年，早先的名字是 INTERNET，是国际上成立最早的项目管理专业组织，它的目的是促进国际间项目管理的交流，为国际项目领域的项目经理之间提供一个交流各自经验的论坛，有"项目管理领域小联合国"之美誉。IPMA 于 1967 年在维也纳召开了第一届国际会议，项目管理从那时起即作为一门学科而不断发展，截止目前 IPMA 已分别在世界各地举行了 26 次年会，2006 年第 20 届全球国际会议在中国上海召开。这次大会不仅是国际项目管理界的盛事，也是我国新中国成立以来项目管理领域规格最高、规模最大、影响最广的全球性项目管理官、产、学、研交流合作的盛会，对我国各行各业的项目管理产生了重大影响和积极的促进作用，也是企业和个人学习、借鉴、交流项目管理先进经验、提高项目管理水平的重要机会。历届年会主题涉及项目管理的各个方面，如"网络计划在项目中的应用"、"项目实施与管理"、"按项目进行管理"、"无边界的项目管理"、"全面的项目管理"、"项目管理——创新时代发展的关键"等，范围极其广泛，影响颇为深远。

IPMA 的成员主要是各个国家的项目管理协会，到目前为止共有英国、法国、德国、荷兰、罗马尼亚、俄罗斯、中国、印度、科威特、澳大利亚、美国、巴西、埃及、南非等 50 多个成员国加入该协会，覆盖各大洲。这些国家的组织用他们自己的语言服务于本国项目管理的专业需求，IPMA 则以广泛接受的英语作为工作语言提供有关需求的国际层次的服务。

国际项目管理专业资质认证（International Project Management Professional，简称 IPMP）是 IPMA 在全球推行的四级项目管理专业资质认证体系的总称。IPMP 是对项目管理人员知识、经验和个人素质的综合能力水平评估证明，能力证明是 IPMP 考核的最大特点。根据 IPMP 认证等级划分获得 IPMP 各级项目管理认证的人员，将分别具有负责大型国际项目管理、项目组合管理、组织级多项目管理、大型复杂项目（项目集）管理、一般复杂项目管理或具有从事项目管理专业工作的能力。

IPMP 认证的基准是国际项目管理专业资质标准（IPMA Competence Baseline，简称 ICB），由于各国项目管理发展情况不同，各有各的特点，因此 IPMA 允许各成员国的项目管理专业组织结合本国特点，参照 ICB 制定在本国认证国际项目管理专业资质的国家标准（National Competence Baseline，简称 NCB），这一工作授权由代表本国加入 IPMA 的项目管理专业组织完成。中国（双法）项目管理研究委员会（PMRC）代表中国加入了这一组织，为了充分与国际接轨，2006 年 PMRC 决定采用 ICB3.0 作为中国的 C-NCB。代表 IPMA 在中国开展认证工作的是 IPMA 授权的 IPMA 中国认证委员会。

（2）项目管理专业人士认证（PMP）认证的主体是美国项目管理协会（PMI——Project Management Institute）。

PMI 是成立于 1969 年的国际性组织，是全球领先的项目管理会员制协会。拥有各国超过 70 万的会员、认证人士和志愿者。PMI 事业发展，推动其组织更加成功，并且促使项目管理专业更加成熟。2008 年底，为更好地推进项目管理的科学化、职业化和全球化，提高中国各类组织机构对项目管理价值的认知度和认可度，并促进其应用项目管理为组织创造绩效，PMI（中国）正式成立。目前中国已有超过 90 万人参加了项目管理培训，超过 5 万人通过了 PMP 认证，超过 5 千人成为 PMI 会员。

PMI 一直致力于项目管理领域的研究工作，PMI 通过全球标准和认证、广泛的学术研究和市场调研项目、分会和社区实践，以及专业发展机会，支持在全球倡导项目管理。在 1976 年 PMI 提出了制定项目管理标准的设想。经过近 10 年的努力，1987 年推出了项目管理知识体系指南（Project Management Body of Knowledge），简称 PMBOK 指南。这是项目管理领域又一个里程碑。目前 PMBOK 指南已经出版 4 版，2013 年第 5 版中文版将在中国出版发行。PMI 也已经成为全球项目管理的权威机构之一，其组织的项目管理资格认证考试（PMP）也已经成为项目管理领域的权威认证。每年全球都有大量从事项目管理的人员参加 PMP 资格认证。PMI 致力于向全球推行项目管理，以提高项目管理专业的水准，在教育、会议、标准、出版和认证等方面定制专业技术计划。

（3）PRINCE2 ®、MSP ® 认证的主体是英国商务部（OGC）授权的认证机构 APMG。

APMG-International 是世界的一个知名考试认证机构，成立于 1993 年。OGC 授权 APMG 在各国开展 PRINCE2 ®、MSP ® 培训、认证工作。近年来 APMG 在中国认证了一批企业为其开展培训认证工作。

PRINCE（Projects In Controlled Environments——受控环境中的项目），是基于过程（process-based）的结构化的项目管理方法，由 OGC 组织开发。PRINCE 开发于 1989 年，OGC 根据使用者的反馈与调查不断地对其进行完善，1993 年开始开发新版 PRINCE2，1996 年 3 月正式完成。PRINCE2 最初是为 IT 行业开发的，但实际运用中许多非 IT 项目也采纳了该标准。现在已发展成为通用于全球多个领域的项目的管理方法，PRINCE2 手册被译成多种语言。

MSP ®（Managing Successful Programme）代表经验证的项目群管理的优秀实践。通过对项目群进行管理，成功实现变革转型。MSP 将项目群管理定义为：“协调组织、指导和实施一系列项目和转换活动的行为，目的是为了达成成果，实现对业务具有战略重要性的收益。

（4）中国项目管理师（CPMP——China Project Management Professiona）认证的主体是中华人民共和国劳动和社会保障部。

2002 年中华人民共和国劳动和社会保障部（现为人力资源和社会保障部）在全国范围内推行项目管理专业人员资格四级认证。2002 年 9 月 29 日劳动和社会保障部办公厅颁布了《项目管理师国家职业标准》。《标准》广泛吸收国内外迄今关于项目管理的研究成果和实践经验，力求体现既与国际接轨又注意本土化的中国特色，它借鉴吸收了美国项目管理学会的 PMP 和国际项目管理协会的 IPMP，以及国际标准 ISO10006 的知识体系，结合中国国情及《国家职业标准制定技术规程》的要求而制定的。此证书全国通用，是劳动者求职、任职及执业的资格凭证，也是用人单位招聘、录用劳动者的主要依据。

3. 什么是资质

资质是指能区分的、在特定的工作岗位和组织环境中的工作绩效的个人特质。这些个人特质既包括知识、技能等表层特质，又涵盖了深层的个性、价值观念、个人素质等方面的内容，其实质就是我们前面讨论的能力。1973 年，美国哈佛大学教授麦克莱兰德（McClelland）首次提出了资质（competence）一词。这个词在国内有多种翻译法：能力、胜任能力、胜任特征、素质、资质等。虽然具体用语上有差异，但其内涵基本是一致的。

麦克莱兰德认为，个人的行为品质和特征比智商更能有效地决定人们工作绩效的高低，这些特征称作资质。

关于资质的认识有许多提法。如：

(1) 资质是一种个人的基本特征。

资质是个人所具有的与工作相关的一种特征，正是这种特征产生了绩效优异者和绩效不良者的区别。资质是一个人或个体的基本特征，与高效率和高效的工作业绩有密切联系，并且可以测量。

(2) 资质是一种行为。

这种观点强调资质的可观察性，主张资质是一种可以预期并加以衡量的、用来完成和实现工作目标的行为或者行为组合，是人们（在工作中）需要展示的行为模式的组合，而不是工作本身。资质是一种明显的、能使个体胜任的完成某项工作的行为。换言之，那些导致工作绩效有差异的个人行为，就构成了资质，它是一种未来导向的工作行为，可以被观察、教授、习得和测量。

(3) 资质是一种知识或技能。

资质是与工作相关联的一系列知识和技能的组合。

(4) 资质是一种综合体。

该观点认为资质不能简单地归结为单一的维度定义，或者说资质是包括几个方面的综合体。一方面，资质包括了知识、技能和能力，它主要是由工作所需要的知识和技巧所组成的。它对于完成那些常规的、有计划的和拥有技术本质的工作任务来说具有指导意义，称之为技术资质。另一方面，资质还包括了其他的一些个人特征，例如动机、态度、个性，这些对于完成工作中那些不是那么常规、有计划性和技术性的部分来说是必需的。

资质与能力有众多的相同之处。

综合上述的观点，我们可以认为：所谓资质，就是个体所具有的、在某特定领域胜任工作的能力和相关多种因素的组合，其核心是特定的能力组合。这种组合产生了绩效优秀者与绩效一般者的区别。

4. 什么是资质认证

资质认证是指由第三方对申请者某一方面资质的公开、公正、公平的评估与确认。

资质是可以观察、分级并测量的，无论是什么类型或者表现形式的资质要素，一定是可以借助某种测量工具对其加以测量，否则也就失去了对于现实的意义。

资质是资质模型的构建基础，而所谓高绩效的资质模型是与组织情境相联系的，因此不存在绝对的适用于所有情境的高资质。

资质有时特指资质证明。资质证明通常有很多种，一般代表国家、行业允许某个企业生产某种产品、提供某种服务，或者是某人取得了某一执业资格的证明，是"通行证"，没有资质将不能从事某一行业、职业的活动。国际项目管理协会（IPMA）的国际项目经理资质认证（IPMP）、美国项目管理协会（PMI）的项目管理专业人士认证（PMP）、英国 APMG（OGC）关于项目管理者（PRINCE2、MSP）的认证以及中国劳动与社会保障部的中国项目管理师认证（CPMP），就是对项目管理人员从事项目管理的知识、经验和素质——能力水平的综合评估确认。

由于项目和项目管理本身是分层次的，项目经理的能力也是分级别的。这种分级可以再细分为两个方面：不同项目管理类型与不同级别项目经理的能力和一个项目中不同管理层次与不同级别项目经理的能力。

其中项目管理类型与项目经理能力的分级，我们结合中国正在推行的 IPMP、PMP 和 CPMP 分别作一简述。对于一个项目中不同管理层次与不同级别项目经理能力的关系单独作一说明。

7.1.2　IPMA 对项目管理者能力的分级认证

IPMA 在国际项目管理资质认证标准中对此有比较明确的分析。IPMA 认为项目经理能力与项目管理的对应关系源自实践中典型的项目管理活动内容、责任和要求。IPMA 认证体系认为，以下四类人员对应于相应的项目和项目管理，每一类关系都对应于各自的特有标准。

（1）国际特级项目经理（IPMA Level A，或称 IPMP-A，以下级别称谓类推）：要求申请者的能力能够在拥有相应资源的情况下，在长期性组织层面运用方法论和工具来指导重要的项目组合或者大型复杂项目，而不仅仅是管理单个项目。要担此重任，需要具备很广博的知识和丰富经验。

这其中的项目组合是指：为了控制、协调和达到项目组合整体的最优效果，而放在一起进行管理的一群不一定相关的项目和/或大型项目。项目组合级别的重要事件需要由项目组合经理汇报给组织的高级管理部门，并同时提出解决方案。这样有助于管理部门基于实际的信息，作出决策。

大型复杂项目是指：为了达到某个战略目标而设立的项目系列。即大型项目包括一系列相关的项目、必要的组织改变、达到战略目标和既定的商业利益。

（2）国际高级项目经理（IPMA Level B）：要求申请者的能力能够达到管理一个大型复杂项目。这个复杂项目中通常会包含子项目，而项目经理所管理和领导的是子项目经理，而不是直接领导项目团队。

（3）国际项目经理（IPMA Level C）：要求申请者能够负责一个具有一定复杂程度的项目，这个项目应该可以反映出此申请者达到了相应认证级别的经验要求，并且能够将知识运用于项目管理的实践中去。

这里的项目是指：受时间和成本约束的、用以实现一系列既定的可交付物（达到项目目标的范围）、同时满足质量标准和需求的活动。

（4）助理国际项目经理（IPMA Level D）：要求申请者具有参与各种项目活动的项目管理知识，在参与各种项目活动时能运用项目管理知识。而仅仅掌握一般的知识是不足以达到助理项目经理能力水平要求的。

四个级别不能仅限于等级思维，除了很好地掌握一般项目管理知识以外，一个 D 级的项目管理专业人员还应该是一个有资质、有经验、被认可的、特定领域的专家。比如，他可能拥有另外的成本管理的证书或者有建筑师证书。

7.1.3　PMI 对项目管理者能力的分级认证

PMI 认为项目管理类型与项目经理的能力的关系可以分为三个层次：

（1）项目集管理专业人士（PgMP）：明确了这个级别的项目经理能力对应管理多个与

组织战略协调一致的相关项目。

可以把 PgMP 认证的项目经理理解为类似于 IPMA 的《ICB3.0》中国际高级项目经理（Level-B，即 IPMP—B 级）对大型复杂项目的管理（更多的信息，请参考《PgMP 认证手册（英）》）。

对项目集管理专业人士的要求是：

1）负责多个相关项目（项目集）的协调管理，以实现战略业务和组织目标。这些项目集包括复杂的活动，可能会跨职能、组织、地理区域和文化。

2）定义和启动项目，分配项目经理以管理项目的成本、进度和绩效。努力确保项目集的最终成功和交付。项目集经理负责决定和协调组成项目之间的资源分享，以使项目集整体获益。

3）拥有能在项目和商业或政府环境下所需要的有效的知识和技能，进而制定决策完成战略目标。他们应拥有在财务、跨文化意识、领导力、沟通、影响、谈判和冲突解决方面的高级技能。

（2）项目管理专业人士（PMP）：这是 PMP 认证作为项目管理领域最有价值的认证之一，表明了该级别的项目经理的能力可以有效地管理通常用的单项目。

可以把 PMP 认证的项目经理理解为类似于 IPMA 基于《ICB3.0》认证的国际项目经理（Level-C，即 IPMP—C 级）。

对项目管理专业人士（项目经理）的要求是：

1）在全面监督下执行职责，负责项目生命周期中项目的所有领域。

2）领导和指导跨职能的团队来在进度、预算和资源的约束下交付项目。

3）展现足够的知识和经验在合理定义项目需求和可交付成果的项目中适当地应用方法论。

（3）助理项目管理专业人士认证（CAMP）：表明通过此认证的人士对项目管理工作实施有着全面而持续的理解，可以成为项目成员。该阶段也是成为项目经理的必要过程。

CAMP 认证的项目管理相关人员可以理解为类似于 IPMA 的《ICB3.0》中国际助理项目经理（Level-D，即 IPMP—D 级）参与项目的管理。

对助理项目管理专业人士（助理项目经理）的要求是：

1）提供专业技能的人士（如营销、财务、客服、处理、执行）；

2）项目团队发起人、推动者、联系人或协调人。

此外，为满足区别项目团队特别职责的市场需求，PMI 开发了两个新认证：项目风险和项目进度编制认证。因为项目越来越大、复杂并在全球分散，市场认为风险和进度编制是项目的关键领域。所以 PMI 启动了两个分支的全球研究，使用了专注的研究职能，决定了专业认证的重要性。

项目进度编制认证和项目风险认证专注于项目从业人士区分在项目管理专业领域的职责和贡献的需要。这些新认证目前正在开发（此部分有关内容摘自 PMI 中国网站）。

7.1.4 APMG（OGC）对项目管理者能力的分级认证

APMG 对培训机构进行认证，包括他们的培训师和课程资料，使培训机构可以提供

PRINCE2、MSP 的课程和考试。只有经 APMG 认证的培训机构才能进行这类的培训。

1. PRINCE2 的资格认证

PRINCE2 资格证书分为两个级别：基础级别（Foundation）和实践者级别（Practitioner）。

（1）基础级资格（Foundation）

Foundation 考试是要获得 PRINCE2 从业资格证书必须通过的两个考试的第一个。考生需要展示其对 PRINCE2 方法论原理和术语的理解。Foundation 考题形式：为多项选择；考试时间为 1 小时的闭卷考试；75 道题，38 道正确为及格。

（2）从业者级资格（Practitioner）

Practitioner 考试是要获得 PRINCE2 从业资格证书必须通过的两个考试的第二个。考生需要展示其在特定项目环境和项目情节中对 PRINCE2 方法论的应用和灵活使用。考题格式：9 道问题，提供一个完整的项目管理案例，包括项目环境、情节背景和附加信息。

每道题值 40 分，180 分（总分 360 分）及格；考试时间为 3 小时开卷考试（只允许携带 PRINCE2 手册作参考）。

（3）PRINCE2 专家资格

PRINCE2 专家资格认证是 PRINCE2 从业者的下一级考试，旨在进一步证明考生在 PRINCE2 方法领域的专业知识。此类考试测试考生在整个项目周期中管理非复杂 PRINCE2 项目的能力。

2. MSP 的资格认证

目前 MSP 有三种资格认证：基础资格、从业资格、高级从业资格。考试形式如下：

（1）Foundation 基础资格

单项选择题：考试时间 40 分钟；50 道问题；至少需要答对 30 道问题才能通过；闭卷考试。

（2）Practitioner 从业资格

客观测试题：考试时间两个半小时；8 道问题；总分 80 分；40 分及以上才能通过；开卷考试（只允许带 MSP 手册）。

（3）Advanced Practitioner 高级从业资格

基于短文形式；考试时间三个小时；2 道问题；总分 75 分；38 分及以上才能通过；开卷考试（考试期间可以使用其他资料，如课程笔记、例题、演示稿等，但不允许使用手提电脑等电子设备）。

（此部分有关内容摘自 APMG 中国网站）

7.1.5 中国项目管理者能力的分级认证

中国项目管理师（CPMP）国家职业资格认证，分为四个等级，即项目管理员（四级）、助理项目管理师（三级）、项目管理师（二级）、高级项目管理师（一级），每个等级分别授予不同级别的证书。学员经培训并考试合格后，获得相应级别的证书。此证书全国通用，是劳动者求职、任职及执业的资格凭证，也是用人单位招聘、录用劳动者的主要依据，同时也是我国对外劳务合作项目管理人员办理技能水平公证的有效证件。

1. 项目管理员（具备以下条件之一者）

（1）取得高中毕业证（或同等学历）学历，连续从事本职业工作 3 年以上，经项目管理员正规培训达规定标准学时数，并取得毕（结）业证书。

（2）管理专业大专以上学历，从事项目管理工作1年以上。

2. 助理项目管理师（具备以下条件之一者）

（1）取得本职业项目管理员职业资格证书后，连续从事本职业工作2年以上，经助理项目管理师正规培训达规定标准学时数，并取得毕（结）业证书。

（2）具有大专学历（或同等学历），连续从事本职业工作5年以上，经助理项目管理师正规培训达规定标准学时数，并取得毕（结）业证书。

（3）具备本专业或相关专业大学本科学历，连续从事本职业工作3年以上，经助理项目管理师正规培训达规定标准学时数，并取得毕（结）业证书。

（4）取得本专业或相关专业硕士学位，连续从事本职业工作1年以上，经助理项目管理师正规培训达规定标准学时数，并取得毕（结）业证书。

3. 项目管理师（具备以下条件之一者）

（1）取得本职业助理项目管理师职业资格证书后，连续从事本职业工作3年以上，经项目管理师正规培训达规定标准学时数，并取得毕（结）业证书。

（2）具有大学本科学历（或同等学历），申报前从事本职业工作5年以上，担任项目领导2年以上，经项目管理师正规培训达规定标准学时数，并取得毕（结）业证书。

（3）取得本专业研究生学历（或同等学历），申报前从事本职业3年以上，担任项目领导1年以上，能够管理一般复杂项目，经项目管理师正规培训达规定标准学时数，并取得毕（结）业证书。

4. 高级项目管理师（具备以下条件之一者）

（1）取得本职业项目管理师职业资格证书后，连续从事本职业工作3年以上，经高级项目管理师正规培训达规定标准学时数，并取得毕（结）业证书。

（2）具有本专业或相关专业博士学位，连续从事本职业工作3年以上，并担任项目管理领导工作1年以上，负责过2~4项以上复杂项目管理工作，取得一定的工作成果（含研究成果、奖励成果、论文著作），经高级项目管理师正规培训达规定标准学时数，并取得毕（结）业证书。

（3）本科以上学历，连续从事本职业8年以上，并担任项目管理领导工作3年以上，负责过3~5项大型复杂项目管理工作，并取得一定的工作成果（含研究成果，奖励成果，论文著作），经高级项目管理师正规培训达规定标准学时数，并取得毕（结）业证书。

以上资格的认证分为理论知识考试和专业能力考核。理论知识考试和专业能力考核均采用闭卷笔试或者上机考试的方式。理论知识考试和专业能力考核均实行百分制，成绩皆达60分以上者为合格。项目管理师、高级项目管理师还须进行综合评审。

有关 CPMP、PMP、PRINCE2 及 IPMP 项目管理从业人员能力的相关认证，属同一领域，有一些共性的内容，但各自体系不同，也各具特点。详情以各自认证机构的具体介绍为准。

7.1.6 项目管理与项目经理能力分级

除了上述项目管理类型与项目经理能力分级的关系之外，还有一个在同一项目中不同管理层次与不同级别项目经理能力的关系。这个关系大致如图 7-1 所示。

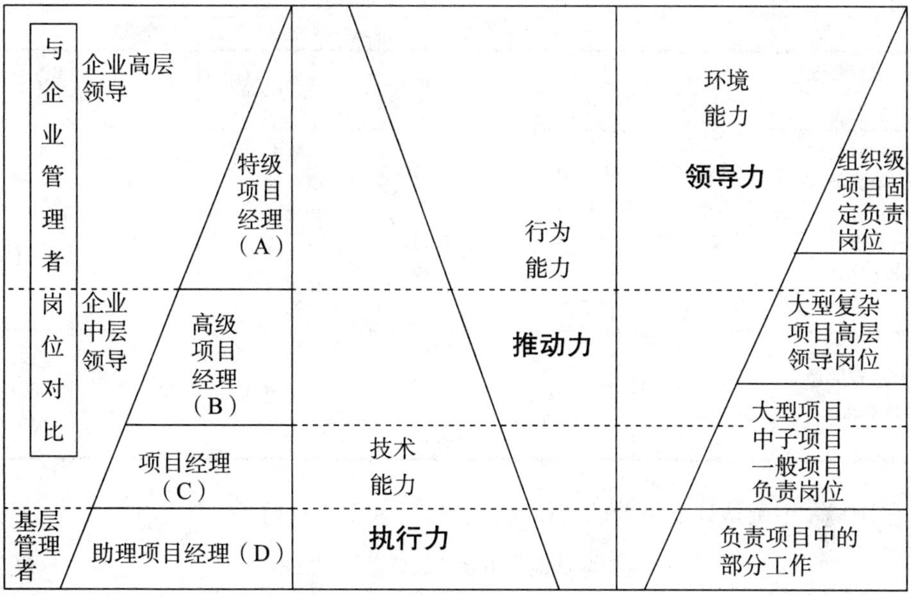

图 7-1 同一项目中不同管理层次与不同级别项目经理能力的关系

例如，项目经理通常是一般项目的主要负责人，但他也可以负责大型复杂项目（项目集）中子项目的全面工作或大型复杂项目中某一专门领域的管理工作，也就是说，项目经理可以管理一般项目的全面工作，也可以从事大型复杂项目的中层管理工作。

鉴于 IPMA 关于项目经理的分级与认证体系比较完备，对其他体系的项目经理人资格认证也有借鉴意义，我们就以 IPMA 的 ICB-3.0 为基础，对各级项目经理能力的要求和认证内容作一深度解读。

7.2 对国际项目经理助理（IPMP—D 级）能力的要求与认证

7.2.1 考核认证

在介绍国际项目经理助理（IPMP—D 级）能力的要求与认证之前，先介绍一下 IPMA 中国认证委员会根据 IPMA 的要求，在中国考核认证的总体状况。

对申请者评估的认证程序包括几个步骤，评估的步骤被应用于 IPMP 能力级别的 D、C、B、A 四个等级。IPMA 认证系统不是完全固定的，一些过程步骤是强制性的，用标记 x 表示，其他的为任选项。被授权的各国认证委员会可选择任选项和/或增加补充选项，并且为每一个级别确定一个明确的认证程序。

IPMA 中国认证委员会根据 IPMA 的要求，结合中国国情对认证程序作了具体修改并获得 IPMA 确认，主要是对 C 级的认证阶段 2 中确认采用了案例讨论，对 B 级要求笔试。

目前中国认证状况见表 7-1 所列。

中国 IPMP 四级认证体系　　　　　　　　　　　　　表 7-1

职称	能力	认证程序			有效期
		阶段1	阶段2	阶段3	
国际特级项目经理（IPMP-A级）	能力=知识+经验+个人素质	A	申请 履历 项目清单 证明材料 自我评估	项目报告	面试	5年
国际高级项目经理（IPMP-B级）		B		笔试 项目报告		
国际项目经理（IPMP-C级）		C		笔试 案例讨论		
国际项目经理助理（IPMP-D级）	知识	D	申请 履历 自我评估	笔试		无时间限制可选择：10年

目前 IPMA 中国认证委员会的初始认证程序见表 7-2 所列。

IPMA 中国认证委员会初始认证强制性程序　　　　　　　　表 7-2

认证程序步骤	IPMA 认证级别			
	A	B	C	D
申请表、履历	×	×	×	×
项目、大型项目、项目组合清单；证明材料	×	×	×	—
自我评估	×	×	×	×
获准参加认证程序	×	×	×	×
笔试	—	×	×	×
案例讨论	—	—	×	—
360°评估（或申请者所在单位评估、推荐）	×	×	×	—
项目报告	×	×	—	—
面试	×	×	×	—
认证结果：通知、登记	×	×	×	×

其中 IPMA 国际项目经理助理（IPMA Level D）的能力认证的内容及程序见表 7-1 中的相关部分。具体认证程序简介如下：

7.2.2 国际助理项目经理——IPMP-D 级能力要求

助理项目经理的角色和 IPMP-D 级的总体要求见表 7-3 所列。

助理项目经理的角色和 IPMP-D 级的总体要求　　　　　　　　　　表 7-3

IPMP-D 级 助理项目经理（Certified Project Management Associate，IPMA Level D）	
项目管理能力要素的经验不是必须的，但是，如果申请者已经在一定程度上将项目管理知识进行了运用，将是一个优势	申请资格
掌握所有项目管理能力要素的知识	核心能力
能够将任何的项目管理能力要素付诸实践，是某些技术领域的专家	附加要求
担任项目团队成员或者项目管理人员的角色	
广泛的项目管理知识和应用能力	

对助理项目经理能力要素的具体要求，见表 7-4 所列。

对助理项目经理（IPMP—D 级）能力要素的具体要求一览表　　　　表 7-4

技术能力		行为能力		环境能力	
1.01 成功的项目管理	掌握了成功项目管理所需要的知识，并且能够将其运用到工作中去	2.01 领导	掌握关于领导的知识	3.01 面向项目	掌握了有关项目和项目管理的知识
1.02 利益相关者	掌握并且能够运用有关利益相关者管理的知识	2.02 承诺与动机	掌握关于承诺与动机的知识	3.02 面向大型项目	掌握了大型项目管理的概念
1.03 项目需求和目标	掌握了识别需求和定义目标的知识，并且能将其运用到实践中去	2.03 自我控制	掌握了关于自我控制的知识	3.03 面向项目组合	掌握了项目组合管理相关的知识
1.04 风险和机会	掌握了管理项目中风险与机会所要求的知识，并且能够将知识运用到相关的领域中去	2.04 自信	掌握了关于自信的知识	3.04 项目、大型项目和项目组合的实施	掌握了关于项目、大型项目和项目组合管理的知识
1.05 质量	掌握了项目质量管理相关的知识，并且能够运用到相应的领域中去	2.05 缓和	掌握了关于缓和能力方面的知识	3.05 长期性组织	掌握了长期性组织和项目之间界面的相关知识

续表

技术能力		行为能力		环境能力	
1.06 项目组织	掌握了项目组织管理相关的知识,并且能够运用到相应的领域中去	2.06 开放	掌握了关于开放的知识	3.06 运营	掌握了关于运营需求的知识
1.07 团队合作	掌握了项目团队协作管理相关的知识,并且能够运用到相应的领域中去	2.07 创造力	掌握了关于创造性的知识	3.07 系统、产品和技术	掌握了应用和开发系统、产品和/或技术的相关知识
1.08 问题解决	掌握了解决项目问题相关的知识,并且能够运用到相应的领域中去	2.08 结果导向	掌握了关于结果导向的知识	3.08 人力资源管理	掌握了关于人力资源管理的相关知识
1.09 项目结构	掌握了项目结构相关的知识,并且能够运用到相应的领域中去	2.09 效率	掌握了关于效率的知识	3.09 健康、保障、安全与环境	掌握了健康、保障、安全与环境的相关法则和指导方针
1.10 范围和可交付物	掌握了项目范围与可交付物的相关知识,并且能够运用到相应的领域中去	2.10 协商	掌握了关于协商的知识	3.10 财务	掌握了组织的财务和法律体系的相关知识
1.11 时间和项目阶段	掌握了项目阶段和时间进度知识,并且能够运用到相应的领域中去	2.11 谈判	掌握了关于谈判的知识	3.11 法律	掌握了法律方面相关信息系统的知识
1.12 资源	掌握了项目资源管理相关的知识,并且能够运用到相应的领域中去	2.12 冲突与危机	掌握了冲突与危机的相关知识		
1.13 成本和财务	掌握了项目成本和财务资源管理相关的知识,并且能够运用到相应的领域中去	2.13 可靠性	掌握了关于可靠性的知识		
1.14 采购与合同	掌握了项目采购与合同管理相关的知识,并且能够运用到相应的领域中去	2.14 价值评估	掌握了关于价值评估的知识		
1.15 变更	掌握了项目变更管理相关的知识,并且能够运用到相应的领域中去	2.15 道德规范	掌握了关于道德规范的知识		
1.16 控制和报告	掌握了项目控制和报告管理相关的知识,并且能够运用到相应的领域中去				

续表

	技术能力	行为能力	环境能力
1.17 信息和文档	掌握了项目信息与文档管理相关的知识,并且能够运用到相应的领域中去		
1.18 沟通	掌握了项目沟通管理相关的知识,并且能够运用到相应的领域中去		
1.19 启动	掌握了项目启动管理相关的知识,并且能够运用到相应的领域中去		
1.20 收尾	掌握了项目收尾相关的知识,并且能够运用到相应的领域中去		

1. 关注相关信息

为了方便认证人员的申请,IPMP 中国认证委员会一般在各地都设立认证考点。对本认证感兴趣的人,可向认证考点咨询认证相关的信息,并可在 IPMP 中国认证委员会的网站上或授权运作的机构网站上进行浏览。申请认证人员可根据认证宣传册的有关费用规定,向 IPMP 中国认证委员会在各地设立的考点订购认证资料,这包括《中国项目管理知识体系(2006)》与《国际项目管理专业资质认证标准(ICB3.0)》及其他相关资料。ICB 上详细说明了各个级别相应的评估内容及评估标准

2. 认证步骤

IPMP-D 级认证分如下两个阶段:

(1)第一阶段——报名与初审

1)报名

递交报名表表示申请者正式提出认证申请,此外还应附带其他相关资料,如个人简历、学历证书、身份证复印件等。程序如下。

① 本人提出申请,填写 IPMP 报名表,同时递交报名费。

② IPMP 考点在收到报名表及报名费后,将发送 IPMP 正式申请资料,包括:IPMP 申请表及《中国项目管理知识体系(2006)》与《国际项目管理专业资质认证标准(ICB3.0)》及其他相关资料。

2)初审

由 IPMP 中国认证委员会设立的考点鉴定考生是否符合申请条件,如考生符合申请条件,则通知考生填写正式申请表。如发生异议,则由 IPMP 中国认证委员会审查确定。

3)填写正式申请表,并递交该级别的认证费。

(2)第二阶段——笔试

IPMP-D 级认证的笔试为定期考试,每年有多次,由 IPMP 中国认证委员会在全国统一安排。

3. 证书的生效

IPMP 中国认证委员会根据考生的笔试成绩，确定考生的是否获得证书。考生的成绩在笔试后一个月公布并即刻正式生效。

4. 证书有效期

IPMP-D 级认证的项目管理专业人员证书终生有效。获得证书的人员可以在国际项目管理协会网站 www.ipma.ch 或中国的授权机构网站 www.huading.net.cn 上进行有效性查询。

7.2.3 知识考核——笔试

1. 基本要求

笔试考核以《中国项目管理知识体系（2006）》与《国际项目管理专业资质认证标准（ICB3.0）》为准，并且注重理论与方法的应用考核，笔试时间为 3 小时。

申请者是否能获得证书按下述标准进行评判：

IPMP-D 级认证考试笔试总成绩为 160 分，成绩的总分及合格标准见表 7-5 所列。

表 7-5 IPMP-D 级认证笔试成绩总分及合格标准

项目	笔试（R）
总分	160 分
授予 D 级证书	$R \geqslant 110$ 分

2. 方式介绍

笔试考核是 IPMP 认证中一种主要方式，在 IPMP-D、IPMP-C、IPMP-B 级中都有笔试，笔试时间为 3 小时。IPMP 笔试与其他类型考试的笔试方式不同：

IPMP 笔试不仅注重考核申请者项目管理知识与方法工具的掌握程度，而且更注重于考核申请者应用项目管理知识与方法工具解决实际问题的能力，试题以项目管理案例为导向，兼有涵盖项目管理知识体系的客观题。在 IPMP 不同级别中，笔试考核的特点与目的有所差别。IPMP 级别越低，要求申请者掌握项目管理知识和方法的深度与广度越高，笔试考核越注重全面性和细节。

IPMP-D 级笔试注重项目管理理论与实际案例相结合，考核申请者掌握项目管理理论与方法工具的全面性和实际应用能力。IPMP-D 级笔试题目涉及全部的项目管理知识体系的内容，特别是包含对项目管理知识一些细节的考核。因此，IPMP-D 级笔试的题型是以判断题、选择题、问答题相结合的型式。

3. 笔试内容分析

（1）考核知识掌握的全面性。

（2）部分内容是笔试的重点：

1）项目论证（可行性研究）与评估的原理和方法；

特别是投资回收期、投资收益率的计算、不确定性分析等。

2）利益相关方管理；

3）项目组织、团队建设、项目经理；

4) 项目目标与范围管理——里程碑图、项目目标列表、WBS、责任矩阵;
5) 项目计划——网络计划技术,网络图(单代号双代号)绘制,网络参数计算(含搭接关系),网络优化(时间、资源、费用),甘特图、资源计划、资源负荷图、费用计划、费用负荷图、累计费用曲线等;
6) 项目控制——挣得值法的应用
7) 风险管理等

7.3 对国际项目经理(IPMP—C 级)能力的要求与认证

7.3.1 能力要求

(1) 国际项目经理的角色和 IPMP—C 级的总体要求见表 7-6 所列。

表 7-6 国际项目经理的角色和 IPMP—C 级的总体要求

IPMP-C 级	
国际项目经理(Certified Project Manager,IPMA Level C)	
具有至少 3 年的项目管理经验,负责领导一般不是很复杂程度的项目	申请资格
有能力管理一般项目和/或管理一个复杂项目的子项目,涉及所有的项目管理能力要素	核心能力
负责管理一般项目及其所有方面的工作,或者负责管理一个复杂项目的子项目或作为复杂项目的项目经理助理	附加要求
应用常规的项目管理过程、方法、技术和工具	

(2) IPMP—C 级核心能力

认证的国际项目经理(Certified Project Manager,IPMA Level C),可以在所在单位的一般项目或大型复杂项目的子项目中管理多个职能领域,或在由多个单位组成的一般项目或大型复杂项目的子项目中管理项目团队,包括客户和承包商。

通过 C 级认证的考生将被证明掌握了系统的现代国际项目管理知识,具有担任一般项目的项目经理、大型复杂项目的项目经理助理或大型复杂项目的子项目的项目经理的能力。

1) 关于一般项目

符合项目定义、具备项目特征,并至少符合下列条件 3 条以上。

① 项目团队成员 5 人以上、项目管理团队 3 人以上;
② 专业技术 3 个以上,有明确的接口关系,需要进行综合协调和项目管理;
③ 项目生命周期可被分成 3 个以上阶段,整体持续时间在 3 个月以上;
④ 工程类项目费用在 500 万元以上,产品开发类项目费用在 300 万元以上,科研(硬性)费用在 100 万元以上、科研(软课题)费用在 30 万元以上,咨询服务类项目费用在 5 万元以上(仅供参考);

涵盖项目管理 9 大知识领域 6 项以上。

2) 关于复杂项目的子项目

① 依据 IPMP—B 级评估规范所定义的复杂项目定义(见 IPMP—B 级认证相关内容);

② 复杂项目的子项目可应用 PBS（项目分解结构）分解得到，与被分解的复杂项目有明确的接口关系且可被独立组织实施，可以在项目目标、项目团队、进度与费用等方面具有明确的管理权限。

对国际项目经理能力要素的具体要求，见表 7-7 所列。

对国际项目经理（IPMP—C 级）能力具体要求一览表　　表 7-7

技术能力		行为能力		环境能力	
1.01 成功的项目管理	成功地管理了具有一定复杂程度项目的项目管理成功标准	2.01 领导	在非复杂项目的环境中有效地实施了领导活动	3.01 面向项目	按照组织的要求，由上级管理者指导，在工作中成功运用了项目和项目管理的概念
1.02 利益相关者	成功地管理了具有一定复杂性项目参与的利益相关者	2.02 承诺与动机	在非复杂项目的环境中有效地实施了承诺与动机	3.02 面向大型项目	深刻理解大型项目管理的概念，在其项目管理的活动中曾经被重用于大型项目的管理
1.03 项目需求和目标	曾经成功地管理了具有一定复杂程度项目的需求识别和目标定义	2.03 自我控制	在非复杂项目的环境中有效地实施了自我控制	3.03 面向项目组合	从事过单个项目间的优先排序及其报告，并为项目组合管理提供信息
1.04 风险和机会	成功管理了具有一定复杂程度项目中的风险与机会环境	2.04 自信	在非复杂项目的环境中有效地实施了自信能力	3.04 项目、大型项目和项目组合的实施	积极地参与了改进过程的实施
1.05 质量	成功地管理了具有一定复杂程度项目的质量管理过程	2.05 缓和	在非复杂项目的环境中有效地发挥了缓和能力	3.05 长期性组织	具有管理长期性组织和项目之间界面的经验
1.06 项目组织	成功地管理了具有一定复杂程度项目的项目组织管理过程	2.06 开放	在非复杂项目的环境中有效地实施了开放性	3.06 运营	在工作中面临或者成功地运用了大多数管理过程。参与了需求分析和项目管理的过程。在运作的层面上处理了运营业务
1.07 团队合作	成功地管理了具有一定复杂程度项目中的项目团队协作管理过程	2.07 创造力	在非复杂项目的环境中有效地实施了创造性	3.07 系统、产品和技术	管理了有关系统、产品和/或技术的运用或开发的项目 曾经参与了充分进行优先排序的项目，这些项目还应该受到了系统实施效果、交付物、时间、成本、收入和风险的约束，识别出了这些约束对项目产生的影响

续表

	技术能力		行为能力		环境能力
1.08 问题解决	成功地管理了具有一定复杂程度项目中的问题解决过程	2.08 结果导向	在非复杂项目的环境中有效地实施了结果导向	3.08 人力资源管理	介入了项目环境中人力资源开发事件
1.09 项目结构	曾成功地管理了具有一定复杂程度项目中的项目结构管理过程	2.09 效率	在非复杂项目的环境中有效地实施了高效率工作	3.09 健康、保障、安全与环境	在项目中合理地运用了健康、保障、安全与环境法则和指导方针
1.10 范围和可交付物	成功地管理了具有一定复杂程度项目中范围与可交付物的管理过程	2.10 协商	在非复杂项目的环境中有效地实施了协商	3.10 财务	从事过组织的财务和法律体系工作
1.11 时间和项目阶段	曾成功地管理了具有一定复杂程度项目的项目阶段和时间进度管理过程	2.11 谈判	为项目会议或者谈判的成功作出了贡献	3.11 法律	在项目和大型项目的优先排序过程中进行了法律方面的考虑
1.12 资源	成功地管理了具有一定复杂程度项目中的资源管理过程	2.12 冲突与危机	在项目或大型项目中管理了冲突与危机,并取得成效		
1.13 成本和财务	成功地管理了具有一定复杂程度项目中的成本和财务资源管理过程	2.13 可靠性	在非复杂项目的环境中有效地实施了涉及可靠性的工作		
1.14 采购与合同	成功地管理了具有一定复杂程度项目中的采购与合同管理过程	2.14 价值评估	在非复杂项目的环境中有效地实施了价值评估		
1.15 变更	成功地管理了具有一定复杂程度项目中的变更管理过程	2.15 道德规范	在非复杂项目的环境中有效地实施了道德规范		
1.16 控制和报告	成功地管理了具有一定复杂程度项目中的控制和报告管理过程				
1.17 信息和文档	成功地管理了具有一定复杂程度项目中的信息与文档管理过程				
1.18 沟通	成功地管理了具有一定复杂程度项目中的沟通管理过程				

技术能力		行为能力	环境能力
1.19 启动	成功地管理了具有一定复杂程度项目中的启动管理过程		
1.20 收尾	成功地管理了具有一定复杂程度项目中的收尾管理过程		

7.3.2 考核认证

——IPMA 国际项目经理（IPMA Level C）的能力及认证

1. 关注认证信息

主要内容同 7.2.2 节。

2. 认证步骤

IPMP-C 级认证分如下两个阶段：

（1）第一阶段——报名与初审

1）报名

递交报名表表示申请者正式提出认证申请，此外还应附带其他相关资料，如个人简历、学历证明、身份证复印件等。程序如下：

① 本人提出申请，填写 IPMP 报名表，同时递交报名费。

② IPMP 考点在收到报名表及报名费后，将发送 IPMP 正式申请资料，包括：IPMP 申请表及《中国项目管理知识体系与国际项目管理专业资质认证标准 C-PMBOK&ICB》。

2）初审

由 IPMP 中国认证委员会设立的考点鉴定考生是否符合申请条件，如考生符合申请条件，则通知考生填写正式申请表。如发生异议，则由 IPMP 中国认证委员会审查确定。

3）填写正式申请表，并递交该级别的认证费

申请表是 IPMP 评估师评定申请者项目管理资质的重要资料，应全面认真、系统真实地填写，任何虚假的内容都将对认证结果产生不良影响。在递交申请表的同时，需递交该级别的认证费用。

（2）第二阶段——笔试、案例讨论与面试

IPMP—C 级认证的笔试为定期考试，由 IPMP 认证委员会在全国统一安排。案例讨论和面试时间根据申请情况不定期举行。

1）笔试

笔试考核以《中国项目管理知识体系（2006）》与《国际项目管理专业资质认证标准（ICB3.0）》为准，并且注重理论与方法的应用考核，笔试时间为 3 小时。

2）案例讨论和面试

① 案例讨论和面试由两位授权评估师主持。

② 案例讨论按照申请考生情况一般分为若干个小组进行，每个小组 5~7 人，案例讨论一般结合某一项目案例，涉及从项目启动到项目完成的整个过程，要求申请者运用项目管理的知识、经验和个人素质在规定时间内完成自己的工作，并且每个小组需提交完整的项目管理过程报告。案例讨论时间为 8 小时（约一天）。通过案例研讨，现场评估师了解申请者组成的团队的项目管理理念与合作精神；在项目管理中的角色、所做的工作、知识的运用；考核申请者正确解读项目信息的能力；发现和整合项目资源的能力；将项目构思变成项目结果的能力以及考察项目经理应该具备的技术能力要素、行为能力要素和环境能力要素。

面试的内容包括：申报资格确认、项目管理经历考核、项目管理知识与经验、自我评估情况以及个人从事项目管理理念。每个申请者的面试时间为 30~45 分钟。申请者可展示相关资料（项目状态报告、手册、论文等）。

3）认证过程的总结

由两位 IPMP 评估师对每位申请者的认证材料和认证过程进行严格评判与总结，综合评估申请者是否具有 IPMP C 级认证的国际项目经理的能力要求。

4）证书的生效

IPMP 中国认证委员会对 IPMP 评估师的评估结果进行核定之后，评估结果在认证后一个月公布并即刻正式生效。

申请者如未通过认证，其单项成绩将保留两年，两年之内再次申请成绩有效，申请者可选择全部或其中未通过部分进行再次申请，但如果再次申请案例讨论和面试，两次申请的间隔时间不能少于半年。

3. 申诉

认证结果将书面通知考生。如考生未能通过，其原因也将被告知，如考生对评估过程或结果有异议，可以按照有关程序进行申诉。

4. 证书有效期

IPMP—C 级认证的项目管理专家证书有效期自获得之日起，有效期为 5 年时间。获得证书的人员可以在国际项目管理协会网站 www.ipma.ch 或中国的授权机构网站 www.huading.net.cn 上进行有效性查询。

7.3.3 知识考核——笔试

1. 基本要求

笔试考核以《中国项目管理知识体系（2006）》与《国际项目管理专业资质认证标准（ICB3.0）》为准，并且注重理论与方法的应用考核，笔试时间为 3 小时。

申请者是否能获得证书按下述标准进行评判：

IPMP—C 级认证考试笔试总成绩为 160 分，成绩的总分及合格标准见表 7-8 所列。

表 7-8 IPMP-C 级认证笔试成绩总分及合格标准

项目	笔试（R）
总分	160 分
笔试单项合格标准	$R \geqslant 100$ 分

2. 方式介绍

IPMP-C级笔试是以一个个实际的项目管理案例为导向，考核申请者对项目管理知识和方法的掌握程度和应用其解决问题的能力。IPMP-C级笔试除了要全面了解申请者对项目管理知识的全面了解之外，更注重对项目管理核心方法工具等内容的考核，强调通过案例考核申请者对项目管理方法工具的应用。因此，IPMP—C级笔试的题型全部为问答题。

3. 笔试内容分析

基本同 7.2.3 节。

7.3.4 综合考核

申请者是否能获得证书按下述标准表 7-9 进行评判：

IPMP-C 级认证考试总成绩为 400 分，包括笔试、案例讨论和面试两个部分。其各项成绩的总分及合格标准见表 7-9 所列。

IPMP-C 级认证合格标准　　　　表 7-9

项目	笔试（R）	案例讨论和面试（I）	总分（$T=R+I$）
满分	160	240	400
授予 C 级证书标准	$R \geqslant 100$	$I \geqslant 140$	$T \geqslant 280$

注：案例讨论满分为 120 分；面试满分为 120 分。

1. 案例讨论

（1）方式介绍

1) 案例讨论是 IPMP 认证特有的考核方式。

在 IPMP-C 级认证中，通过案例讨论，可以对申请者的个人素质、实际工作中解决问题的能力进行全面考核，案例讨论时间为 1 天。

2) 每次组织案例讨论时，首先根据申请者的人数情况，分为若干个讨论大组，每个大组有 20～35 人，由两名 IPMP 评估师进行跟踪考核，然后每个大组根据申请者的情况，以 5～7 人为一组，分为若干个讨论小组，讨论小组的划分一般由 IPMP 评估师根据申请者背景协调确定。

每个小组从给定的案例题目中随机选定一个进行分析讨论，小组要指定临时项目经理，各成员要进行角色分配，分别承担不同的工作，在从项目的启动到项目的完成的全过程中，申请者同其他组员一起，分工协作，在规定的时间内完成项目，并提交完整的项目报告；

最后，每位申请者要就讨论中的某一个或几个问题做 5 分钟的陈述总结，并且在申请者报告过程中评估师和其他申请者可以针对有关问题进行提问。

3) 在申请者进行讨论和报告过程中，评估师对申请者所表现出的团队精神、个人素质、解决实际问题的能力等进行现场综合考核。

在案例讨论考核过程中，申请者要注意团队精神和个人能力间的关系，申请者既要运用项目管理知识和经验完成自己的工作，充分表现自己，发挥个人能力，又要注意与其他组员的协作，发挥团队精神，保证本组项目的成功完成。

（2）提示与建议

1）注意总体安排

明确是考试案例，而非实际工作；

建立有效的合作团队，注意搭配；

最好以项目的形式完成该案例；

注意进度计划与时间控制；

有明确的责任矩阵；

充分使用可视化手段；

全员参与，充分沟通，相互协作；

目标是完成要求的若干道题；

不要在细节上花费太多的精力，不要陷入技术层面的争论。

2）案例汇报

体现整体特色，报告内容的衔接，注意控制报告时间；

言辞简练，少讲理论，多谈体会与看法。

3）案例报告

形式很重要：合理、简洁、精致；

电脑、打印机等的预先准备，相关软件的应用；

通用表格的预先准备，可能会涉及个人以往项目，资料尽可能多的带来，以备用。

2. 面试

（1）方式介绍

1）面试是IPMP认证考试中一种很重要的考核方式，在IPMP—C、B、A级中均有面试，面试的时间不等。C级不少于0.5小时。

2）IPMP评估师将针对申请者的项目管理经历情况、项目管理知识与经验、项目管理理念、项目管理实用技巧、自我评估情况以及申请表内容等进行提问。

3）在申请者陈述和回答问题的过程中，评估师对申请者所表现出的项目管理理念、知识、经验和综合素质等与能力相关的内容进行现场考核。

（2）提示与建议

1）充分的准备

知识、经验、心态、服饰、礼仪、表达准备、重温申请表。

2）做好个人项目管理经历的介绍，展示管理能力

① 合适的项目；

② 与申请表中的内容关联；

③ 重点突出——项目管理的特色，本人的角色、作用；

④ 表达清晰、层次清楚。

3）恰当地回答问题

① 沉着、自信、谦虚、诚恳；

② 注意倾听，略思后回答（理清思路再回答）；

③ 积极沟通，正面简洁回答；

④ 礼貌结束。

4)展示相关的证明资料

7.4 对管理复杂项目的项目经理(IPMP-B级)能力的要求与认证

7.4.1 能力要求

管理复杂项目(也称大型项目、大型复杂项目、项目集/群)的项目经理,在 IPMP 认证中称为高级项目经理(IPMP-B 级)。高级项目经理的角色以及 IPMP-B 级的总体要求见表 7-10 所列。

国际高级项目经理的角色和 IPMP-B 级的总体要求　　　表 7-10

IPMP-B 级	
高级项目经理(Certified Senior Project Manager,IPMA Level B)	
至少具有 5 年的项目管理经验,其中 3 年负责复杂项目的领导工作	申请资格
能够管理复杂项目	核心能力
负责复杂项目中所有项目管理能力要素	附加要求
作为大型项目管理团队的项目经理,承担总体管理角色	
使用适当的项目管理过程、方法、技术和工具	

1. 认证的国际高级项目经理(IPMP-B 级)

认证的国际高级项目经理,可以在所在单位管理大型复杂项目,或在单位的项目管理部门负责多项目管理,或在由多个单位或部门组成的大型复杂项目中管理大型项目团队。

通过 B 级认证的考生将被证明掌握了系统的现代国际项目管理知识,具有担任大型复杂项目的项目经理、管理多项目的单位项目管理部门负责人或大型复杂项目的常务副项目经理(项目经理挂名)的能力。

2. IPMP-B 级的核心能力

大型复杂项目的项目管理,此角色强调的是可以管理大型复杂项目,具有驾驭复杂项目管理的能力。

(1)对复杂项目中项目管理的每个方面以及所有的项目管理能力要素负责;

(2)管理一个大型的项目管理团队,领导子项目的项目经理;

(3)使用适当的项目管理流程、方法、技术和工具。

3. 复杂性的定义

复杂性是定义 IPMP-C 级和 B 级的界线。一个复杂项目应满足以下所有标准:

(1)复杂项目的结构和与在组织内环境的关系应该将许多相关联的子系统/子项目以及要素考虑在内。

(2)项目涉及多个组织和/或可能从复杂项目获益或为其提供资源的同组织中的不同部门。

(3)多个不同的学科被运用到复杂项目中。

(4)复杂项目的管理涉及不同的阶段,有时是多个搭接的阶段。

（5）大部分已知的项目管理方法、技术和工具（大约80%以上）需在复杂项目管理中应用，60%以上的能力要素在实践中被运用。

4. 关于复杂项目管理

所有的指标都与管理项目的主题相关。鉴于内容考虑，研究项目一般是最具挑战性和复杂的工作，然而该项目管理不是复杂的。规模大的项目（在范围和预算方面）不是复杂项目的必要与充分条件，项目规模的大小只是判断复杂性的一个指标。可能事实上是一个复杂项目，但是申请者没有真正把它当做复杂项目来管理。因此，他取自项目的证明材料不一定能够达到IPMP-B级的取证要求。

对以上指标的具体说明：

（1）复杂项目（也称：大型项目、大型复杂项目、项目集/群；本书以下常统一称复杂项目）的一个典型特征就是对于大量界面的管理，和由子项目经理而不是高级项目经理直接来管理的大量子项目。

对复杂项目的定义有多重说法，我们选其中的一种定义如下：

为了达到某个战略目标而设立的，包括通过必要的组织改变，达到战略目标和既定的经营利益的一系列相关的项目。复杂项目通常指的是一系列具体的、互相联系的任务（项目与附加的任务），它们将在一个总体战略下共同完成一个或几个目标（一组目标）。

复杂项目的例子：整个产品系列的创新，开拓一片市场（海内外），一场全国性缉毒运动，运输系统减少噪声的运动，或者一种复杂领域知识信息的标准化等。在商定的期限内，项目群将以一个整体来进行交付，待其结果实现其战略目标，复杂项目即被终止。

复杂项目的主要特征：

1）由一系列与为了实现组织制定的特定目标/战略相关的项目组成；

2）作为复杂项目组成的部分项目可能没有在一开始就可以被识别出来，或者没有对其作出计划；

3）实施过程需持续地监督项目群中多个项目与战略的相关性；

4）在协议时期之后，复杂项目按照战略的要求进行整体的交付，项目就结束了。

（2）在复杂程度较低的项目中，项目经理直接对项目团队进行管理。在复杂项目中，高级项目经理负责管理子项目经理、众多的个人、组织中不同的单位和几个单独的组织。

1）如果所有与项目相关的成员属于同一个学科，项目的管理通常就不会复杂。然而，如果组织的不同部门的用户和/或外部的咨询师在项目中充当了重要的角色，那么这个项目就成了复杂项目。

2）在复杂项目中，子项目可以处于不同的阶段（子项目阶段）。如果高级项目经理只能管理概念阶段，或者执行阶段，或者某种情形（如危急情况），他的能力就是不足的。认证的国际高级项目经理（IPMP-B级）必须表现出他能够管理不同的项目阶段，处理各种重要的项目管理状况。

3）ICB 3.0版本中的大多数能力要素对于一个复杂项目的管理，都是非常有用的。申请者运用这些要素/方面的过程、方法、技术和工具等相关能力需要有相应的证明材料。

对国际高级项目经理能力要素的具体要求，见表7-11所列。

对国际高级项目经理（IPMP—B级）能力要素的具体要求一览表　　　表7-11

技术能力		行为能力		环境能力	
1.01 成功的项目管理	成功地管理了复杂项目的项目管理成功标准	2.01 领导	在复杂项目环境中，并且是在项目范围内，有效地实践并管理了领导活动。考生曾指导了（子）项目经理领导能力的开发	3.01 面向项目	在各种环境下都能充分理解和运用项目和项目管理的概念，要求考生曾经指导了（子）项目经理对于项目和项目管理概念理解能力的提高
1.02 利益相关者	成功地管理了复杂项目中参与的利益相关者	2.02 承诺与动机	在复杂项目环境中，并且是在项目范围内，有效地实践并管理了承诺与动机活动。曾指导了（子）项目经理承诺与动机能力的发展	3.02 面向大型项目	能够理解和运用大型项目管理的概念。曾成功地管理了大型项目中的项目，或者成功管理了大型项目
1.03 项目需求和目标	曾成功管理了复杂项目的需求识别和目标定义	2.03 自我控制	在复杂项目环境中，在项目范围内，有效地实践并管理了自我控制活动。曾指导了（子）项目经理自我控制能力的发展	3.03 面向项目组合	能够理解和运用项目组合管理的概念，成功地管理了项目组合及其中的项目
1.04 风险和机会	成功地管理了复杂项目中的风险与机会环境	2.04 自信	在复杂项目环境中，并且是在项目范围内，有效地实践并管理了自信的运用，曾指导了（子）项目经理自信能力的发展	3.04 项目、大型项目和项目组合的实施	对实施计划的编制作出了贡献，并且成功地评估了改进的成果和定义
1.05 质量	成功地管理了复杂项目中的质量管理过程	2.05 缓和	在复杂项目环境中，并且是在项目范围内，有效地实践并发挥了缓和能力。指导了（子）项目经理缓和能力的发展	3.05 长期性组织	管理了长期性组织和大型项目之间的界面。恰当地处理了相互关系
1.06 项目组织	成功地管理了复杂项目中的项目组织管理过程	2.06 开放	在复杂项目环境中，在项目范围内，有效地实践并管理了开放性。曾指导了（子）项目经理开放能力的发展	3.06 运营	介入了项目与运营统一过程的发展与演变，作为关键人员参与了与运营协调的过程。在运营的范围内领导了项目管理过程，对项目产生有利的影响，为项目管理过程的进展作出了贡献。成功地管理了战术层面上源于运营需求的事件

续表

技术能力		行为能力		环境能力	
1.07 团队合作	成功地管理了复杂项目中的项目团队协作管理过程	2.07 创造力	在复杂项目环境中,在项目范围内,有效地实践并管理了创造性的工作。曾指导了(子)项目经理创造能力的开发	3.07 系统、产品和技术	成功地管理了涉及系统、产品和技术的运用或开发的项目管理。定义、识别和管理了与系统、产品和技术相关的风险和约束
1.08 问题解决	成功地管理了复杂项目中的问题解决过程	2.08 结果导向	在复杂项目环境中,在项目范围内,有效地实践并管理了结果导向。曾指导了(子)项目经理以结果为导向能力的开发	3.08 人力资源管理	在复杂的项目中成功地管理了人力资源开发活动。参与了组织对复杂项目人力资源开发的共同活动
1.09 项目结构	曾成功地管理了复杂项目中的项目结构管理过程	2.09 效率	在复杂项目环境中,在项目范围内,有效地实践并管理了效率。曾指导了(子)项目经理效率能力的开发	3.09 健康、保障、安全与环境	在项目中设计、构建了有助于健康、保障、安全与环境问题得到适当解决的管理文化氛围
1.10 范围和可交付物	成功地管理了复杂项目中范围与可交付物的管理过程	2.10 协商	在复杂项目环境中,在项目范围内,有效地实践并管理了协商。曾指导了(子)项目经理协商能力的发展	3.10 财务	对项目环境与组织的财务和法律环境之间的关系进行了组织
1.11 时间和项目阶段	曾成功地管理了复杂项目的项目阶段和时间进度管理过程	2.11 谈判	成功地进行了谈判,曾指导了(子)项目经理提高谈判能力	3.11 法律	指导编制了与法律规定相关的项目管理过程规范
1.12 资源	成功地管理了复杂项目中的资源管理过程	2.12 冲突与危机	在项目或者大型项目中运用多种方法来管理冲突与危机,并颇有成效		
1.13 成本和财务	成功地管理了复杂项目中的成本和财务资源管理过程	2.13 可靠性	在复杂项目环境中,在项目范围内,有效地显示了可靠性。曾指导了(子)项目经理进行可靠性的开发与提高		
1.14 采购与合同	成功地管理了复杂项目中的采购与合同管理过程	2.14 价值评估	在复杂项目环境中,在项目范围内,有效地展示并管理了价值评估。曾指导了(子)项目经理价值评估水平的提高		

续表

技术能力		行为能力		环境能力
1.15 变更	成功地管理了复杂项目的变更管理过程	2.15 道德规范	在复杂项目环境中，在项目范围内，有效地实践并管理了道德规范。曾指导了（子）项目经理实施道德规范能力的提高	
1.16 控制和报告	成功地管理了复杂项目中的控制和报告管理过程			
1.17 信息和文档	成功地管理了复杂项目的信息与文档管理过程			
1.18 沟通	成功地管理了复杂项目的沟通管理过程			
1.19 启动	成功地管理了复杂项目的启动管理过程			
1.20 收尾	成功地管理了复杂项目的收尾管理过程			

7.4.2 考核认证

1. 关注认证信息

主要内容同 7.2 节。

2. 认证步骤

IPMP-B 级认证分如下四个阶段：

（1）第一阶段——报名与初审

1）报名

递交报名表表示申请者正式提出认证申请，此外还应附带其他相关资料，如个人简历、学历证明、身份证复印件、申请者所在单位简介以及担任项目经理的项目清单等。程序如下：本人提出申请，填写 IPMP 报名表，同时递交报名费。

IPMP 考点在收到报名表及报名费后，将发送 IPMP 正式申请资料，包括：IPMP 申请表及《中国项目管理知识体系（2006）》与《国际项目管理专业资质认证标准

（ICB3.0）》。

2）初审

由 IPMP 中国认证委员会设立的考点鉴定考生是否符合申请条件，如考生符合申请条件，则通知考生填写正式申请表。如发生异议，则由 IPMP 中国认证委员会审查确定。

3）填写正式申请表，并递交该级别的认证费

申请表是 IPMP 评估师评定申请者项目管理资质的重要资料，应全面认真、系统真实地填写，任何虚假的内容都将对认证结果产生不良影响。在递交申请表的同时，需递交该级别的认证费用。

（2）第二阶段——撰写项目管理报告

1）撰写项目管理报告

项目管理报告是认证 IPMP 评估师检查与考核 B 级应试人员项目管理能力与水平的重要依据，申请者应从自己负责过或参与过的项目中选择一个典型大型复杂项目进行案例总结。认证的国际高级项目经理项目报告长度约为 20～40 页 A4 纸（2 万字以上），并附带不超过 15 页的附录。在这份报告中，考生要运用大量的证据描述项目及项目管理的复杂性，展示自己的相应项目管理能力。报告的撰写请参考《IPMP-B 级项目管理报告编写指南》。

需要递交的报告为一式三份（含相关英文内容）。

2）关于项目管理报告英文内容的要求

申请时还需递交项目管理报告相关的英文内容（自 2011 年 1 月起，不再要求申请者提交项目管理报告的英文全文翻译报告）。具体要求是：

① 在提交的项目管理报告中，需包括英文扉页、英文目录、英文摘要。

② 项目管理报告中需包括的英文扉页、英文目录、英文摘要，要求如下：

A. 英文扉页上的内容与项目管理报告上的内容一致，包括：项目名称、申请者姓名、职务及单位名称等；

B. 英文目录的内容应与中文项目管理报告的目录一致；

C. 英文摘要是与项目管理报告各章节内容相对应的较为详细的内容摘要，以介绍各个章节的内容要点为原则，英文摘要的内容控制在 2～3 页范围内（A4 纸张、小四号字体，标准行间距为参照）。

③ 项目管理报告要求按下列顺序编排并装订成册：中文封面、英文扉页、中文摘要、英文摘要、中文目录、英文目录、中文报告正文、参考文献、附件。

3）项目管理报告撰写时间要求

项目报告撰写的时间自正式申请日期起，一般为三个月左右，但撰写报告的时间不应超过六个月。

4）填写项目管理报告承诺书（一式三份）

报告承诺书是申请者对与项目管理报告编写有关问题的承诺，以保证报告内容的真实性，并且是由自己撰写的。有关需要对报告保密的问题也应在承诺书中一并声明。

项目管理报告与项目管理报告承诺书应一并递交给 IPMP 中国认证委员会在各地设立的考点，考点在收到报告及承诺书后，连同报名表与申请表一并转交 IPMP 中国认证委员会。

(3) 第三阶段——项目管理报告评审

IPMP 中国认证委员会收到申请者的所有材料后,将指定两名 IPMP 评估师对申请者提交的项目报告进行评审,视评审结果的需要,IPMP 中国认证委员会可能需要申请者递交项目报告的补充材料或有关证明材料。

(4) 第四阶段——笔试与面试

从 IPMP 认证委员会收到申请者的全部材料起,一般三个月之内将安排考生进行笔试和面试,笔试和面试的时间和地点将视申请者的情况决定,并提前一个月通知申请者。

1) 笔试

凡未获 IPMP—C 级证书的申请者,将需要参加 IPMP 中国认证委员会组织的笔试考核,笔试考核以《中国项目管理知识体系(2006)》与《国际项目管理专业资质认证标准(ICB3.0)》为准,并且注重理论与方法的应用考核,笔试时间为 3 小时。

笔试考核统一由 IPMP 中国认证委员会组织阅卷。

2) 面试

IPMP 面试着重于对应试者综合素质的考核,全面了解应试者项目管理的理念、知识、实践能力和个人素质。

3) 认证过程的总结

由两位 IPMP 评估师对每位申请者的认证材料和认证过程进行严格评判与总结,综合评估申请者是否具有 IPMP-B 级认证的国际高级项目经理的能力要求。

(5) 第五阶段——证书的生效

IPMP 中国认证委员会对 IPMP 评估师的评估结果进行核定之后,评估结果即正式生效,综合笔试成绩等相关资料,确定认证结论。认证结果在认证后一个月公布并即刻正式生效。

3. 申诉

认证结果将书面通知考生。如考生未能通过,其原因也将被告知,如考生对评估过程或结果有异议,可以按照有关程序进行申诉。

4. 证书有效期

IPMP-B 级认证的国际高级项目经理证书有效期自获得之日起,有效期为 5 年时间。获得证书的人员可以在国际项目管理协会网站 www.ipma.ch 或中国授权机构网站 www.huading.net.cn 上进行有效性查询。

5. 认证的延缓及推迟

如果 IPMP 评估师认为申请者在申请条件、从业经历或项目报告等方面条件欠缺,可以建议申请者延缓或推迟认证。

6. 认证的中断

如果 IPMP 评估师在认证过程中核定申请者的资料有作假嫌疑,或者申请者对评估过程提出异议时,IPMP 评估师及申请者均可提出认证中断的请求。由 IPMP 中国认证委员会作出是否中断的最后决定。

7.4.3 知识考核——笔试

IPMP-B级笔试与IPMP-C级笔试基本相同，只是B级笔试更加注重考核申请者对实际项目管理案例从整体上、宏观上的战略管理，注重分析和判断，而在具体操作层面上的内容不如C级那样详细。

7.4.4 综合考核

申请者是否能获得证书按下述标准进行评判：

IPMP-B级认证考试总成绩为400分，包括项目报告和面试两个部分，笔试成绩合格为必要条件但不计入总分。其各项成绩的总分及合格标准见表7-12所列。

IPMP-B级认证各项成绩的总分及合格标准　　　表7-12

序号	项目	笔试（E）	项目报告（R）	面试（I）	总分（$T=R+I$）
1	满分	160	200	200	400
2	授予B级证书标准	$E \geq 100$	$R \geq 120$	$I \geq 120$	$T \geq 280$

申请者如未通过认证，其单项成绩将保留两年，两年之内再次申请成绩有效，申请者可选择全部或其中未通过部分进行再次申请。

1. 如何编写项目管理报告

（1）明确编写项目管理报告书的考核目的

项目管理报告是认证IPMP评估师检查与考核B级应试人员项目管理能力与水平的重要依据，申请者应从自己负责过的项目中选择近8年内的一个典型大型复杂项目（项目集）进行案例总结。项目管理报告书是申请者在项目管理领域知识、实际经验和个人素质的综合反映。

（2）明确项目管理报告书的内容

项目管理报告书的主要内容包括（但不限于）：

1）描述一个已完成或接近完成的复杂项目（背景、管理的复杂程度等）；

2）明确申请者的角色：申请者是该项目的负责人或在该项目中起决定性作用，对组织战略实现和收益的影响，涉及有关项目管理方法和技术实施的决策（如果申请者仅负责项目管理方法、技术和工具的实施或担任项目领导助手作用，不能满足申请要求），申请者在管理过程中指导子项目经理的项目管理工作；

3）应用的项目管理方法对项目的成功起到关键作用；

4）在项目管理中展示出要求的能力要素；

5）通过项目管理实践获得的个人经验、体会与感悟；

6）附件。

2. 项目管理报告书的具体构成

为满足认证规定的要求，项目管理报告的各部分内容尽可能与ICB中各个要素相对应，须至少涉及14个技术能力要素、8个行为能力要素及6个环境能力要素（共28个能力要素），以便为面试提供必要信息。

报告内容应涉及（但不限于）以下内容：

（1）复杂项目的背景和概况（类型、特点、范围、客户及其他重要的利益相关方、资源、复杂程度等）；

（2）对复杂项目的管理理念和思路简述，对相关现代项目管理理论的认识/理解；

（3）复杂项目对企业的重要性、必要性和实施可行性；

（4）报告人在项目管理（含大型、复杂项目）中的经历、职责和作用；

（5）报告人在本复杂项目中的角色和职责；

（6）复杂项目的目标及分解；

（7）项目组织及管理层次；

（8）复杂项目管理的主要要素；

（9）对子项目经理的指导工作及作用；

（10）阶段及项目的管理结果和管理评估；

（11）管理上的挑战及应对（亮点）以及对结果的反思；

（12）项目管理技术、方法与工具的应用和能力要素体现；

（13）在本复杂项目管理中获取的经验和教训，总结、体会、提升等；

（14）对后续项目管理工作的启示、思考和展望。

通常一份具体的项目管理报告书至少应涉及下列方面（以工程项目为例，供参考）：

××新工厂建设项目管理报告

1 项目背景
1.1 业主和承包商简介
 1.1.1 项目业主
 1.1.2 总承包商
 1.1.3 项目执行单位
 1.1.4 本人在项目中的角色及申请者简介
1.2 项目的必要性、意义和目标
 1.2.1 项目主要内容
 1.2.2 项目的必要性和意义
 1.2.3 项目总体目标
1.3 项目与项目管理特点
 1.3.1 项目特点
 1.3.2 项目管理的特点
1.4 该项目与公司经营活动、市场和其他项目的关系
1.5 该项目治理机制
1.6 项目管理在公司的重要性
1.7 项目实施的可行性
1.8 本人参与与负责的项目阶段

2 项目规划（计划）
2.1 项目利益相关者分析
   2.1.1 项目利益相关者识别
   2.1.2 项目利益相关者需求分析
2.2 项目目标
   2.2.1 目标的依据和原则
   2.2.2 项目目标
        （1）成果目标
        （2）成本目标
        （3）工期目标
        （4）质量目标
        （5）安全目标
        （6）环保目标
        （7）……
2.3 项目结构
   2.3.1 主要工作构成
   2.3.2 工作分解思路
   2.3.3 项目的 PBS 图
   2.3.4 项目的 WBS 图
   2.3.5 关于 WBS 词典的建立
2.4 项目组织与项目环境
   2.4.1 适应性的组织变革
   2.4.2 项目外部组织
   2.4.3 项目内部组织
   2.4.4 岗位职责描述
   2.4.5 项目责任矩阵
   2.4.6 对子项目经理的选聘与培训
   2.4.7 项目管理体系建设
2.5 阶段模型和里程碑
   2.5.1 项目阶段模型
   2.5.2 项目里程碑计划
2.6 进度计划
   2.6.1 项目计划的层次和组织制定
   2.6.2 项目工作列表
   2.6.3 项目进度计划
2.7 资源计划
   2.7.1 人力资源配置计划
   2.7.2 主要机具设备配置计划
   2.7.3 材料供应计划

2.8 财务与费用计划
　　2.8.1 项目财务管理与项目费用的关系
　　2.8.2 项目费用估算
　　2.8.3 项目费用计划
2.9 风险管理计划
　　2.9.1 项目风险因素识别及量化分析
　　2.9.2 风险的应对措施及预案
2.10 沟通与协商管理计划
2.11 项目管理流程设计与管理
2.12 ……

3 项目实施

3.1 项目启动
　　3.1.1 项目组织组建
　　3.1.2 实施准备工作
3.2 信息与沟通管理
　　3.2.1 项目信息与沟通系统
　　3.2.2 项目状态与项目报告
　　3.2.3 项目信息分发
　　3.2.4 项目的信息归档与知识管理
3.3 项目控制与变更管理
　　3.3.1 项目控制系统
　　3.3.2 项目进度费用的综合控制
　　3.3.3 变更管理流程设计
　　3.3.4 项目的主要变更
　　3.3.5 项目的特色控制
　　3.3.6 项目索赔
3.4 团队建设与绩效考核
　　3.4.1 团队建设
　　3.4.2 绩效考核机制建设
　　3.4.3 绩效考核
3.5 合同管理
　　3.5.1 复杂项目的合同履行与控制
　　3.5.2 项目分包合同
　　3.5.3 项目采购合同
3.6 质量管理
　　3.6.1 质量保证
　　3.6.2 质量控制
3.7 风险管理
　　3.7.1 风险监控

3.7.2 现场事故处理
3.8 方法应用
   3.8.1 进度管理方法
   3.8.2 成本管理方法
   3.8.3 质量管理方法
   3.8.4 其他管理方法的应用
3.9 整合管理
   3.9.1 整合管理的理念
   3.9.2 指导和管理项目集的执行
   3.9.3 统筹管理项目集问题

4 项目收尾
4.1 项目验收与移交
4.2 资料验收与移交
4.3 团队处置
4.4 项目的成效及评估

5 通过项目管理实践获得的个人经验
5.1 项目报告中所涉及的项目管理过程
5.2 项目管理方法和技术的应用
5.3 项目经理能力要素在本项目管理中的体现
5.4 项目管理软件的应用
5.5 项目管理应用的理念及方法论
   5.5.1 对项目管理某些问题的体会、认识的升华
   5.5.2 项目管理知识领域方面的应用体会
   5.5.3 某种项目管理方法和技术的应用体会
   5.5.4 关于项目管理体系及操作流程编制的体会
   5.5.5 通过项目管理方法应用对于个人及工作的提升
   5.5.6 关于项目管理在今后工作中的应用设想
   5.5.7 ……

6 结论
6.1 项目实施结果
6.2 项目管理的作用及评估
6.3 对今后工作的借鉴

7 主要的参考文献

8 附录
8.1 单位简介
8.2 能说明个人负责项目与参与项目的证明材料
8.3 项目报告的附加资料，例如图表、图纸、统计数据等
8.4 项目获奖情况、第三方的评价、媒体报道等
8.5 申请者荣誉证书、资质证书

8.6 其他

3. 项目管理报告书的格式和数量

(1) 对项目管理报告书的格式没有专门的要求；

(2) 封面应包括项目名称、申请者姓名及工作单位和报告日期；

(3) 项目报告书须用 A4 纸打印。一般为 20~40 页（至少 2 万字以上），附录不超过 15 页；

(4) 提交的项目管理报告书需一式三份（含要求的英文相关内容）。

4. 项目管理报告书的最低要求

(1) 项目特性

1) 项目规模

① 多公司和/或部门参与实施的项目；

② 周期≥6 个月；

③ 项目费用（供参考）：工程建设类项目不低于 2000 万元；

④ 软性项目不少于 200 万元；

⑤ 监理合同不少于 200 万元；

⑥ 项目团队≥3 个。

2) 项目的复杂性

① 学科（科目）≥3 门；

② 外部合作团队≥2 个；

③ 项目管理方法的应用≥28 个要素（参照 ICB）。

(2) 申请者在项目中的角色

1) 项目负责人；

2) 高级项目经理（项目高层管理班子主要成员）；

3) 项目总监。

(3) 申请者在项目中承担的职责

1) 必须包括（但不限于）下列项目管理的所有方面：

① 决定项目管理的基本原则；

② 决策和管控项目管理实施的全局和关键问题；

③ 决定和指导项目管理方法、技术和工具的应用；

④ 发挥领导、统筹、协调、整合作用；

⑤ 注重团队建设工作；

⑥ 管理项目的利益相关方。

2) 申请者如仅负责项目管理方法、技术和工具的实施或担任项目领导助手作用，则不能满足申请要求。

5. 项目管理报告范例

参见第 8 章 8.5。

6. 面试.

(1) 方式介绍

面试一般由两位 IPMP 评估师主持，IPMP 评估师将检验考生是否是所递交的项目管理报告的作者。在面试中，IPMP 评估师将从更深的层次与考生开展交谈，从而了解考生在哪些情况下展示了其在项目和项目管理方面的知识与才能，加上其他个人素质等方面的信息，便可形成考生项目管理能力的总体印象。IPMP-B 级面试与 IPMP-C 级不同的是 IPMP-B 级还包括项目管理报告答辩的内容。

每个申请者的面试时间为 1.5 小时，面试分为两个环节：

申请者陈述项目报告，时间约 15 分钟；

IPMP 评估师提问的问题将主要针对项目报告的内容、项目管理知识、理念及个人实践经历等。

申请者可展示相关资料（项目状态报告、手册、论文等）。

（2）提示与建议

参见 7.3.4 节。

7.5 对负责组织层次项目管理者（IPMP-A 级）能力的要求与认证

7.5.1 能力要求

国际特级项目经理的角色和 IPMP-A 级的总体要求见表 7-13 所列。

国际特级项目经理的角色和 IPMP-A 级的总体要求　　　　表 7-13

IPMP-A 级	
特级项目经理（Certified Projects Director，IPMA Level A）	
至少具有 5 年管理项目组合、大型项目管理或者多项目管理的经验，其中至少 3 年在公司/组织或部门的项目组合中担任领导的角色，或者管理重要的大型项目	申请资格
能够管理项目组合或大型项目	核心能力
负责管理公司/组织或者部门重大的项目组合，或者管理一个或多个重要的大型项目	附加要求
从事战略管理，对高层管理者进行指导。开发项目管理人员，培训项目经理	
制定和实施项目管理需求、过程、方法、技术、工具、手册和指导方针	

此角色强调的不是对单个项目的管理，而是对同时进行的多个项目组合、大型项目及项目的统筹管理。按项目进行管理是管理永久性组织的核心概念，尤其是以项目为导向的公司。按项目管理包括项目组合管理、多项目管理、大型项目以及项目办公室活动和原有职能部门与项目管理组织之间的和谐管理。

多项目、项目组合或者重要的大型项目管理申请者（IPMP-A 级）的主要条件有：

（1）申请者负责对组织层级的项目组合或者重要的大型项目（项目集/群）进行协调和指导。

（2）申请者对项目组合或者大型项目的启动、优先权、继续还是中断与中止，向上级管理部门提出建议或者自己作出决策（当他有相应的决策权时）。

（3）申请者负责选择和继续开发项目管理体系、项目管理需求、过程、方法、技术、工具、规章制度和指导方针，以及在项目范围内对项目管理进行总体实施。

（4）申请者协调和影响（并且负责）管理其项目的项目经理的选择、培训、雇用以及项目经理的评价和酬劳。

（5）申请者负责项目组合或者大型项目中所有项目的协调，确保它们与运营/组织战略的一致性，并能在项目的范围内建立专业的控制和报告机制。

项目组合和大型项目必须要有足够的重要性，以证明申请者有能力胜任管理工作。需要考虑的重要参数有：

1）申请者投入项目组合和大型项目管理的总时间；
2）同时管理项目的数量；
3）不同种类和规模的项目；
4）项目的复杂程度；
5）项目经理的人数和管理组织单位的规模；
6）每年对项目组合和大型项目的投资额。

对国际特级项目经理能力要素的具体要求，见表7-14所列。

对国际特级项目经理（IPMP-A级）能力要素的具体要求一览表　　表7-14

技术能力		行为能力		环境能力	
1.01 成功的项目管理	为组织或者组织单位中重要的大型项目和/或项目组合成功地指导了项目管理的实施	2.01 领导	要求考生曾在项目环境和长期性组织中，与大型项目经理和项目经理共同有效地实践、管理和指导了领导活动。考生曾经指导了大型（子）项目和/或项目经理领导能力的开发，还要求考生曾经参与了项目或大型项目中领导活动的实施	3.01 面向项目	在组织中领导了项目和项目管理概念的开发，并成功地指导了项目经理和利益相关者对于项目管理概念的运用。要求考生曾经指导了（子）大型项目/项目经理对此类概念理解的提高，并参与过大型项目或者项目中对这些概念的执行
1.02 利益相关者	成功地指导了组织或组织单位的重要大型项目和/或项目组合中利益相关者的管理	2.02 承诺与动机	要求考生曾在项目环境和长期性组织中，与大型项目经理和项目经理共同有效地实践、管理和指导了承诺与动机。考生曾经指导了大型（子）项目和/或项目经理承诺与动机能力的发展。还要求考生曾经参与了项目或大型项目中承诺与动机活动的实施	3.02 面向大型项目	在他的职责范围内成功地建立了大型项目和/或大型项目管理的指导方针、工具和程序，曾经成功地指导或者介入了将商业战略转化为大型项目或者项目组合，并在他的职责范围内成功选择和培养了大型项目和/或项目经理

续表

技术能力		行为能力		环境能力	
1.03 项目需求和目标	曾成功地指导了组织或组织单位的大型项目和/或项目组合中项目需求和目标的管理	2.03 自我控制	在项目环境和长期性组织中,与大型项目经理和项目经理共同有效地实践、管理和指导了自我控制。考生曾经指导了大型(子)项目和/或项目经理自我控制能力的发展,要求考生曾经参与了项目或大型项目中自我控制活动的实施	3.03 面向项目组合	在他的职责范围内成功地建立了项目组合和/或项目组合管理的指导方针、工具和程序,曾经成功地指导或者介入了将经营战略转化为大型项目或者项目组合,曾经在他的职责范围内成功地选择和培养了大型项目和/或项目组合经理
1.04 风险和机会	成功地指导了组织和组织单位中重要的大型项目和/或项目组合的风险与机会管理	2.04 自信	在项目环境和长期性组织中,与大型项目经理和项目经理共同有效地实践、管理和指导了自信。考生曾经指导了大型(子)项目和/或项目经理自信的发展,要求考生曾经参与了项目或大型项目中自信的运用	3.04 项目、大型项目和项目组合的实施	在其职责范围内成功地指导了项目、大型项目和项目组合实施过程中的持续改进
1.05 质量	成功地指导了组织或组织单位中重要的大型项目和/或项目组合的质量管理	2.05 缓和	在项目环境和长期性组织中,与大型项目经理和项目经理共同有效地实践、管理和指导了缓和压力的工作。指导了大型(子)项目和/或项目经理缓和能力的发展,参与了项目或大型项目中缓和能力的运用	3.05 长期性组织	指导建立了长期性组织和项目组织的工作程序
1.06 项目组织	成功地指导了组织或组织单位中重要的大型项目和/或项目组合的项目组织管理	2.06 开放	在项目环境和长期性组织中,与大型项目经理和项目经理共同有效地实践、管理和指导了开放的工作。考生曾经指导了大型(子)项目和/或项目经理开放能力的发展,要求考生曾经参与了项目或大型项目中开放的运用	3.06 运营	曾经是沟通管理委员会的一员,负责监督运营过程的进展和实施状况。曾经在项目优先排序的工作中管理了与运营相关的问题。成功地保持了高层管理者在战略层面上信息的畅通

续表

技术能力		行为能力		环境能力	
1.07 团队合作	成功地指导了组织或组织单位中重要的大型项目和/或项目组合的项目团队协作管理	2.07 创造力	在项目环境和长期性组织中，与大型项目经理和项目经理共同有效地实践、管理和指导了创造性的工作。考生曾经指导了大型（子）项目和/或项目经理创造能力的发展，曾经参与了项目或大型项目中创造性的运用	3.07 系统、产品和技术	成功地指导了涉及系统、产品和技术的运用或开发的项目管理 成功地指导了充分进行优先排序的项目，这些项目还应该受到了系统实施效果、交付物、时间、成本、收入和风险的约束，识别出了这些约束对项目产生的影响
1.08 问题解决	成功地指导了组织或组织单位中重要的大型项目和/或项目组合的问题解决	2.08 结果导向	在项目环境和长期性组织中，与大型项目经理和项目经理共同有效地实践、管理和指导了结果导向。考生曾经指导了大型（子）项目和/或项目经理以结果为导向能力的开发，要求考生曾经参与了项目或大型项目中结果导向的运用	3.08 人力资源管理	成功地指导了向他汇报的项目经理的人力资源开发工作。成功地指导了在组织中人力资源开发计划的制定。保证了项目经理在人力资源管理工作中发挥了他们的作用
1.09 项目结构	成功地指导了组织或组织单位中重要的大型项目和/或项目组合的项目结构管理	2.09 效率	在项目环境和长期性组织中，与大型项目经理和项目经理共同有效地实践、管理和指导了效率。考生曾经指导了大型（子）项目和/或项目经理效率能力的提高，要求考生曾经参与了项目或大型项目中效率的实施	3.09 健康、保障、安全与环境	指导制定了组织的有关健康、保障、安全与环境问题的标准和处理方法。设计并成功地指导创造一个允许健康、保障、安全与环境问题得到适当解决的管理文化氛围
1.10 范围和可交付物	成功地指导了组织或组织单位中重要的大型项目和/或项目组合的范围与可交付物的管理	2.10 协商	项目环境和长期性组织中，与大型项目经理和项目经理共同有效地实践、管理和指导了协商。考生曾经指导了大型（子）项目和/或项目经理协商能力的开发，要求考生曾经参与了项目或大型项目中协商的实施	3.10 财务	指导建立了项目环境与组织的财务和法律环境之间的关系

续表

技术能力		行为能力		环境能力	
1.11 时间和项目阶段	成功地指导了组织或组织单位中重要的大型项目和/或项目组合的项目阶段和时间进度管理	2.11 谈判	管理和指导他人进行会议和谈判的主持和管理，是一个熟练的谈判者。考生曾经指导了大型（子）项目和/或项目经理开发和提高谈判能力	3.11 法律	曾经是负责监督与法律规定相关业务流程的委员会成员
1.12 资源	成功地指导了组织或组织单位中重要的大型项目和/或项目组合的资源管理	2.12 冲突与危机	在解决冲突与危机的时候充当过调停者的角色，并且曾经指导过其他人进行冲突和危机问题的解决		
1.13 成本和财务	成功地指导了组织或组织单位中重要的大型项目和/或项目组合的成本和财务资源管理	2.13 可靠性	在项目环境和长期性组织中，与大型项目经理和项目经理共同有效地表现出了可靠性。考生曾经指导了大型（子）项目和/或项目经理可靠性的提高，曾经参与了项目或大型项目中涉及可靠性的工作		
1.14 采购与合同	成功地指导了组织或组织单位中重要的大型项目和/或项目组合采购与合同的管理	2.14 价值评估	在项目环境和长期性组织中，与大型项目经理和项目经理共同有效地管理和指导了价值评估。考生曾经指导了大型（子）项目和/或项目经理价值评估水平的提高，要求考生曾经参与了项目或大型项目中价值评估的实施		
1.15 变更	成功地指导了组织或组织单位中重要的大型项目和/或项目组合的变更管理	2.15 道德规范	在项目环境和长期性组织中，与大型项目经理和项目经理共同有效地实践、管理和指导了道德规范。考生曾经指导了大型（子）项目和/或项目经理实施道德规范能力的提高，曾经参与了项目或大型项目中道德规范的实施		

续表

技术能力		行为能力	环境能力
1.16 控制和报告	成功地指导了组织或组织单位中重要的大型项目和/或项目组合的控制和报告管理		
1.17 信息和文档	成功地指导了组织或组织单位中重要的大型项目和/或项目组合的信息与文档管理		
1.18 沟通	成功地指导了组织或组织单位中重要的大型项目和/或项目组合的沟通管理		
1.19 启动	成功地指导了组织或组织单位中重要的大型项目和/或项目组合的启动管理		
1.20 收尾	成功地指导了组织或组织单位中重要的大型项目和/或项目组合的收尾管理		

7.5.2 考核认证

——IPMA 国际特级项目经理（IPMA Level-A）的能力及认证

1. 关注认证的信息

参考 IPMP-B 和 IPMP-C 级别的认证信息。

2. 认证步骤

IPMP-A 级认证分三个阶段：

(1) 第一阶段——报名与初审

1) 报名

递交报名表表示申请者正式提出认证申请,此外还应附带其他相关资料,如个人简历、学历证明、身份证复印件、申请者所在单位简介(单位介绍长度为4~5页A4纸)以及担任项目经理的项目清单等。程序如下。

本人提出申请,填写IPMP报名表,同时递交报名费。

IPMP考点在收到报名表及报名费后,将发送IPMP正式申请资料,包括:IPMP申请表及《中国项目管理知识体系(2006)》与《国际项目管理专业资质认证标准(ICB3.0)》。

2) 初审

由IPMP中国认证委员会设立的考点鉴定考生是否符合申请条件,如考生符合申请条件,则通知考生填写正式申请表。如发生异议,则由IPMP中国认证委员会审查确定。

如果考生具备以下条件之一,IPMP评估师将把组织机构介绍作为评估依据(单位介绍长度为4~5页A4纸):

① 把项目组合/大型项目策划作为IPMP-A级认证的项目管理报告的主题,此项目组合/大型项目策划是复杂的、真实的;

② 在项目组合/大型项目策划过程中起到领导作用、决定性作用或担当首席顾问职务;

③ 申请者负责项目组合/大型项目中所有项目的协调,确保与组织经营战略的一致性。

3) 填写正式申请表,并递交该级别的认证费

申请表是IPMP评估师评定申请者项目管理资质的重要资料,应全面认真、系统真实地填写,任何虚假的内容都将对认证结果产生不良影响。

(2) 第二阶段——撰写项目管理报告

1) 撰写项目管理报告

申请IPMP-A级认证者的项目管理报告长度约为20~40页A4纸,并附带15页左右的附录。在这份报告中,申请者要运用大量的管理工作展示自己的知识、相关经历、经验。

报告的撰写请参考《IPMP-A级项目管理报告编写指南》,申请时需递交的报告为一式三份。项目管理报告的英文内容要求,与IPMP-B级项目管理报告相同。项目管理报告撰写的时间自正式申请日期起,一般为三个月左右,但撰写报告的时间不应超过六个月。

2) 填写项目管理报告承诺书(一式三份)

项目管理报告承诺书是申请者对与项目管理报告编写有关问题的承诺,以保证项目管理报告内容的真实性,并且是由自己撰写的。有关需要对项目管理报告保密的问题也应在承诺书中一并声明。

项目管理报告与项目管理报告承诺书应一并递交给IPMP中国认证委员会在各地设立的考点,考点在收到申请者递交的项目管理报告后,连同报名表与申请表一并转交IPMP中国认证委员会。

(3) 第三阶段——项目管理报告评审

IPMP 中国认证委员会收到申请者的所有材料后，将指定两名 IPMP 评估师对申请者提交的项目管理报告进行评审，视评审结果的需要，IPMP 中国认证委员会可能需要申请者递交项目管理报告的补充材料或有关的证明材料。

（4）第四阶段——面试

从 IPMP 认证委员会收到申请者的全部材料起，一般三个月之内将安排考生进行面试，面试的时间和地点将视申请者的情况决定，并提前一个月通知申请者。

认证过程的总结：由两位 IPMP 评估师对每位申请者的认证材料和认证过程进行严格评判与总结，综合评估申请者是否具有 IPMP-A 级认证的国际特级项目经理的能力要求。

（5）第五阶段——证书的生效

IPMP 中国认证委员会对 IPMP 评估师的评估结果进行核定之后，评估结果在认证后一个月公布并即刻正式生效。

3. 申诉

认证结果将书面通知考生。如考生未能通过，其原因也将被告知，如考生对评估过程或结果有异议，可以按照有关程序进行申诉。

4. 证书有效期

IPMP-A 级认证的国际特级项目经理证书有效期自获得之日起，有效期为 5 年时间。获得证书的人员可以在国际项目管理协会网站 www.ipma.ch 或授权机构网站 www.huading.net.cn 上进行有效性查询。

5. 认证的延缓及推迟

如果 IPMP 评估师认为申请者在申请条件、从业经历或项目管理报告等方面条件欠缺，可以建议申请者延缓或推迟认证。

6. 认证的中断

如果 IPMP 评估师在认证过程中核定申请者的资料有作假嫌疑，或者申请者对评估过程提出异议时，IPMP 评估师及申请者均可提出认证中断的请求。由 IPMP 中国认证委员会作出是否中断的最后决定。

7.5.3 综合考核

申请者是否能获得证书按下述标准进行评判：

IPMP-A 级认证考试总成绩为 400 分，包括项目管理报告和面试成绩两个部分。其各项成绩的总分及合格标准见表 7-15 所列。

表 7-15 IPMP-A 级认证各项成绩的总分及合格标准

序号	项目	项目报告（R）	面试（I）	总分（$T=R+I$）
1	满分	200	200	400
2	授予 A 级证书标准	$R \geqslant 120$	$I \geqslant 120$	$T \geqslant 280$

申请者如未通过认证，其单项成绩将保留两年，两年之内再次申请成绩有效，申请者可选择全部或其中未通过部分进行再次申请。

1. 关于项目管理报告
(1) 概论
1) 目标

通过本报告，申请者要证明自己胜任于某一组织机构或某一分支机构以及某一大型项目（项目集 Programme）的所有项目的协调与监督，证明自己能够对项目进行专业化管理。

2) 基础

撰写认证的国际特级项目经理项目管理报告的基础是申请者的自我评估和组织机构的介绍，组织机构介绍要连同自我评估一起递交 IPMP 中国认证委员会。

3) 管理

组织机构介绍及项目管理报告三份（含中文、英文相关内容），应按时提交 IPMP 中国认证委员会办公室。

(2) 组织机构介绍
1) 前言

组织机构介绍是 IPMP 评估师对下列各方面进行评估的基础：

① 申请者选择作为其项目管理报告主题的项目组合/大型项目是复杂的而且是真实的；

② 申请者在这些项目组合/大型项目中担当领导职位或首席顾问；

③ 申请者负责项目组合/大型项目中所有项目的协调，确保与组织经营战略的一致性。

2) 组织机构、分支机构与大型复杂项目（Programme）

在选择组织机构、分支机构及其项目组合或大型项目时，须考虑以下几方面：

① 所选择的组织机构或分支机构必须是一个实际的权力机构，申请者在其中担任领导职务并负责协调和管理整个项目组合或多个项目；如果所选择的是重要的大型项目，则必须是由申请者直接担任负责人或首席顾问的一个复杂的特大型项目。

② 申请者须协调和指导过所选择的组织机构、分支机构及大型项目中的各种不同类型（复杂的项目组合）的一定数量的重要项目，且要求项目组合中的项目至少有一个是属于复杂项目（关于复杂项目的定义详见 IPMA-B 级）。

③ 申请者在报告中所反映的担任相应职务的时间及所选择的项目组合或大型项目的时间周期均不得少于三年，且原则上为已完成的项目。

④ 申请者须协调、指导或影响到该组织机构、分支机构或大型项目中的项目经理、项目管理专家人员的培训和认证（IPMP-B 级、IPMP-C 级）以及这些专业人员的职业发展工作。

⑤ 申请者须在项目范围内负责项目管理的要求、方法和工具的选择与提高，并负责做出报告。

⑥ 申请者须对项目经理和项目管理专业人员（IPMP-B 级、IPMP-C 级）以及与他们协商一致的各种目标的内部评价具有相应的影响力。

⑦ 申请者能够向组织机构或分支机构的管理层或大型项目的客户，就其所负责的项目组合或大型项目中项目是否被接受、项目优先次序的确定、是否继续某个项目以及项目

的结束等提出决策建议。

⑧ 申请者应对正在进行的项目组合或大型项目中各个项目的专业化控制负责。

⑨ 申请 IPMP-A 级认证所选择的组织机构、分支机构或大型项目的相关内容必须从未用于申请其他类似的认证，而且类似的报告必须从未公开发表过。

3）组织机构介绍的内容

在组织机构介绍中，必须提供足够的事实以说明申请者能够实际应用 ICB 所定义的经验与知识的绝大多数项目管理要素。在组织机构介绍中应明显地说明以下各方面：

① 所属行业、项目类型及项目列表；
② 项目组合或大型项目及其复杂性；
③ 项目组合或大型项目管理的组织机构及申请者在其中的角色与作用；
④ 组织机构或分支机构的管理者及大型项目的客户及其联系人；
⑤ 项目组合或大型项目中各项目的接受、优先顺序、继续或终止以及结束；
⑥ 项目管理人员的培训、选择、专业发展与支持；
⑦ 管理项目所需要的条件、方法与工具；
⑧ 多项目的协调；
⑨ 各个项目的指导与控制；
⑩ 与一般管理领域的关系。

介绍是简要的、准确的，篇幅要求是 4~5 页 A4 纸。

4）证明人

要求提供两个证明人的详细信息，以便了解报告中指定项目组合或大型项目的管理情况。这些信息包括：姓名、公司（或组织机构）、联系地址、联系电话及与指定项目组合或大型项目管理中的关系、角色或职务。

2. 如何编写项目管理报告

（1）内容

申请者须围绕 ICB 所定义的不同类别的知识、经验和个人素质的大多数要素，撰写主题为"项目管理的应用与管理能力展示"的项目管理报告，管理的对象可以涉及以下三个层次的其中之一或几个：项目化管理、项目组合或大型复杂项目。具体要对项目的构成、管理的原则、组织形式及其组成部分、各种过程，以及相关的管理问题等作出描述和分析。

此外，ICB 中须涉及至少 14 个技术能力要素、11 个行为能力要素及 8 个环境能力要素（共 33 个能力要素），以便为面试提供必要信息。报告的各部分内容尽可能与 ICB 中各个能力要素相对应。

以下几方面也必须明确：

1）对企业项目化管理理论理解/认识/阐述；
2）企业经营战略/策略与项目管理简述；
3）企业项目管理组织；
4）项目化管理、项目组合或对象复杂项目管理产生的原因及背景；
5）本人角色和职责，在项目化管理、项目组合或对象复杂项目管理管理中的权力、职责及经历（企业主要项目列表等）；

6) 项目化管理、项目组合或对象复杂项目管理的目标（任务）；
7) 团队管理及领导作用；
8) 项目化管理、项目组合或对象复杂项目管理的挑战与创新；
9) 项目化管理、项目组合或对象复杂项目管理的独特元素；
10) 项目化管理、项目组合或对象复杂项目管理的管理结果；
11) 项目化管理、项目组合或对象复杂项目管理的分析（问题/解决方法）与经验；
12) 对于企业项目管理愿景的展望与实施；
13) 项目报告应与ICB要素与科目相关联。

(2) 项目管理报告的参考结构

以下是申请认证国际特级项目经理项目管理报告结构的一个例子，报告中强调的重点是在组织层级项目的统筹、协调、监督和管理方面申请者所做的工作和作出的贡献（内容应包括/但不限于以下部分）：

1) 前言或摘要；
2) 项目的成果、组织机构或分支机构的管理者、大型项目的客户、各主要利益相关方，项目类型及项目列表；
3) 在项目组合或大型项目中按项目进行管理的理念、策略；
4) 在申请者的职责范围内阐述项目管理、优胜基准（Benchmarking）；
5) 项目管理的组织形式，各种角色、职责及合同；
6) 项目开发、项目评价、项目的优先排序、里程碑；
7) 项目的目标及策略、项目要求的定义、项目成功与否的检查标准；
8) 项目管理人员的培训、选择与分配，专业发展与支持；
9) 项目的结构与范围、项目的协调；
10) 领导与决策系统、范围管理、整合管理、冲突与危机管理、谈判；
11) 项目管理各领域的方法与工具，项目管理的支持体系；
12) 风险管理、变更控制、控制与安全；
13) 与常设组织机构的关系，市场营销、经营、会计、质量管理及法律；
14) 系统管理、系统生命周期、项目管理体系建设；
15) 项目信息、档案、沟通、知识管理；
16) 在所选案例中"按项目进行管理"的特性；
17) 对结果的评价以及对按项目进行管理的评价；
18) 项目管理评估与组织项目管理成熟度评估；
19) 结论；
20) 不断改进及总结项目管理经验/教训。

(3) 项目管理报告的编制

报告的主体部分约为20～40页A4纸，附录部分一般不超过20页。

报告的最后应加上参考文献（包括内部使用的手册、规定、指南等）。要求表明文中引文的出处及相关文献。如有必要，可在面试时携带有关资料。

(4) 项目管理报告的使用

两份中文及英文报告将递交给两位IPMP评估师。认证结束后，报告将存放在IPMP

中国认证委员会办公室。只有征得申请者本人同意，IPMP 中国认证委员会办公室方可复制或使用其报告。如发生申诉问题，申请者的档案将用做评判的依据。

3. 项目管理报告范例

参见第 8 章 8.6。

4. 答辩与面试

（1）方式介绍

IPMP 面试着重于对应试者综合素质的考核，全面了解应试者项目管理的理念、知识、实践能力和个人素质。面试一般由两位 IPMP 评估师主持，IPMP 评估师将检验申请者是否是所递交的项目报告的作者。在面试中，IPMP 评估师将从更深的层次与考生开展交谈，从而了解考生在哪些情况下展示了其在项目管理方面的知识与经验，加上其他个人素质等方面的信息，便可形成考生项目管理能力的总体印象。IPMP-A 级面试也同时包括项目管理报告答辩的内容。

每个申请者的面试时间为 2 个小时，面试分为两个环节：

申请者陈述项目报告，时间约 30 分钟；

IPMP 评估师提问，问题将主要针对项目管理报告的内容、项目管理知识、英文项目报告的内容及个人实践经历等方面。

申请者可展示相关资料（项目状态报告、手册、论文等）。

（2）提示与建议

参见 7.3.4 节。

第8章 导读

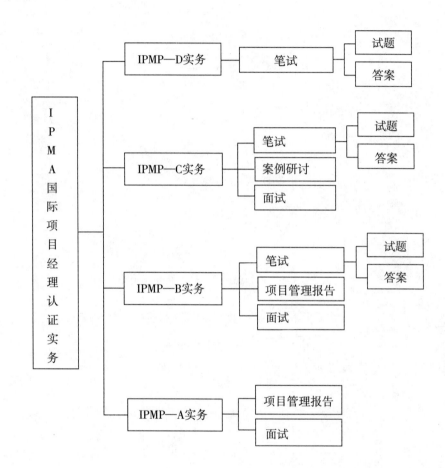

第8章 IPMA 国际项目经理认证实务选介

> 本章通过具体实例，解读、分析 IPMP 考试试题、研讨案例、项目管理报告的编写，为申请认证者通过资格认证提供实务指导参考。

IPMP 对项目管理人员知识、经验和个人素质综合能力水平的评估认证，是 IPMP 考核的最大特点，也是目前世界项目管理领域对项目经理能力有效考评的重要方式。根据 IPMP 认证等级划分获得 IPMP 系列中 A、B、C、D 各级别项目管理认证的人员，将分别具有负责大型国际项目管理、项目组合管理、组织级多项目管理；大型复杂项目（项目集）管理；一般复杂项目管理或具有从事项目管理专业工作的能力。

本章从 IPMA 中国认证委员会（代表 IPMA 在中国开展认证工作）历年对各级别国际项目经理的考核内容中节选相关内容，通过介绍、解读、分析，为申请认证者通过资格认证提供实务指导参考。

8.1 IPMA 国际项目经理助理（D级）能力认证笔试试题选介

8.1.1 笔试内容分析

（1）考核知识掌握的全面性。
（2）以下部分内容是笔试的重点：
1）项目论证（可行性研究）与评估　（约占总分的 10%～20%）
特别是投资回收期、投资收益率的计算、不确定性分析等。
2）项目的计划与控制　（约占总分的 60%～70%）
① 利益相关方管理
② 项目组织、团队建设、项目经理
③ 项目目标与范围管理——里程碑图、项目目标列表、WBS、责任矩阵
④ 项目计划
　A. 时间计划：网络计划技术，网络图（单代号　双代号）绘制，网络参数计算（含搭接关系），网络优化（时间、资源、费用），甘特图；
　B. 资源计划：资源负荷图、费用计划、费用符合图、累计费用曲线等。
⑤ 项目控制——挣得值法的应用
3）其他要素管理
风险管理、沟通管理等　（约占总分的 10%～20%）

8.1.2 笔试试卷

IPMA-D级笔试判断题与选择题
答 题 卷

> 答题注意事项：在正确的选择上画横线或者涂黑，如 1.【A】【B】【C】【D】或 1.【●】【B】【C】【D】表示第 1 题选择答案 A。

试题 1：判断题（正确选【√】错误选【×】）

1.【×】【√】	6.【×】【√】	11.【×】【√】	16.【×】【√】
2.【×】【√】	7.【×】【√】	12.【×】【√】	17.【×】【√】
3.【×】【√】	8.【×】【√】	13.【×】【√】	18.【×】【√】
4.【×】【√】	9.【×】【√】	14.【×】【√】	19.【×】【√】
5.【×】【√】	10.【×】【√】	15.【×】【√】	20.【×】【√】

试题 2：选择题

1.【A】【B】【C】【D】	2.【A】【B】【C】【D】	3.【A】【B】【C】【D】
4.【A】【B】【C】【D】	5.【A】【B】【C】【D】	6.【A】【B】【C】【D】
7.【A】【B】【C】【D】	8.【A】【B】【C】【D】	9.【A】【B】【C】【D】
10.【A】【B】【C】【D】	11.【A】【B】【C】【D】	12.【A】【B】【C】【D】
13.【A】【B】【C】【D】	14.【A】【B】【C】【D】	15.【A】【B】【C】【D】
16.【A】【B】【C】【D】	17.【A】【B】【C】【D】	18.【A】【B】【C】【D】
19.【A】【B】【C】【D】	20.【A】【B】【C】【D】	21.【A】【B】【C】【D】
22.【A】【B】【C】【D】	23.【A】【B】【C】【D】	24.【A】【B】【C】【D】
25.【A】【B】【C】【D】	26.【A】【B】【C】【D】	27.【A】【B】【C】【D】
28.【A】【B】【C】【D】	29.【A】【B】【C】【D】	30.【A】【B】【C】【D】
31.【A】【B】【C】【D】	32.【A】【B】【C】【D】	33.【A】【B】【C】【D】
34.【A】【B】【C】【D】	35.【A】【B】【C】【D】	36.【A】【B】【C】【D】
37.【A】【B】【C】【D】	38.【A】【B】【C】【D】	39.【A】【B】【C】【D】
40.【A】【B】【C】【D】	41.【A】【B】【C】【D】	42.【A】【B】【C】【D】
43.【A】【B】【C】【D】	44.【A】【B】【C】【D】	45.【A】【B】【C】【D】
46.【A】【B】【C】【D】	47.【A】【B】【C】【D】	48.【A】【B】【C】【D】
49.【A】【B】【C】【D】	50.【A】【B】【C】【D】	

试题 1：判断题（每小题 1 分，共 20 分）

1. 人类开展的各种有组织的活动都是项目。
2. 按项目管理的方式进行管理要求采用项目式的组织结构。
3. 矩阵式组织结构面临的最大问题是资源竞争和多头管理。
4. 现代项目管理就是在三重约束下完成交办的任务。
5. 按项目管理进行管理必须实施项目经理负责制。

6. 质量成本就是为了保证和提高产品质量、满足用户需要而支出的费用。
7. 多项目管理就是将类似的多个项目合在一起当做一个项目进行管理。
8. 项目论证的风险分析就是分析项目存在哪些风险。
9. 资金具有时间价值，就是说同一笔资金在不同的时间具有不相同的价值。
10. 关键工作就是项目技术最复杂或工作量最大的工作。
11. 非关键路径上的工作都有非零的自由时差。
12. 项目计划是为实现项目目标而科学地预测并确定未来的行动方案。
13. 项目进展过程中每项子任务的完成都是一个里程碑。
14. 单代号网络图用一条箭线表示一项工作，双代号网络图用一条箭线表示两项工作的相互关系。
15. 开始到结束搭接关系 SFT 是从第一项工作的开始到第二项工作的结束不能超过时间 T。
16. 削峰填谷法是项目费用优化的主要方法之一。
17. 项目产品的质量与选用原材料的标准是越高越好。
18. 使用控制图分析偏差时，如果所有的偏差存在一定的规律，这比没有规律好，因为这说明产品的质量得到了控制。
19. 项目论证与评估的有无比较法是将项目实施前的数据和项目实施后的数据进行比较。
20. 那些一旦发生给项目带来巨大危害的风险是必须首先处理的风险。

试题 2：选择题（每小题 1 分，共 50 分）

（特别说明：1~10 题为多选题，错选、漏选或多选均不得分；11~50 题为单选题）

1. 以下（　　）内容是项目的属性。
   A. 独特 B. 多目标
   C. 无限 D. 冲突
2. 以下（　　）是质量成本的内容。
   A. 测试费用 B. 评审费用
   C. 修改费用 D. 检查费用
3. 项目论证与项目后评价的区别主要是（　　）。
   A. 方法不同 B. 时间地点不同
   C. 原则不同 D. 目的不同
4. 以下（　　）是项目工作相互关系的内容。
   A. 逻辑关系 B. 组织关系
   C. 产品结构关系 D. 外部制约关系
5. 工期优化的主要方法包括（　　）。
   A. 强制缩短 B. 调整工作关系
   C. 关键路径的转移 D. 延长工期要求
6. 以下（　　）是解决冲突经常采用的方法。
   A. 回避 B. 妥协

C. 转移 D. 预防

7. 项目的实例是（   ）。
   A. 管理一个公司 B. 开发一种新的计算机
   C. 提供技术支持 D. 召开一次会议

8. 以下（   ）方法是项目进度管理经常使用的方法。
   A. 关键路径方法 B. 甘特图
   C. 控制图 D. 组织结构图

9. 项目进度计划的输出形式包括（   ）。
   A. 资源负荷图 B. 甘特图
   C. 网络图 D. 费用累积曲线

10. 项目论证包括（   ）。
    A. 机会研究 B. 详细可行性分析
    C. 项目评估 D. 项目后评价

11. 在（   ）的组织中，项目经理的角色更像是兼职的。
    A. 职能型 B. 项目型
    C. 弱矩阵型 D. 强矩阵型

12. 在（   ）组织中项目成员在收尾阶段感到压力最大。
    A. 职能型 B. 矩阵型
    C. 项目型 D. 混合型

13. 在项目生命周期的（   ）阶段会遇到最大程度的不确定性。
    A. 概念 B. 开发
    C. 实施 D. 结束

14. 包括跨专业工作的复杂项目，能最有效地被（   ）管理。
    A. 多重领导项目经理 B. 一个职能组织
    C. 一个强矩阵组织 D. 一个强有力的传统经理

15. 建立清晰和可达到的目标，测量这些目标的实现情况，并根据测量的结果进行工作调整的工作过程被称为（   ）。
    A. 战略规划 B. 可替代目标
    C. 目标管理 D. 应急计划

16. 项目经理所在的公司在高技术领域运作，需要几个职能部门之间的交流与合作。项目经理正在为一个新的项目考虑合适的组织结构。可能的选择方案是（   ）。
    A. 矩阵型 B. 混合型
    C. 职能型 D. 项目型

17. 项目快要完成时客户想要对工作范围作一个大的变更，项目经理应该（   ）。
    A. 进行变更 B. 将变更造成的影响通知客户
    C. 拒绝变更 D. 向管理当局抱怨

18. 工作包是一个（   ）。
    A. 在WBS的最低层次的项目可交付成果
    B. 有一个独特的识别符的任务

C. 需要的报告层次

D. 能分配给超过一个以上的组织内各部门执行的任务

19. 下面（　　）工具为确定必须安排进度的工作奠定了基础。
    A. 工作分解结构　　　　　　B. 预算
    C. 主进度计划　　　　　　　D. 甘特图

20. 与甘特图不同，里程碑图表示（　　）。
    A. 项目主要可交付成果和关键事件预定的开始或结束
    B. 活动开始和结束日期
    C. 期望的工期
    D. 依赖性

21. "为了合理地使用资源，我们将客厅的粉刷调整到主卧室的粉刷之后进行"。这种观点描述了下列（　　）工作关系。
    A. 依赖　　　　　　　　　　B. 组织
    C. 逻辑　　　　　　　　　　D. 外部约束

22. 进度控制的一个重要组成部分是（　　）。
    A. 定义为产生项目可交付成果所需的活动
    B. 评估范围定义是否足以支持进度计划
    C. 确定进度偏差是否需要采取纠正措施
    D. 确保项目队伍士气高昂，使团队成员能够发挥他们的潜力

23. 以下（　　）不是项目进度控制所需输入的是（　　）。
    A. 项目进度　　　　　　　　B. 进展报告
    C. 变更请求　　　　　　　　D. 组织结构

24. 下列（　　）不是虚工作的特性。
    A. 需要资源　　　　　　　　B. 在双代号网络中使用
    C. 具有零的持续时间　　　　D. 指示一个先后关系

25. 一个项目可能（　　）。
    A. 没有关键路径　　　　　　B. 有一条关键路径
    C. 有多条关键路径　　　　　D. B 和 C

26. 月度报表上的进度偏差是零，但里程碑有所拖延，那么（　　）可能没有在报表中反映出来。
    A. 沟通管理中的偏差　　　　B. 资源管理计划
    C. 关键路径状态　　　　　　D. 风险评估

27. 下列（　　）不是成本估计的工具或技术。
    A. 专家判断　　　　　　　　B. 类比
    C. 自上而下　　　　　　　　D. 概率统计

28. 以下（　　）不是费用计划的输出。
    A. 费用负荷图　　　　　　　B. 甘特图
    C. 费用累计曲线　　　　　　D. 资源计划表

29. 以下（　　）不是费用控制的输出。

A. 项目完成时费用估计（EAC） B. 更新的网络计划
C. 更新的项目预算 D. 修正的成本估算

30. 以下（　　）是在项目中将会用来测量和监控费用消耗的一种按时间分段的预算。
    A. 工作分解结构 B. 甘特图
    C. 资源负荷图 D. 费用负荷图

31. 资源计划的目的是（　　）。
    A. 确定完成项目活动所需的物质资源
    B. 估计完成项目活动所需的资源费用
    C. 确定潜在可用的资源
    D. 评估项目资源使用的政策

32. 以下（　　）计算不能用来确定项目完成时费用估计（EAC）。
    A. 当前的 BCWP 加上剩余的项目预算
    B. 当前的实际成本加上所有剩余工作新的估算
    C. 当前的实际成本加上剩余的预算
    D. 当前的实际成本加上按照现有趋势调整的剩余的预算

33. 质量和等级是（　　）。
    A. 相同的概念，反映实体所具有的满足明示和隐含需求的努力中体现出来的特性
    B. 不同的概念，因为等级专指实体具有相同功能用途但有不同质量要求的特性
    C. 表示类似特性的概念，例如低质量与低品质
    D. 不能用在项目管理中，因为它们是面向制造环境的

34. 下列（　　）陈述对于马斯洛的需求层次理论是真的。
    A. 最低层的需求是安全
    B. 马斯洛说人们不能控制他们自己的命运
    C. 已满足的需要不再是激励因素
    D. 在马斯洛的层次理论中有 7 个层次

35. 对于冲突，现代的观点是（　　）。
    A. 冲突是不好的
    B. 冲突是由制造事端者引起的
    C. 应当避免冲突
    D. 冲突常常是有益的

36. 下列（　　）将项目的角色职责与项目的工作范围定义联系在一起。
    A. 组织分解结构 B. 责任分配矩阵
    C. 角色分配图表 D. 工作分解矩阵

37. 下列（　　）因素对团队沟通的贡献最大。
    A. 外部反馈
    B. 绩效评估
    C. 由项目经理调和团队中发生的冲突

D. 同地集中工作
38. 在组织中只是基于项目经理的职务而有效的三种权力包括（　　）。
    A. 正式权力、奖励权力和惩罚权力
    B. 奖励权力、威信权力和正式权力
    C. 专家权力、威信权力和正式权力
    D. 奖励权力、专家权力和威信权力
39. 在一个项目中可能被采用的冲突解决技术包括（　　）。
    A. 妥协、指导和撤退　　　　　B. 妥协、调和和撤退
    C. 面对、指导和调和　　　　　D. 面对、调和和撤退
40. 项目冲突最常见的起因是（　　）。
    A. 进度、项目优先级、个性　　B. 进度、项目优先级、资源
    C. 进度、项目优先级、成本　　D. 进度、项目优先级、管理程序
41. 三种主要的沟通形式是（　　）。
    A. 书面、口头、非语言
    B. 口头、正式文档、非正式文档
    C. 口头、书面、图形
    D. 口头、书面、电子
42. 最严重的风险影响通常出现在下面的（　　）项目生命周期阶段。
    A. 概念和开发阶段　　　　　　B. 开发和执行阶段
    C. 执行和结束阶段　　　　　　D. 概念和结束阶段
43. 转移包括通过（　　）来转移风险。
    A. 将项目的部分或整体承包给其他方
    B. 制定备用的进度计划
    C. 在项目经理之下设立职能机构处理风险事件
    D. 制定灾难恢复计划
44. 项目风险管理应该（　　）进行。
    A. 在开始任何项目之前
    B. 在启动过程中
    C. 在整个项目生命周期
    D. 由项目组的资深成员
45. 下列（　　）不是项目风险管理的目的。
    A. 识别可能影响项目范围、质量、进度和费用的因素
    B. 为所有的已识别风险制定风险应对计划
    C. 为不能控制的项目因素提供基准计划
    D. 通过影响能够被控制的项目因素而减轻风险影响
46. 下列（　　）不是风险评估分析的影响因素。
    A. 风险事件　　　　　　　　　B. 保险费用
    C. 风险概率　　　　　　　　　D. 风险后果
47. 下列关于风险处理的陈述中，说法错误的是（　　）。

A. 集中消除那些产生风险的因素
B. 包括对某项目作出不投标的决策，因为该项目的风险被认为是太高了
C. 在风险事件发生时接受风险造成的后果
D. 如果客户处于对缓解风险有利的地位，则将风险留给客户

48. 合同管理不包括（　　）。
A. 风险评估
B. 确认交付物已经送出
C. 确认作出合同变更
D. 回答潜在卖方的问题

49. 以下（　　）不是项目信息管理的内容。
A. 信息革命
B. 信息收集
C. 信息分析
D. 信息储存

50. 用三点法进行估计时，如果乐观估计值为20，悲观估计值为34，最可能估计值为30，则估计结果为（　　）。
A. 27
B. 28
C. 29
D. 30

试题3：(20分)

中国华容软件公司是一个专业的游戏软件开发公司。为了进一步开拓市场，该公司准备开发一种新型互动的深海油气争夺战游戏软件。经初步分析，该软件的开发需历时一年，自2005年1月1日开始开发，软件开发费用预计为300万元人民币，销售前的渠道建设与宣传费用为200万元。该游戏软件计划在2006年1月1日推向市场，每套软件的直接销售成本为15元人民币，市场销售价格定为每套65元。另外预计2006年的间接销售成本为200万元（含广告和推销等），销售量为5万套，以后每年的间接销售成本为100万元（含广告和推销等），销售量为10万套。

(1)（6分）根据上述数据，分析对该项目产品从2005～2009年的现金流量情况，并将有关数据填入表1。

深海油气争夺战游戏软件项目产品现金流量表　　表1

年度	2005	2006	2007	2008	2009
现金流入					
现金流出					
净现金流量					
现金流量累计					

(2)（4分）根据表1中的现金流量数据，假设不考虑资金的时间价值，计算深海油气争夺战游戏软件项目自推向市场当年起计算的投资回收期（要求列算式）。

(3)（2分）假设游戏软件行业的标准投资收益率为30%，试分析该项目在经济上是否可行？

(4)（4分）假设需要对该项目的可行性进行不确定性分析，请说明可采用哪些不确

定分析方法,每种分析方法分别能解决哪些问题?

(5)(4分)假设前期投入的开发费 300 万元和市场开拓费 200 万元必须在 5 年内平均地收回,并计入每年的固定成本,试计算项目产品 2006 年和 2007 年销售量的盈亏平衡点。

试题 4:(35 分)

项目经理仔细分析后确定了该项目的工作分解结构,经过讨论和估计确定了各项工作的先后关系和每项工作的初步持续时间估计,见表 2 所列。

游戏软件开发项目工作列表　　　　　　　表 2

序号	工作名称	持续时间(天)	紧前工作	搭接关系	搭接时间(天)
1	需求分析	50	——		
2	总体设计	25	1		
3	界面子系统详细设计	25	2		
4	动画子系统详细设计	25	3		
5	处理子系统详细设计	25	4		
6	界面子系统编码	20	3	SS	20
7	动画子系统编码	20	4	SS	20
8	处理子系统编码	20	5	SS	20
9	界面子系统单元测试	30	6	SF	45
10	动画子系统单元测试	30	7	SF	45
11	处理子系统单元测试	30	8	SF	45
12	系统联调与测试	50	9,10,11		

(1)(9分)根据上面的游戏软件开发项目工作列表,编制游戏软件开发项目的单代号网络计划图,图 1 中已经给出了该项目单代号网络计划图的基本框架,请在图 1 的基础上完成该项目的网络计划图,并使之能够反映上面游戏软件项目工作列表的全部信息。

(2)(6分)根据绘制的单代号网络图计算该项目各项工作的最早开始时间和最早结束时间,并标注在图 1 中(注:不进行日历转换)。

(3)(2分)根据上面计算结果,该项目的总工期为_____天。

(4)(6分)计算该项目各项工作的最迟开始时间和最迟结束时间,并标注在图 1 中。

(5)(8分)计算该项目各项工作的总时差和自由时差,并标注在图 1 中。

(6)(4分)在图 1 中用双线或粗线标注该项目的关键线路。

试题 5:(15 分)

为了更好地利用资源和对资源进行有效的管理,项目组重新对项目计划进行了调整。调整后的各项工作的工作持续时间、所需要的人力资源类型及其相应的工作量估计见表 3 所列。

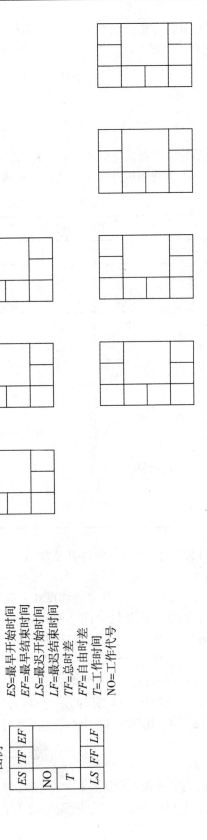

图1 游戏软件开发项目单代号网络计划图

游戏软件开发项目调整后的工作时间和工作量估计表　　　　　表 3

序号	工作名称	工作时间（天）	人力资源类型	工作量估计（工时）
1	需求分析	60	分析员	1440
2	总体设计	30	设计员	1440
3	界面详细设计	30	设计员	720
4	动画详细设计	30	设计员	720
5	处理详细设计	30	设计员	720
6	界面编码	20	程序员	800
7	动画编码	20	程序员	800
8	处理编码	20	程序员	800
9	界面单元测试	20	测试员	640
10	动画单元测试	20	测试员	640
11	处理单元测试	20	测试员	640
12	系统测试	50	设计员	800
			测试员	1600
13	项目管理	240	管理员	1920

（1）（6分）根据表 3 计算每项工作每天的平均工作量和每天需要安排的人力资源数量，并填入表 4 中（每天按照 8 小时工作制计算）。

游戏软件开发项目人力资源计算　　　　　表 4

序号	工作名称	人力资源类型	平均每天工作量（工时）	每天需安排人数
1	需求分析	分析员		
2	总体设计	设计员		
3	界面详细设计	设计员		
4	动画详细设计	设计员		
5	处理详细设计	设计员		
6	界面编码	程序员		
7	动画编码	程序员		
8	处理编码	程序员		
9	界面单元测试	测试员		
10	动画单元测试	测试员		
11	处理单元测试	测试员		
12	系统测试	设计员		
		测试员		
13	项目管理	管理员		

(2)（9分）根据表3调整后的时间安排，游戏软件开发项目的甘特图计划如图2所示，时间安排以10个工作日为单位（双周）。请根据该甘特图在表5中填写人力资源计划表和在图3中绘制该项目的人力资源负荷图。

项目人力资源计划表（人）　　　　　　　　　　　　　　表5

时间（双周）	1	2	3	4	5	6	7	8	9	10	11	12
人数												
时间（双周）	13	14	15	16	17	18	19	20	21	22	23	24
人数												

试题6：（20分）

请依据在试题5中确定的工作进度计划和人力资源计划，制定项目的费用预算安排。每项工作的费用包括人力费用和固定费用（材料、设备）两个部分，其中每项工作的固定费用的估计值已经在表6中给出。各类人员的小时工作量成本为：

分析员：200元/小时；
设计员：150元/小时；
程序员：120元/小时；
测试员：100元/小时；
管理员：150元/小时。

游戏软件开发项目的费用估计　　　　　　　　　　　　表6

序号	工作名称	人力费用（千元）	平均人力费用（千元/每10工作日）	固定费用（千元）	总费用（千元）
1	需求分析			112	
2	总体设计			84	
3	界面详细设计			42	
4	动画详细设计			42	
5	处理详细设计			42	
6	界面编码			104	
7	动画编码			104	
8	处理编码			104	
9	界面单元测试			136	
10	动画单元测试			136	
11	处理单元测试			136	
12	系统测试			270	
13	项目管理			12	
	小计/合计				

(1)（6分）请计算各项工作的人力费用、平均人力费用及总费用，说明计算所用的公式，并将计算结果填入表6。

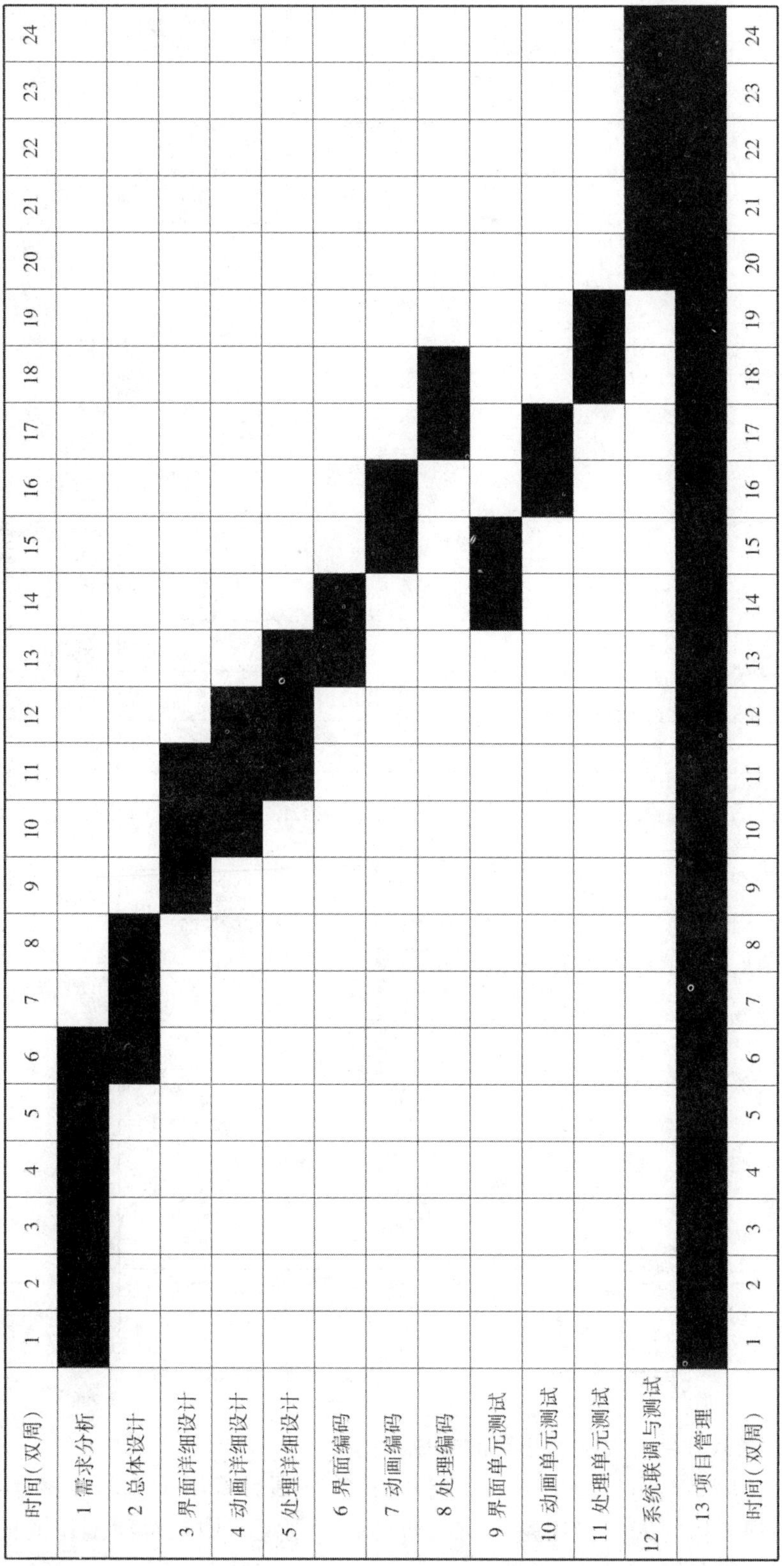

第8章 IPMA 国际项目经理认证实务选介

时间（双周）	1	2	3	4	5	6	7	8	9	10	11	12	13	14	15	16	17	18	19	20	21	22	23	24
1 需求分析	■	■	■	■	■	■																		
2 总体设计						■	■	■																
3 界面详细设计								■	■	■														
4 动画详细设计									■	■	■													
5 处理详细设计										■	■	■												
6 界面编码											■	■	■	■										
7 动画编码													■	■	■	■								
8 处理编码														■	■	■	■	■						
9 界面单元测试																■	■							
10 动画单元测试																	■	■						
11 处理单元测试																		■	■					
12 系统联调与测试																			■	■				
13 项目管理	■	■	■	■	■	■	■	■	■	■	■	■	■	■	■	■	■	■	■	■	■	■	■	■
时间（双周）	1	2	3	4	5	6	7	8	9	10	11	12	13	14	15	16	17	18	19	20	21	22	23	24

时间单位：双周

图2 游戏软件开发项目工作计划甘特图

图3 游戏软件开发项目人力资源负荷曲线图

(2)（1分）游戏软件开发项目预算的总成本为_____千元。

(3)（5分）以10工作日为单位（双周），计算该项目费用预算，并将计算结果填入表7。假设各项工作的人力费用是均匀支付的，而固定费用在每项工作的前10天全部支付。

项目双周费用预算表（千元）   表 7

时间（双周）	1	2	3	4	5	6	7	8	9	10	11	12
费用（千元）												
时间（双周）	13	14	15	16	17	18	19	20	21	22	23	24
费用（千元）												

（4）（4 分）根据费用预算用图 4 绘制项目的费用负荷曲线（以 10 工作日为时间刻度，以千元为单位）。

（5）（4 分）根据费用预算用图 5 绘制项目的费用累积曲线（以 10 工作日为时间刻度，以千元为单位）。

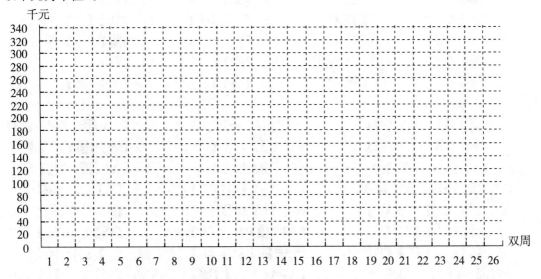

图 4　游戏软件开发项目预算费用负荷曲线图（千元）

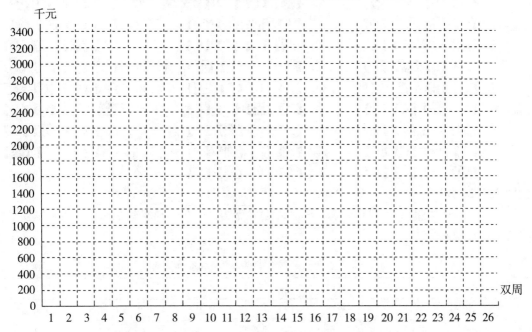

图 5　游戏软件开发项目预算费用累积曲线图（千元）

8.1.3 笔试答案

IPMA-D 级笔试判断题与选择题答案

> 答题注意事项：在正确的选择上画横线或者涂黑，如 1.【A】【B】【C】【D】或 1.【●】【B】【C】【D】表示第 1 题选择答案 A。

试题 1：判断题（正确选【√】错误选【×】）

1.【×】【√】	6.【×】【√】	11.【×】【√】	16.【×】【√】
2.【×】【√】	7.【×】【√】	12.【×】【√】	17.【×】【√】
3.【×】【√】	8.【×】【√】	13.【×】【√】	18.【×】【√】
4.【×】【√】	9.【×】【√】	14.【×】【√】	19.【×】【√】
5.【×】【√】	10.【×】【√】	15.【×】【√】	20.【×】【√】

答案：
1. × 2. × 3. √ 4. × 5. ×
6. × 7. × 8. × 9. √ 10. ×
11. × 12. √ 13. × 14. × 15. ×
16. × 17. × 18. × 19. × 20. √

试题 2：选择题

1. B 2. A 3. C
4. A 5. B 6. A
7. D 8. A 9. C
10. A 11. C 12. C
13. A 14. C 15. C
16. A 17. B 18. A
19. A 20. A 21. B
22. C 23. C 24. A
25. D 26. A 27. D
28. B 29. B 30. B
31. A 32. B 33. B
34. C 35. D 36. A
37. D 38. D 39. B
40. B 41. B 42. A
43. A 44. C 45. C
46. B 47. C 48. D
49. A 50. C

试题 3：（20 分）

（1）（6 分）根据上述数据，分析对该项目产品从 2005～2009 年的现金流量情况，并将有关数据填入表 1。

深海油气争夺战游戏软件项目产品现金流量表　　　　表 1

年度	2005	2006	2007	2008	2009
现金流入	0	325	650	650	650
现金流出	500	275	250	250	250

年度	2005	2006	2007	2008	2009
净现金流量	−500	50	400	400	400
现金流量累计	−500	−450	−50	350	750

(2) (4 分)

答：静态投资回收期＝3＋｜−50｜/（｜−50｜＋｜350｜）−1＝2.125 年

(3) (2 分)

答：项目投资收益率＝1/项目投资回收期＝1/2.125＝47.06%＞30%，在经济上可行。

(4) (4 分)

答：盈亏平衡分析：分析在其他条件不变的情况下，项目的产量对项目经济效益的影响。

敏感性分析：分析在其他条件不变的情况下，固定成本、变动成本、价格等因素的变化对项目收益的影响。

概率分析：分析某个或几个因素变化的可能性大小和影响后果，以估计项目可能的收益和变化可能性。

(5) (4 分)

答：投资平均收回，每年收回（300＋200）/5＝100 万元

2006 年销量盈亏平衡点＝（200＋100）/（65−15）＝6 万套

2007 年销量盈亏平衡点＝（100＋100）/（65−15）＝4 万套

试题 4：(35 分)

(1) (9 分) 根据上面的游戏软件开发项目工作列表，编制游戏软件开发项目的单代号网络计划图，图 1 中已经给出了该项目单代号网络计划图的基本框架，请在图 1 的基础上完成该项目的网络计划图，并使之能够反映上面游戏软件项目工作列表的全部信息。

游戏软件开发项目工作列表　　　　　　　　　　表 2

序号	工作名称	持续时间（天）	紧前工作	搭接关系	搭接时间（天）
1	需求分析	50	——		
2	总体设计	25	1		
3	界面子系统详细设计	25	2		
4	动画子系统详细设计	25	3		
5	处理子系统详细设计	25	4		
6	界面子系统编码	20	3	SS	20
7	动画子系统编码	20	4	SS	20
8	处理子系统编码	20	5	SS	20
9	界面子系统单元测试	30	6	SF	45
10	动画子系统单元测试	30	7	SF	45
11	处理子系统单元测试	30	8	SF	45
12	系统联调与测试	50	9, 10, 11		

(2)（6分）根据绘制的单代号网络图计算该项目各项工作的最早开始时间和最早结束时间，并标注在图1中（注：不进行日历转换）。

(3)（2分）根据上面计算结果，该项目的总工期为__240__天。

(4)（6分）计算该项目各项工作的最迟开始时间和最迟结束时间，并标注在图1中。

(5)（8分）计算该项目各项工作的总时差和自由时差，并标注在图1中。

(6)（4分）在图1中用双线或粗线标注该项目的关键线路。

试题5：（15分）

(1)（6分）根据表3计算每项工作每天的平均工作量和每天需要安排的人力资源数量，并填入表4中（每天按照8小时工作制计算）。

游戏软件开发项目人力资源计算　　　　　　　　　　　　　　表4

序号	工作名称	人力资源类型	平均每天工作量（工时）	每天需安排人数
1	需求分析	分析员	24	3
2	总体设计	设计员	48	6
3	界面详细设计	设计员	24	3
4	动画详细设计	设计员	24	3
5	处理详细设计	设计员	24	3
6	界面编码	程序员	40	5
7	动画编码	程序员	40	5
8	处理编码	程序员	40	5
9	界面单元测试	测试员	32	4
10	动画单元测试	测试员	32	4
11	处理单元测试	测试员	32	4
12	系统测试	设计员	16	2
		测试员	32	4
13	项目管理	管理员	8	1

(2)（9分）根据表3调整后的时间安排，游戏软件开发项目的甘特图计划如图2所示，时间安排以10个工作日为单位（双周）。请根据该甘特图在表5中填写人力资源计划表和在图3中绘制该项目的人力资源负荷图。

项目人力资源计划表（人）　　　　　　　　　　　　　　　表5

时间（双周）	1	2	3	4	5	6	7	8	9	10	11	12
人数	4	4	4	4	4	10	7	7	4	7	10	7
时间（双周）	13	14	15	16	17	18	19	20	21	22	23	24
人数	9	10	10	10	10	10	5	7	7	7	7	7

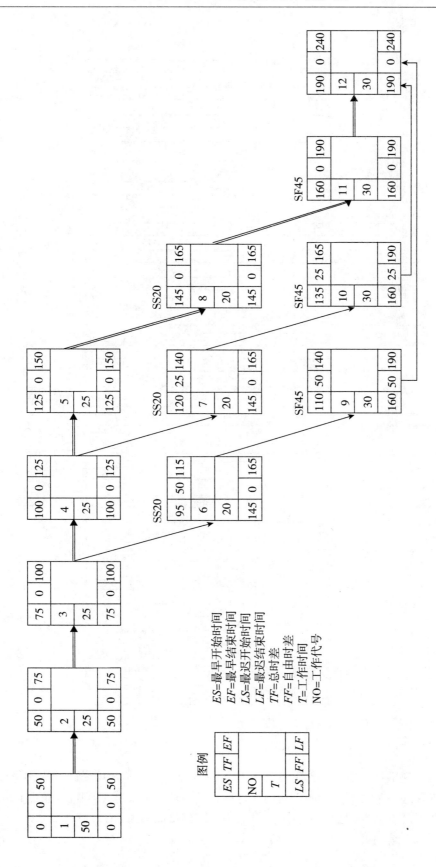

图1 游戏软件开发项目单代号网络计划图

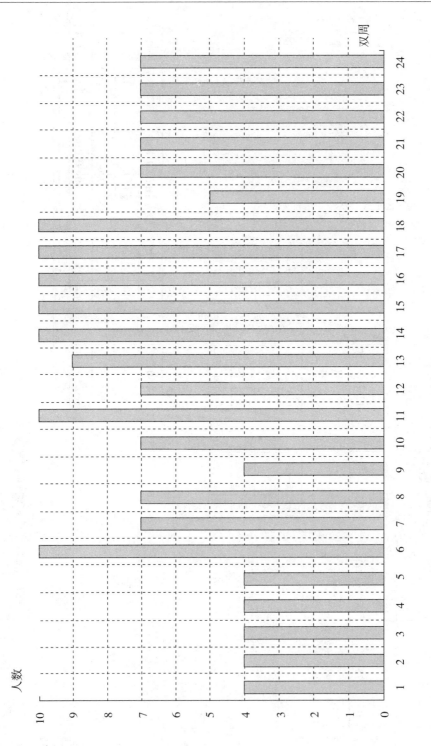

图3 游戏软件开发项目人力资源负荷曲线图

试题 6：（20 分）

请依据在试题 5 中确定的工作进度计划和人力资源计划，制定项目的费用预算安排。每项工作的费用包括人力费用和固定费用（材料、设备）两个部分，其中每项工作的固定费用的估计值已经在表 6 中给出。各类人员的小时工作量成本为：

分析员：200 元/小时； 设计员：150 元/小时；

程序员：120 元/小时； 测试员：100 元/小时；
管理员：150 元/小时。

游戏软件开发项目的费用估计　　　　　　　　　　　　　表 6

序号	工作名称	人力费用（千元）	平均人力费用（千元/每10工作日）	固定费用（千元）	总费用（千元）
1	需求分析	288	48	112	400
2	总体设计	216	72	84	300
3	界面详细设计	108	36	42	150
4	动画详细设计	108	36	42	150
5	处理详细设计	108	36	42	150
6	界面编码	96	48	104	200
7	动画编码	96	48	104	200
8	处理编码	96	48	104	200
9	界面单元测试	64	32	136	200
10	动画单元测试	64	32	136	200
11	处理单元测试	64	32	136	200
12	系统测试	280	56	270	550
13	项目管理	288	12	12	300
	小计/合计	1876		1324	3200

（1）（6分）请计算各项工作的人力费用、平均人力费用及总费用，说明计算所用的公式，并将计算结果填入表 6。

某工作人力费用＝该工作工作量×所需人力资源小时工作量成本

平均人力费用＝人力费用/任务持续时间

总费用＝人力费用＋固定费用

（2）（1分）游戏软件开发项目预算的总成本为__3200__千元。

（3）（5分）以 10 工作日为单位（双周），计算该项目费用预算，并将计算结果填入表 7。假设各项工作的人力费用是均匀支付的，而固定费用在每项工作的前 10 天全部支付。

项目双周费用预算表（千元）　　　　　　　　　　　　　表 7

时间（双周）	1	2	3	4	5	6	7	8	9	10	11	12
费用（千元）	184	60	60	60	60	216	84	84	90	126	162	84
时间（双周）	13	14	15	16	17	18	19	20	21	22	23	24
费用（千元）	200	228	196	228	196	228	44	338	68	68	68	68

（4）（4分）根据费用预算用图 4 绘制项目的费用负荷曲线（以 10 工作日为时间刻度，以千元为单位）。

（5）（4分）根据费用预算用图 5 绘制项目的费用累积曲线（以 10 工作日为时间刻度，以千元为单位）。

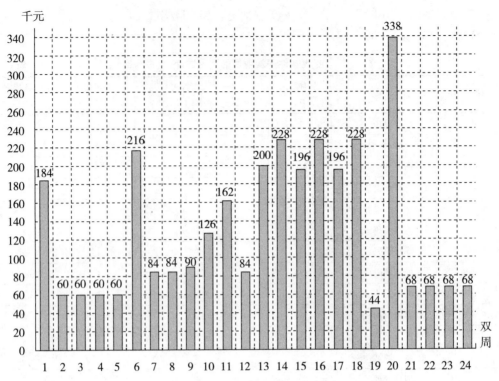

图 4　游戏软件开发项目预算费用负荷曲线图（千元）

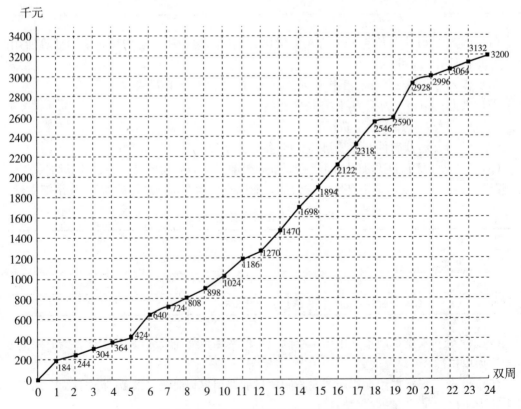

图 5　游戏软件开发项目预算费用累积曲线图（千元）

8.2 IPMA 国际项目经理（C 级）能力认证笔试试题选介

8.2.1 笔试内容分析

与 IPMA 国际项目经理（D 级）能力认证笔试试题内容基本相同，但是没有判断题和选择题，重点以案例题为主。

8.2.2 笔试试卷

试题 1：(20 分)

振华公司准备建设一个生产新型机电产品的生产性项目。该建设项目的基础数据如下：

(1) 建设周期为 1 年，建设期的项目投资为 800 万元；

(2) 项目第 2 年投产，运营期中，正常年份每年的销售收入为 600 万元，销售生产成本为 300 万元；

(3) 投产的第 1 年生产能力仅为设计生产能力的 60％，所以这一年的销售收入与销售生产成本均按正常年份的 60％计算，投产的第 2 年及以后各年均达到设计生产能力。

(1)（4 分）若需要对该项目进行详细可行性研究，请简述主要应研究哪些内容？

(2)（5 分）根据上述数据，分析该公司从项目建设开始到第 9 年的现金流量情况，计算项目的现值及累计现值，并将有关数据填入表 1（计算中假设所有费用均发生在年末）。

现金流量表（万元） 表 1

时间（年）	1	2	3	4	5	6	7	8	9
生产负荷（％）		60	100	100	100	100	100	100	100
现金流出									
现金流入									
净现金流量									
折现系数（折现率 10％）	0.909	0.827	0.751	0.683	0.621	0.565	0.513	0.467	0.424
现值									
累计现值									

(3)（4 分）根据表 1 现金流量表中的数据，计算项目的动态投资回收期（要求列算式）。如果该行业的标准投资收益率为 20％，请问该项目的投资是否可行。

(4)（4 分）假设需要对该项目的可行性进行不确定性分析，请说明可采用哪些不确定分析方法，每种分析方法分别能解决哪些问题？

(5)（3 分）假设该产品投产后，正常年份生产的年固定成本总额为 400 万元，产品的销售单价为 5000 元/台，单位产品变动成本为 2000 元/台，设计生产能力为 3000 台/年，请计算该产品以设计生产能力利用率表示的盈亏平衡点。

试题 2:（20 分）

可行性研究结果表明，该机电产品生产项目在技术上和经济上均可行，该产品的销售前景较好，为保证该项目的顺利进行，公司决定按照现代项目管理的思想和方法对该工业项目的建设过程进行管理，并决定成立一个"产品生产建设项目"团队，全面负责该项目的建设过程。但有一个问题尚未解决，这就是项目经理的人选尚未确定。

（1）（4 分）提出对该项目经理的能力结构要求和哪几个方面的能力要素要求。

（2）（4 分）描述该项目经理的主要职责。

（3）（4 分）说明对项目经理授权应考虑的原则。

（4）（5 分）如果你被选聘为"机电产品生产建设项目"的项目经理，请你向总经理提交一个报告，简要描述自己组建项目团队的过程。

（5）（3 分）为了更好地完成该"机电产品生产建设项目"，作为项目经理你需要准确描述该项目的目标。

目标 1：_____

目标 2：_____

目标 3：_____

试题 3:（10 分）

产品生产建设项目较为复杂，有许多需要进行的工作，为了更好地制定该项目计划，更有效地对项目实施过程进行管理与控制，你需要对该项目建设过程可能涉及的工作进行分解。

（1）（6 分）你决定按照工作分解结构的原理对产品生产建设项目的工作进行分解，你的助手按照你的思路对项目实施过程进行了分解，经过分析得到表 2 所列的工作分解结果，由于你的助手在项目工作分解上经验欠缺，可能遗漏了某些工作。如有遗漏，请你在表 2 上加以补充，然后用图 1 所示的工作分解结构图加以描述，方框不够可以补充，不需要的方框可以去掉。

产品生产建设项目工作分解表 表 2

产品生产建设项目	厂房装饰	试投产准备
设计	设备采购与安装	上岗培训
厂房设计	设备采购	产品试生产
生产线设计	设备安装	项目验收
厂房改建	设备调试	
原厂房内部拆除	设备联调	
厂房土建	试投产	

（2）（4 分）请在图 1 的工作分解结构图上，用三位数字给每项工作编码。

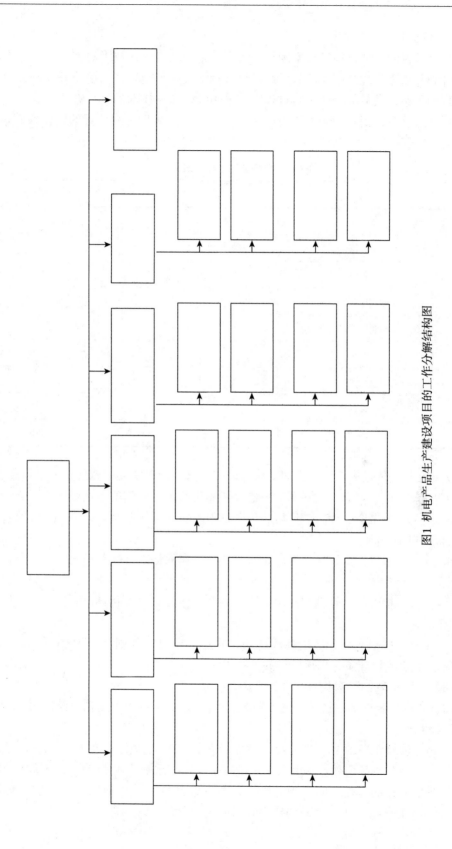

图1 机电产品生产建设项目的工作分解结构图

试题 4：(35 分)

为保证项目的工期目标得以实现，需要全面采用网络计划技术对产品生产建设项目进度进行计划和动态管理。由于产品生产建设项目涉及的工作较多，项目管理过程中采用了分级管理的思路，其各部分的实施过程中均采用网络计划技术的管理办法，其中"厂房装饰"工作经过分解得到了一张工作先后关系及每项工作初步时间估计的工作列表，见表 3 所列。

厂房装饰工作列表　　　　　　　　　　　　　　表 3

序号	工序名称	紧后工作	工作时间（周）
A	搬入窗扇	B	2
B	安装窗扇 1	C、D	2
C	安装窗扇 2	E	2
D	墙面抹灰打底 1	E	1
E	墙面抹灰打底 2	G、H	1
F	运入地板料	H	2
G	干燥养护	I	5
H	铺地板	I	3
I	墙面抹灰面漆	——	2

(1) (10 分) 依据表 3 绘制在图 2 位置处"厂房装饰"实施的双代号网络图。
(2) (5 分) 依据表 3 绘制在图 3 位置处"厂房装饰"实施的单代号网络图。
(3) (6 分) 根据图 3 计算"厂房装饰"各项工作的最早开始和最早完成时间，并将计算结果标注在图 3 中。
(4) (6 分) 根据图 3 计算"厂房装饰"各项工作的最迟开始和最迟完成时间，并将计算结果标注在图 3 中。
(5) (4 分) 根据图 3 计算"厂房装饰"各项工作的总时差和自由时差，并将计算结果标注在图 3 中。
(6) (4 分) 根据网络参数的计算结果，确定该项目的计划工期为＿＿＿＿＿＿；并在图 3 中用双线条或粗线条标出该项目的关键线路。
图 2　"厂房装饰"双代号网络计划图：
图 3　"厂房装饰"单代号网络计划图：（注：原试卷中留有空白页绘制图 2、图 3 用）

试题 5：(30 分)

为了满足项目工期的要求，有效地对项目实施监控，项目管理人员在综合考虑了资源、费用、时间、质量、效益等因素后，制定了"厂房改建"工作的详细进度计划。"厂房改建"各项工作的工作时间、所需要的人力资源类型及其相应的工作量估计见表 4 所列，同时将 B 工作与 C 工作之间的搭接时间确定为 FS5。

"厂房改建"工作时间及工作量估计表　　　　　　　　　　　表4

工作代号	工作时间（天）	人力资源种类	工作量估计（工时）	每天安排人数
A	10	工人	400	
B	15	工人	600	
C	10	工人	480	
D	20	工人	960	
E	15	工人	720	
F	20	工程师	1280	
G	25	工人	2000	
H	10	工程师	320	
I	10	工程师	320	
J	15	工程师	480	
K	10	工人	160	
L	10	工人	480	
M	10	工程师	320	
N	5	工人	160	

（1）（7分）如果每人每天工作8小时，请根据表4计算每项工作每天需要安排的人力资源数量，并填入表4中。

（2）（10分）根据"厂房改建"工作的要求，编制了如图4所示的"厂房改建"工作计划甘特图。请根据甘特图，在图5中绘制该"厂房改建"实施期间的人力资源数量负荷图，时间单位为周（每周5天）。

（3）（13分）为了对项目的人力资源进行均衡，你需要根据图4（项目甘特图）和图5（项目人力资源负荷图）进行均衡分析，并提出对该项目进度计划的改进方案。你需要进行的工作是：

① 依据你所绘制的人力资源负荷图（图5），本项目对人力资源需求的最高峰在第_____周到第_____周之间，每周最多需要_____人。

② 在不影响总工期的前提下，对项目的进度安排进行调整，提出一个使人力资源需求量高峰得以削减的进度计划调整方案，可能调整的工作有_____，在进度安排上应该将_____工作推迟_____周。

③ 通过上述调整，项目的人力资源需要量最高峰由原来的_____人减少为_____人，在第_____周到第_____周之间。

④ 如果你所领导的项目团队的人力资源数量共15人，在人力资源数量不能再增加的情况下，你将会采取什么对策以适应人力资源现状？

试题6：（25分）

为了对"厂房改建"工作进行有效的费用管理与控制，需要制定一份"厂房改建"工作的费用计划。若"厂房改建"每项工作的费用都简化为两部分：人力资源费用和其他费用（材料、设备等）。项目管理人员对每项工作的其他费用进行了估计，估计值见表5所列。各工作人力资源工作量估计请参考表4，各类人员的小时工作量成本为：

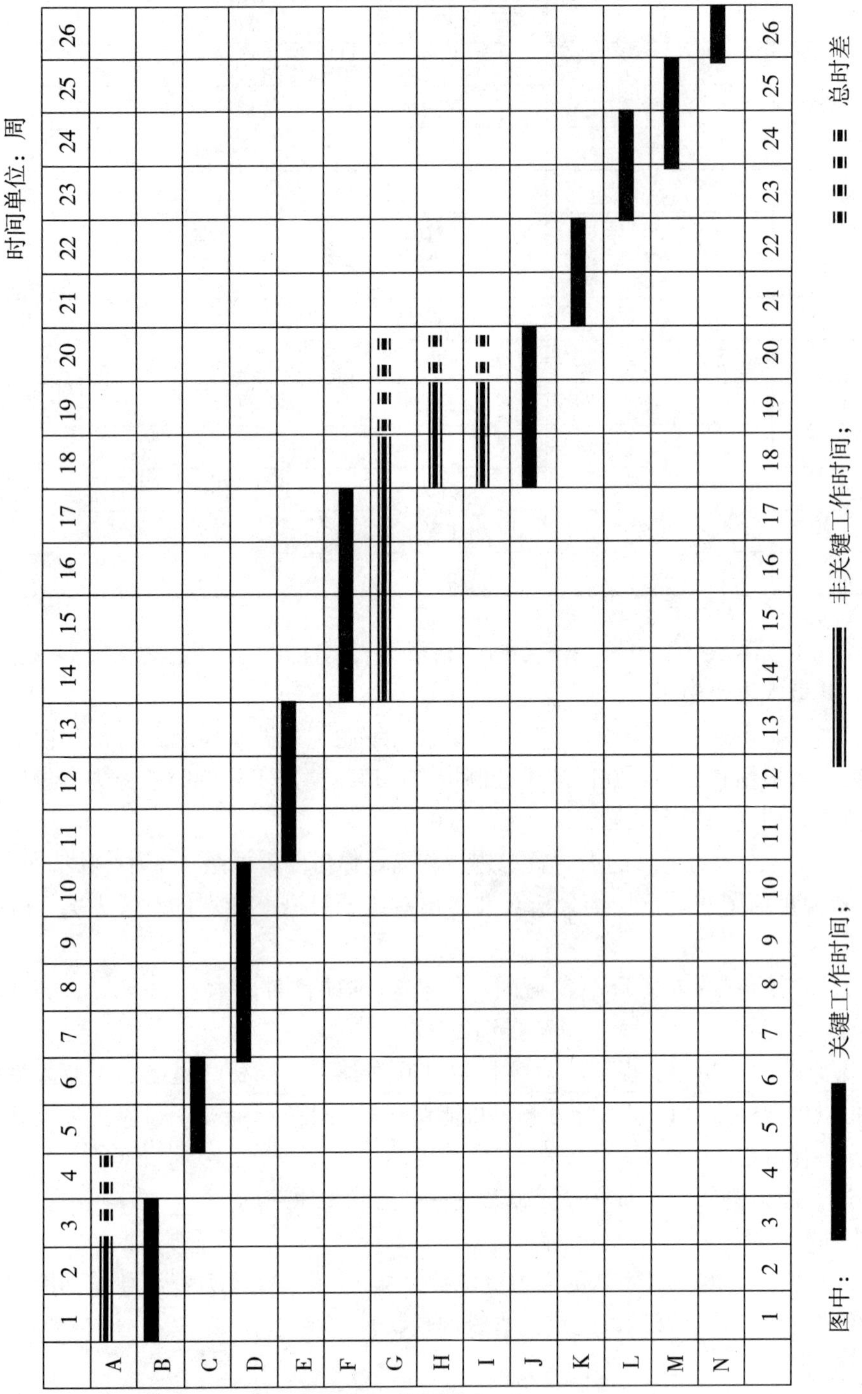

图4 "厂房改建"工作进度计划甘特图

图中:　▬▬ 关键工作时间;　▬▬ 非关键工作时间;　═══ 总时差

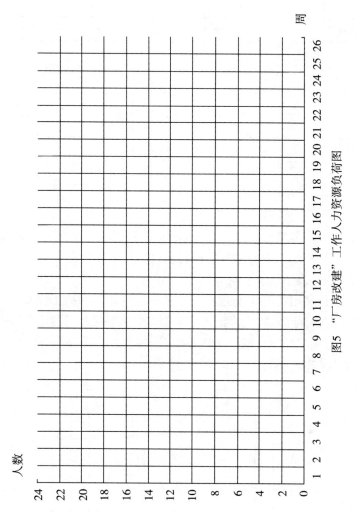

图5 "厂房改建"工作人力资源负荷图

工人：25元/时；
工程师：50元/时。

"厂房改建"工作的费用估计　　　　　　　　　　　　　　　　　　　　表5

工作代号	其他费用（千元）	人力资源费用（千元）	总费用（千元）	每周平均费用（千元/周）
A	100			
B	120			
C	200			
D	200			
E	207			
F	256			
G	700			
H	50			

续表

工作代号	其他费用（千元）	人力资源费用（千元）	总费用（千元）	每周平均费用（千元/周）
I	50			
J	51			
K	50			
L	50			
M	50			
N	25			
	2109			

（1）（8分）请计算各项工作的人力资源费用及总费用，计算结果请填入表5，并至少给出一项工作的人力资源费用及总费用计算的过程。

（2）（2分）"厂房改建"的总成本为_____千元。

（3）（5分）假设费用在时间上是均匀支付的，请计算每项工作每周需要支付的平均费用，计算结果请填入表5，并至少给出一项工作的周平均费用的计算过程。

（4）（10分）根据"厂房改建"计划甘特图图4，并结合表5，在图6中绘制反映"厂房改建"预算的费用累积曲线图。

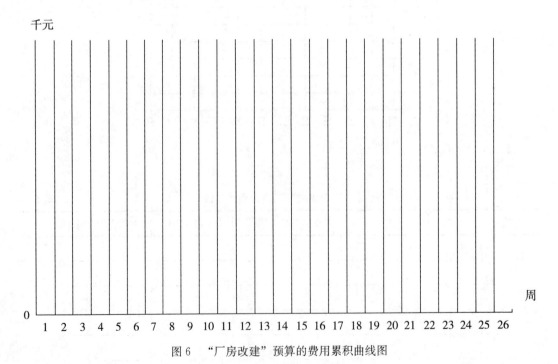

图6 "厂房改建"预算的费用累积曲线图

试题7：(20分)

"产品生产建设项目"在实施时应用了挣值分析法进行费用控制，经过统计该项目前12周相关费用见表6所列。

产品生产建设项目实施过程费用计划与统计（万元）　　表 6

费用统计项目	费用数据											
	1	2	3	4	5	6	7	8	9	10	11	12
每周拟完成工程计划费用	5	9	9	13	13	18	14	8	8	3	10	10
拟完成工程计划费用累计	5	14	23	36	49	67	81	89	97	100	110	120
每周已完成工程实际费用	5	5	9	4	4	12	15	11	11	8	8	3
已完成工程实际费用累计	5	10	19	23	27	39	54	65	76	84	92	95
每周已完成工程计划费用	5	5	9	4	4	13	17	13	13	7	7	3
已完成工程计划费用累计	5	10	19	23	27	40	57	70	83	90	97	100

（1）（6 分）请计算项目前 12 周的拟完工程计划费用累计、已完工程实际费用累计及已完工程计划费用累计，并填入表 6。

（2）（6 分）解释挣值分析法中 BCWS、ACWP、BCWP 的含义。

（3）（6 分）根据表 6 所列数据，在图 7 中绘出 BCWS、ACWP、BCWP 三种费用曲线。

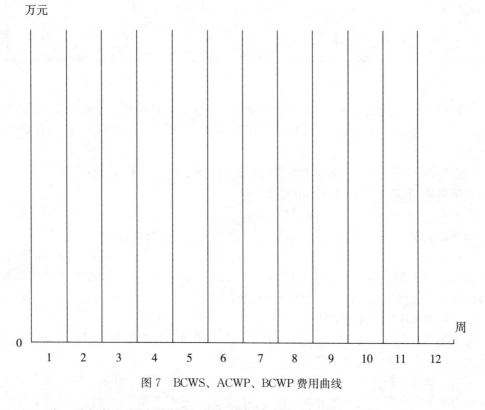

图 7　BCWS、ACWP、BCWP 费用曲线

（4）（2 分）分析第 6 周末和第 10 周末的费用偏差和进度执行情况。

8.2.3 笔试答案

试题 1：(20 分)

(1)（4 分）若需要对该项目进行详细可行性研究，请简述主要应研究哪些内容？

答：

1）市场需求预测；2）原料投入与选择；

3）工艺方案的确定；4）生产能力（或规模）的确定；

5）技术及设备选择；6）地点和厂址选择；

7）投资、成本估算；8）经济评价及综合分析。　　　　　　　　（每个 0.5 分）

(2)（5 分）根据上述数据，分析该公司从项目建设开始到第 9 年的现金流量情况，计算项目的现值及累计现值，并将有关数据填入表 1（计算中假设所有费用均发生在年末）。

现金流量表（万元）　　　　　　　　　　　　　　　　表 1

时间（年）	1	2	3	4	5	6	7	8	9
生产负荷（%）		60	100	100	100	100	100	100	100
现金流出	800	180	300	300	300	300	300	300	300
现金流入		360	600	600	600	600	600	600	600
净现金流量	−800	180	300	300	300	300	300	300	300
折现系数（折现率10%）	0.909	0.827	0.751	0.683	0.621	0.565	0.513	0.467	0.424
现值	−727.2	148.86	225.3	204.9	186.3	169.5	153.9	140.1	127.2
累计现值	−727.2	−578.34	−353.04	−148.14	38.16	207.66	361.56	501.66	628.86

（每行 1 分）

(3)（4 分）根据表 1 现金流量表中的数据，计算项目从投产当年起计算的动态投资回收期（要求列算式）。如果该行业的标准投资收益率为 20%，请问该项目的投资是否可行。

答：

动态投资回收期 $P=$（累计净现值出现正值的年份−1）+（出现正值年份上年累计净现值绝对值/出现正值年份当年净现值）

$P=(4-1)+(148.14/186.3)=3.8$ 年

投资收益率 $=1/3.8=26.3\%>20\%$　　　该项目的投资是可行的。

（各 2 分，其中公式与结果各 1 分）

(4)（4 分）假设需要对该项目的可行性进行不确定性分析，请说明可采用哪些不确定分析方法，每种分析方法分别能解决哪些问题？

答：可以采用以下分析方法：

采用盈亏平衡分析方法，以确定产量、成本、价格、生产能力等因素之间的关系，找出平衡点，根据平衡点的大小判断项目的可行性；

采用敏感性分析方法，以分析项目的一个或多个因素发生变化时对整个项目经济评价指标所带来的变化程度的预测分析，确定各因素的敏感程度和影响程度的排序，以便决策项目是否可行以及实施时应重点防范的因素；

采用概率分析方法，可以确定各种因素发生某种变化的概率，并以概率为中介进行不确定分析。

（方法名称各1分，内容1分）

（5）（3分）假设该产品投产后，正常年份生产的年固定成本总额为400万元，产品的销售单价为5000元/台，单位产品变动成本为2000元/台，设计生产能力为3000台/年，请计算该产品以设计生产能力利用率表示的盈亏平衡点。

$$BEP_{(生产能力利用率)} = 年固定成本总额 / [(产品售价-产品变动成本) \times 设计生产能力]$$
$$= (400 \times 10000) / [(5000 - 2000) \times 3000]$$
$$= 44.4\%$$

（公式2分，结果1分）

试题2：（20分）

（1）（4分）提出对该项目经理的能力结构要求和哪几个方面的能力要素要求。

答：

项目经理的能力结构：能力＝知识＋经验＋个人素质。

项目经理的能力要素要求有三个方面：

技术能力要素（20项）；

行为能力要素（15项）；

环境能力要素（11项）。

（每个0.5分）

（2）（4分）描述该项目经理的主要职责。

主要包括四方面的职责：

计划；

组织；

指导；

控制。

（各1分）

（3）（4分）说明对项目经理授权应考虑的原则。

1）根据项目目标的要求授权；

2）根据项目风险程度授权；

3）按合同的性质授权；

4）按项目的性质授权；

5）根据项目经理授权；

6）根据项目班子和项目团队授权。

（少1个扣1分）

（4）（5分）简要描述自己组建项目团队的过程。

在项目团队的组建过程中，项目经理主要要完成以下工作：

1）首先，选择团队成员，并向队员介绍项目的背景及其目标；

2）其次，要说明队员的岗位职责及承担的角色。这包括两方面的工作，一是构建团队的内部框架，二是建立团队与外界的初步联系；

3) 确立团队的权限；
4) 建立对团队的绩效进行评估、对团队的行为进行激励与约束的制度体系；
5) 争取各方面的支持。

（各1分）

（5）（3分）为了更好地完成该"工业产品建设项目"，作为项目经理你需要准确描述该项目的目标。

目标1：完成一个符合投资方要求的工业生产性建设项目。
目标2：建设期1年。
目标3：项目总投入资金为800万元。

（各1分）

试题3：（10分）

（1）（6分）你决定按照工作分解结构的原理对产品生产建设项目的工作进行分解，你的助手按照你的思路对项目实施过程进行了分解，经过分析得到表2所列的工作分解结果，由于你的助手在项目工作分解上经验欠缺，可能遗漏了某些工作。如有遗漏，请你在表2上加以补充，然后用图1所示的工作分解结构图加以描述，方框不够可以补充，不需要的方框可以去掉。

产品生产建设项目工作分解表　　表2

产品生产建设项目	厂房装饰	试投产准备
设计	设备采购与安装	上岗培训
厂房设计	设备采购	产品试生产
生产线设计	设备安装	项目验收
厂房改建	设备调试	
原厂房内部拆除	设备联调	
厂房土建	试投产	

（2）（4分）请在图1的工作分解结构图上，用三位数字给每项工作编码。

（每列内容1分，编码4分）

试题4：（35分）

（6）（4分）根据网络参数的计算结果，确定该项目的计划工期为　14周　；并在图3中用双线条或粗线条标出该项目的关键线路。

试题5：（30分）

为了满足项目工期的要求，有效地对项目实施监控，项目管理人员在综合考虑了资源、费用、时间、质量、效益等因素后，制定了"厂房改建"工作的详细进度计划。"厂房改建"各项工作的工作时间、所需要的人力资源类型及其相应的工作量估计如表4所示，同时将B工作与C工作之间的搭接时间确定为FS5。

第 8 章　IPMA 国际项目经理认证实务选介

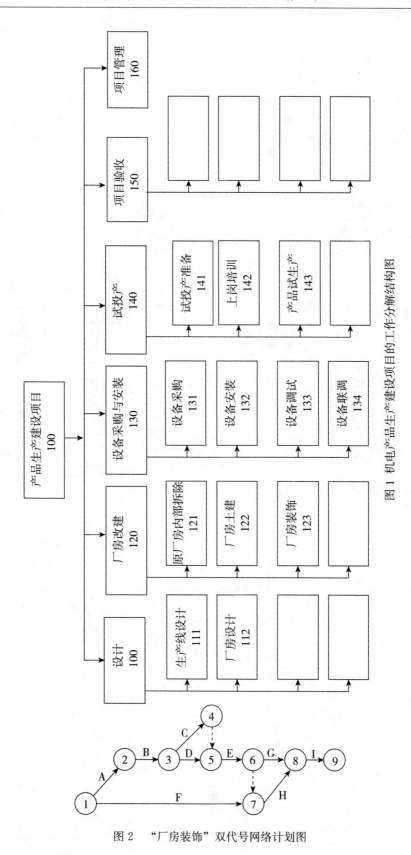

图 1　机电产品生产建设项目的工作分解结构图

图 2　"厂房装饰"双代号网络计划图

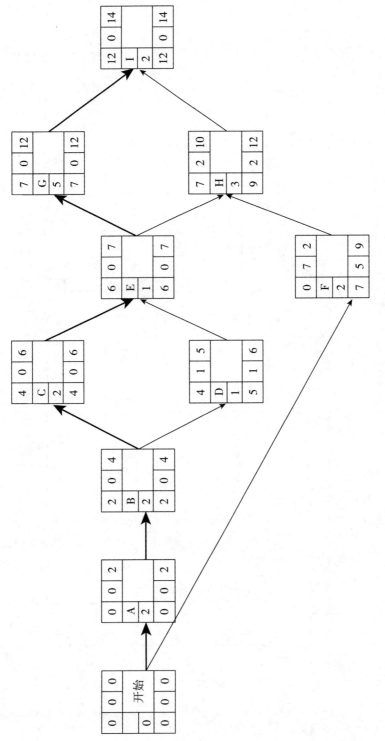

图3 "厂房装饰"单代号网络计划图

(1) 7分

"厂房改建"工作时间及工作量估计表　　　　　　　　　　表4

工作代号	工作时间（天）	人力资源种类	工作量估计（工时）	每天安排人数
A	10	工人	400	5
B	15	工人	600	5
C	10	工人	480	6
D	20	工人	960	6
E	15	工人	720	6
F	20	工程师	1280	8
G	25	工人	2000	10
H	10	工程师	320	4
I	10	工程师	320	4
J	15	工程师	480	4
K	10	工人	160	2
L	10	工人	480	6
M	10	工程师	320	4
N	5	工人	160	4

（每个数据0.5分）

（3）（13分）根据图4（项目甘特图）和图5（项目人力资源负荷图）进行均衡分析，并提出对该项目进度计划的改进方案。你需要进行的工作是：

① 依据你所绘制的人力资源负荷图（图5），本项目对人力资源需求的最高峰在第__18__周到第__18__周之间，每周最多需要__22__人。

② 在不影响总工期的前提下，对项目的进度安排进行调整，提出一个使人力资源需求量高峰得以削减的进度计划调整方案，可能调整的工作__H、I__，在进度安排上应该将__H、I__工作推迟__1__周。

③ 通过上述调整，项目的人力资源需要量最高峰由原来的__22__人减少为__18__人，在第__14__周到第__17__周之间。

④ 如果你所领导的项目团队的人力资源数量共15人，在人力资源数量不能再增加的情况下，你将会采取什么对策以适应人力资源现状？

答：一种方法是针对人力资源过度分配的工作，将其工期延长；
另一种方法是增加费用，使人力资源超出负荷工作。

（每空1分，第④题3分）

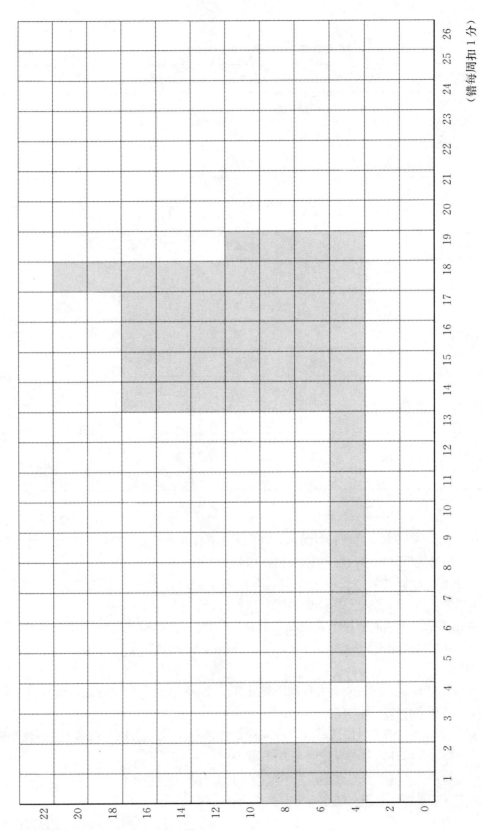

图5 "厂房改建"工作人力资源负荷图

试题 6：（25 分）

"厂房改建"工作的费用估计 表 5

工作代号	其他费用（千元）	人力资源费用（千元）	总费用（千元）	每周平均费用（千元/周）
A	100	10	110	55
B	120	15	135	45
C	200	12	212	106
D	200	24	224	56
E	207	18	225	75
F	256	64	320	80
G	700	50	750	150
H	50	16	66	33
I	50	16	66	33
J	51	24	75	25
K	50	4	54	27
L	50	12	62	31
M	50	16	66	33
N	25	4	29	29
	2109	285	2394	

（每列数据各 2 分）

（1）（8 分）

答：A 工作。

人力资源费用 = 400×25/1000 = 10 千元

总费用 = 其他费用 + 人力资源费用 = 100 + 10 = 110 千元

（公式各 2 分）

（2）（2 分）"厂房改建"的总成本为 ___2394___ 千元。

（3）（5 分）

答：A 工作，每周平均费用 = 110/2 = 55 千元

（公式 3 分）

（4）（10 分）

试题 7：（20 分）

（1）（6 分）

产品生产建设项目实施过程费用计划与统计（万元） 表 6

费用统计项目	费用数据											
	1	2	3	4	5	6	7	8	9	10	11	12
每周拟完成工程计划费用	5	9	9	13	13	18	14	8	8	3	10	10
拟完成工程计划费用累计	5	14	23	36	49	67	81	89	97	100	110	120
每周已完成工程实际费用	5	5	9	4	4	12	15	11	11	8	8	3

费用统计项目	费用数据											
	1	2	3	4	5	6	7	8	9	10	11	12
已完成工程实际费用累计	5	10	19	23	27	39	54	65	76	84	92	95
每周已完成工程计划费用	5	5	9	4	4	13	17	13	13	7	7	3
已完成工程计划费用累计	5	10	19	23	27	40	57	70	83	90	97	100

（每行2分）

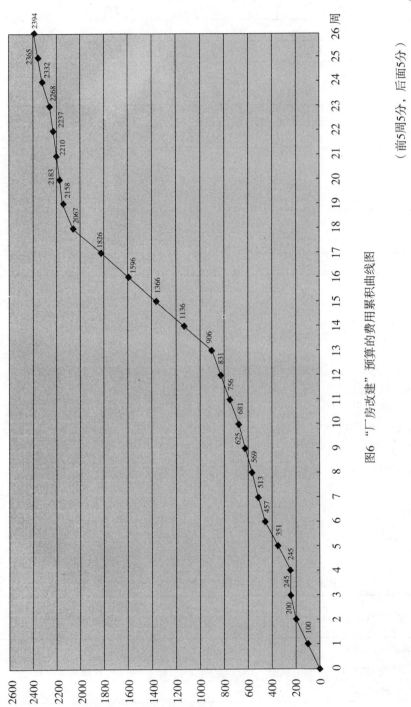

图6 "厂房改建"预算的费用累积曲线图

（前5周5分，后面5分）

(2)（6分）解释挣值分析法中 BCWS、ACWP、BCWP 的含义。

答：BCWS：计划工作的计划费用；

ACWP：已完成工作的实际费用；

BCWP：已完成工作的计划费用。

（每个2分）

(3)（6分）

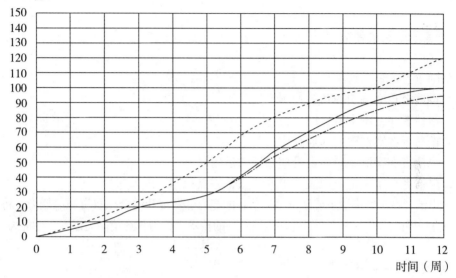

图 7　BCWS、ACWP、BCWP 费用曲线

(4)（2分）分析第 6 周末和第 10 周末的费用偏差和进度执行情况。

答：第 6 周末：

$CV=BCWP-ACWP=40-39=1>0$，费用节余。

$SV=BCWP-BCWS=40-67=-27<0$，进度拖后。

第 10 周末：

$CV=90-84=6>0$，费用节余。

$SV=90-100=-10<0$，进度拖后。

（每周各1分）

8.3　IPMA 国际项目经理（C 级）能力认证案例研讨题选介

8.3.1　案例研讨目的和作用

(1) 项目管理是系统的理论、技术、方法和工具，能指导我们把没有做过的事做好；案例研讨帮助我们把知识串起来，使项目管理知识/理论系统化，提升综合能力，有助于我们今后更好地完成更多的项目。

(2) 案例研讨为申请者提供了一次机会，面向应用。亲自实践，"模拟演练"、"纸上谈兵",运用项目管理的知识、经验和个人素质,通过"实操",展示项目管理的理念、流程,运用项目管理技术、方法和工具,以模拟的形式交付工作结果;进而展示自己的能力。

(3) 案例研讨就是一个项目,涉及从启动到完成的整个过程,利用有限的资源在规定的时间内交付一个案例的项目管理报告。

(4) 抽签组合组建项目团队(每组5~7人),"一抽多定"——定组、定案例、定演讲顺序。

8.3.2 对案例研讨的评估

评估师重点考核和评估:
(1) 申请者在案例中的角色;
(2) 申请者在案例中所做的工作;
(3) 申请者在案例中的沟通合作;
(4) 申请者在案例中对项目管理知识的运用;
(5) 申请者在案例工作中表现出的特点、亮点;
(6) 申请者在案例中的正确解读项目信息的能力、发现和整合项目资源的能力、将项目构思变成项目结果的能力、考察项目经理应该具备的技术、行为和环境能力以及表达能力等。

8.3.3 案例研讨内容分析

第一部分:项目目标与范围
1.1 项目背景分析
1.2 项目特点与管理特点
1.3 项目目标
(项目的利益相关方分析:识别、需求、目标、流程、方法)
1.4 项目工作描述表
(含里程碑)

第二部分:项目组织结构
2.1 组织分析
2.2 项目组织结构
2.3 项目部组织结构
2.4 项目成员主要职责

第三部分:项目进度计划
3.1 项目重大里程碑计划
3.2 项目工作分解结构(WBS)
3.3 项目责任分配矩阵
3.4 项目工作关系与时间分析
3.5 项目单(双)代号网络计划图
3.6 项目甘特图计划

第四部分：项目资源计划与费用管理
             （项目资源计划、费用计划及配套计划）
4.1　项目的工作时间及工作量估计
4.2　人力资源使用情况表
4.3　项目人力资源数量负荷图
4.4　项目的费用估计
4.5　费用预算表
4.6　项目总费用累计曲线
4.7　项目挣值分析（或放在过程管理部分）
4.8　其他计划

第五部分：项目中与"人"相关的问题及解决建议
5.1　本项目各生命周期的主要工作内容
5.2　本项目利益相关者构成及影响
5.3　各生命周期中可能出现的问题及解决方案
　　　（重点在"软管理"：利益相关方管理；团队建设；沟通、冲突、协商、谈判；
　　　绩效考核、激励等）
不能空谈，要举例说明！

第六部分：项目风险管理
6.1　风险识别
6.2　风险评估
6.3　风险应对策略
6.4　风险监控
6.5　风险管理的结果

第七部分：项目进展管理
（含案例研讨可选择问题中的 7 和 8 两部分相关内容）
7.1　描述项目的进度管理过程
　　　（组织措施，流程，信息收集、利用、控制等）
7.2　对各种计划进行控制的操作方案
7.3　进展管理的文件
7.3.1　项目关键点检查报告（不只是进度，还有质量、安全等）
7.3.2　项目执行状态报告
7.3.3　任务完成报告
7.3.4　重大突发性事件的报告
7.3.5　项目变更申请报告
7.3.6　项目进度报告
7.3.7　项目管理报告
7.3.8　其他项目管理报告

第八部分：解决信息、冲突、沟通等问题的操作方案
8.1　项目中的信息分析

8.2 信息的收集传递与应用（要有流程）
8.3 信息系统建设及信息归档
8.4 项目中的冲突分析
8.5 冲突解决方案
8.6 项目中的主要沟通方式
（以上要有具体例证说明）
第九部分：项目收尾与验收
9.1 概述
9.2 操作流程
9.3 具体内容
9.4 项目管理总结

8.3.4 案例研讨举例

项目背景分析：

清沙洲水厂三期工程为政府投资的扩建项目，该项目完成后使原项目的供水能力由30万t提高到50万t。该项目土建部分建筑面积为1万m^2，项目甲方总投资为3000万元，招标承建方，承建内容为负责该项目的土建、全套机电设备、景观和调试工作，不含项目设计工作。合同中标价为2800万元。该项目的进度要求为2009年7月初开始施工，2010年6月底完工。

由于该项目为自来水扩建工程，项目扩建实施过程中原老设备需保证继续供水，在新建项目完成后和原未拆除部分联合调试、试运行后交付投入使用。

下列各题要求案例讨论小组必须完成：

（1）作为项目经理请对该项目的工作范围进行描述，确定项目的目标要求，制定项目工作描述表。要求目标明确、范围清晰、形式规范、易于检查。

（2）结合该项目背景，先对该项目团队的上级组织结构作出假设，并基于这一假设说明采用什么样的组织结构形式来组建该项目团队并陈述理由。同时请描述该项目团队的主要角色及其职责。

（3）在考虑项目目标的基础上，确定项目工作范围，对该项目实施的过程进行分解，并编制进行时间进度控制的项目实施计划。为了实施过程中易于监控，要求使用现代项目管理所提供的方法和工具表示。

（4）为了使得项目的时间进度按照预期计划执行，需要在资源、费用等方面给予配套计划，请结合项目特点制定与时间进度计划相配套的其他项目计划。

下列各题为任选题，案例讨论小组根据小组人数自行选择题目进行完成（小组人数为5人时任选一题，6人任选两题，7人任选三题），要求案例小组能够进行深入讨论，并提出相对具体、可操作的项目实施策略：

（5）分析该项目生命周期过程中可能出现的与"人"相关的问题，并对如何解决这些问题提出建议举措。

（6）结合该项目的具体环境和特点，对该项目的风险进行分析并制定相应的应对措施,要求列出风险类型、风险事件、风险来源及风险的应对措施等风险管理内容。

(7) 结合项目特点,确定如何描述项目的管理过程,怎样报告项目进展状态,并制定对项目各种计划进行控制的操作方案。

(8) 根据项目特点,自行设计一套用于该项目计划与控制的文件与表格,并说明每份文件或表格的作用及体现该项目特点的地方。

(9) 结合项目特点,就项目实施过程中的信息、冲突、沟通等问题提出管理的具体操作方案。

(10) 就如何进行该项目的收尾与验收工作进行深入讨论,提出该项目的收尾与验收具体方案。

某案例研讨团队具体操作如下:

1. 确定案例研讨计划——对案例研讨的管理,是案例研讨成功的保证

(1) 项目经理产生:

上午8:20~8:30,项目成员通过沟通、协商,达成共识,选出项目经理。

(2) 研究案例背景、完善组织、形成案例研讨计划:

上午8:30~9:20,在项目经理组织下,研究项目背景,确定项目管理主体和管理模式、项目工作方针和目标,明确项目范围和每个成员职责,形成案例研讨计划。

(3) 案例研讨计划:

上午9:50,编制项目重大里程碑,工作分解结构完成;

上午10:50,进度计划、责任分配完成,各项目成员展开工作;

上午12:00,召开小组会,检查并找出执行偏差,提出纠偏措施;

下午2:00,每个项目成员完成并汇总各自工作;

下午3:00,综合汇总工作完成,结果检查与交付;

下午3:15,演讲汇报。

(4) 过程控制与沟通管理

在研讨过程中,强调交流与合作,对各种问题及时反馈并立即采取纠偏措施。

2. 案例项目研讨及编制项目管理报告——案例研讨考核的主体

(1) 项目背景分析

清沙洲水厂三期工程为政府投资的扩建项目,该项目完成后使原项目的供水能力由30万t提高到50万t。我司作为该项目的承建方,负责该项目的土建、全套机电设备、景观和调试工作,不含项目设计工作。

该项目土建部分建筑面积为1万m^2,项目甲方总投资为2800万元,合同中标价为2800万元,在公司扣取管理费和利税之后,项目部能够支配的费用为2550万元。

该项目的进度要求为2009年7月初开始施工,2010年6月底完工,结合项目的实际情况和交付使用,项目部计划在2010年6月上半月完成该项目。

由于该项目为自来水扩建工程,项目扩建实施过程中原老设备需保证继续供水,在新建项目完成后和原未拆除部分联合调试、试运行后交付投入使用。

(2) 团队成员分工

项目经理:

彭 ×(考号):项目综述(背景描述、目标描述、里程碑、组织机构)

项目组成员：
苏 ×（考号）：工作分解（里程碑计划、工作分解、责任分配、工作关系）
程 ×（考号）：进度管理（网络计划、进度甘特图、进度控制）
陆××（考号）：费用管理（资源计划、费用预算、费用控制）
屠××（考号）：风险管理（风险识别、风险评估、风险应对、风险控制）
赵 ×（考号）：执行报告（项目控制、项目执行报表、执行情况分析）
高××（考号）：收尾与验收（收尾、验收、项目总结）

(3) 项目综述

1) 项目特点分析：

项目为市政供水工程，设备安装部分在工作量中比重较大，设备安装工作对项目的成败起到关键作用。

本项目为工业项目，安装完成后需完成设备调试和试运行。

本项目建设单位为自来水公司，通过招标方式确定中标单位，由于该项目为市政基础项目，影响公共安全，所以建设方在工期安排上相对合理（一年工期），而对施工质量和安全相对重视。

在项目规模上，本项目规模为中型项目；持续时间适中，为一年；对公司内外的依赖度一般。

本项目为扩建项目，在实施过程中需注意对原设施设备的保护和对接。可利用原项目建设经验，又因其技术难度、设备安装难度和复杂程度相对较低，故项目实施过程风险一般。

2) 项目利益相关方分析

表1-1

	单位	需求、目标
1	市政府	改善基础设施、增加税收、促进就业、改善民生
2	水厂	投资方，供水能力达到改造要求，提升产能和收益
3	建设施工单位	按合同目标完成建设任务，按时获得工程款
4	项目管理人员	完成公司目标、能力得到提升
5	项目人员家属及亲友	职务和收入得到提升，有安全感、成就感
6	监理单位	按合同完成监理任务、及时取得监理报酬
7	供应商	按合同供应合格设备，及时取得材料设备款
8	市民	自来水的使用者，获得安全用水保证
9	行业管理部门	在规定时间内供水，提高服务质量
10	其他利益相关人（周边居民等）	建设期对周边居民的影响减少到最少，建成后给周边居民生活带来了好环境

3）项目目标描述

表 1-2

项目名称	沙河水厂扩建项目四期建设项目
项目目标	工期目标：项目从 2009 年 7 月 3 日进场，计划 2010 年 6 月 28 日全部建设项目完成投入使用。 费用目标：控制在 2550 万元人民币之内。 安全文明施工目标：无人员伤亡事故，是文明工地。 质量目标：合格，完工后每万平方米维修项目控制在 6 个，争创省优
交付物	建筑面积 1 万 m²，含设备拆除、土建、设备安装、景观在内调试完成的自来水扩建工程并投入使用
交付物完成准则	按经批准的设计方案，调试到正常供水使用
工作描述	土建工程、设备采购安装、老设备拆除、景观工程、调试及试运行、项目管理
工作规范	施工合同、国家设计及施工验收规范、有关规划设计、施工许可文件
所需资源估计	技术及管理人员约 28 人，高峰时施工人员 200 人，费用 2550 万元
重大里程碑	土建主体完成：2010-10-30 设备安装完成：2010-01-15 联合调试完成：2010-03-31 竣工验收完成：2011-06-15

项目负责人审核意见： 同意　　签名：彭×　　　　　日期：2009 年 5 月 10 日

（4）组织机构

1）公司组织结构

该建设工程公司为一个综合建筑工程公司，该公司规模较大，该公司设置的部门如下：

项目经理部、技术部、预算部、工程部、财务部、办公室、风险控制部这七个机构。
公司以往操作的一般规模项目均采用强矩阵模式管理项目。

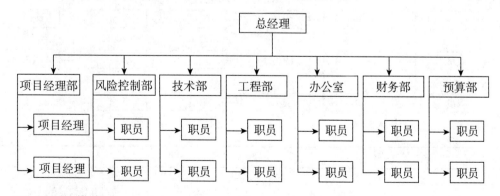

2）目组织模式

① 项目组织模式的确定

本项目采用强矩阵组织结构的形式

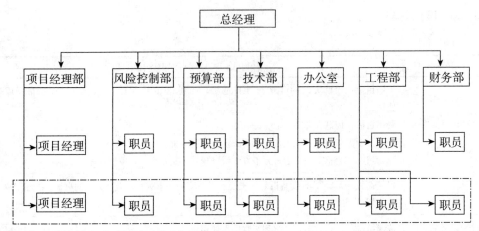

② 采用强矩阵组织的原因分析

首先,项目投资规模适中,持续时间适中为一年,技术难度和复杂程度一般,客户类型相对适中,从这些特点来看,建议选择矩阵式管理模式。

其次,该公司规模较大,存在多项目管理,有项目经理部,强矩阵式管理模式经验丰富。在本项目中使用强矩阵式管理模式更能充分发挥公司资源优势,人员能从公司各职能部门抽调,节约人力资源成本,项目结束后相关人员也有归属。另外,公司也能综合平衡各项目资源,保证各项目实施。

最后,该项目为甲方(水厂)招标确定的中标单位,水厂为项目最重要的利益相关方,对项目质量和安全等要求较高。采用强矩阵式管理模式由项目经理负责,能够灵活快速应对甲方要求和变化。

3) 项目部组织机构

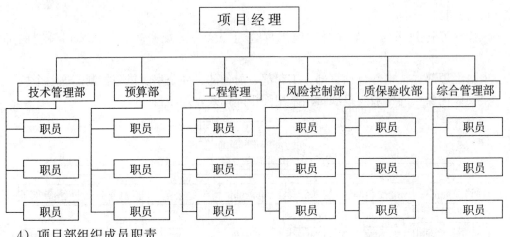

4) 项目部组织成员职责

姓名	职务	职责
彭×	项目经理	指导制定项目目标及总体计划;有效调配和利用资源;组织项目团队建设;指导、监督和控制项目的进展;完成项目并交付使用,及时与上级领导沟通和汇报
苏×	技术管理负责人	工作分解,项目工作关系确定,项目实施过程中的计划安排,技术工作处理
程×	工程管理负责人	工程施工的进度、安全计划编制和实施过程的管理
陆××	费用管理负责人	施工各阶段预算、决算的编制,资源费用控制计划编制和执行,项目财务工作管理

续表

姓名	职务	职责
赵××	综合管理负责人	负责项目过程跟踪并形成分析报告,协助项目经理处理对内对外的沟通工作,负责项目办公室管理工作
屠×	风险管理负责人	负责项目风险识别、风险评估、风险应对、风险控制,项目实施过程中检查跟踪项目风险项目,完成过程分析并进行控制
高××	项目质保验收负责人	负责项目质量管理,负责项目各阶段验收工作和项目竣工后总结工作

(5) 进度计划

1) 里程碑计划

① 里程碑计划的依据:

业主及合同要求;

项目特点;

中间产品;

可实现的结果;

交付成果清单。

② 里程碑计划的基础:

重要事件的开始时间;

重要事件的完成时间。

③ 里程碑计划图:

序号	任务名称	年	2009						2010					
		月	7	8	9	10	11	12	1	2	3	4	5	6
1	机房土建完成					▲完成时间10.30								
2	新机电设备完成								▲完成时间1.15					
3	设备联合调试完成										▲完成时间3.31			
4	竣工验收完成投入使用													▲完成时间6.15

2) 工作分解结构

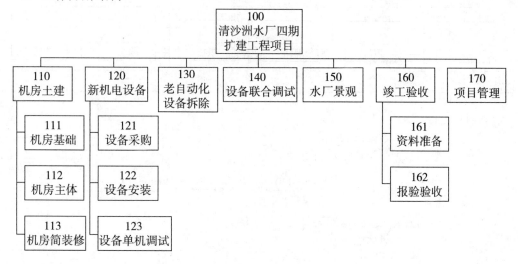

3）项目责任分配矩阵

▲负责　○审批　●参与　□通报

任务名称	项目经理	质保验收负责人	费用管理负责人	工程管理负责人	风险管理负责人	综合管理负责人	技术负责人
111 机房基础	○	●	□	▲	●	●	●
112 机房主体	○	●	□	▲	●	●	●
113 机房简装修	○	●	□	▲	●	●	●
121 设备采购	○	●	▲	●	●	●	●
122 设备安装	○	●	□	▲	●	●	●
123 设备单机调试	○	●	□	▲	●	●	●
130 老自动化设置拆除	○	●	□	▲	●	●	●
140 设备联合调试	○	●	□	▲	●	●	●
150 水厂景观	○	●	□	▲	●	●	●
161 资料准备	○	●	●	●	●	●	●
162 报验验收	○	●	●	●	●	●	●
170 项目管理	▲	●	●	●	●	□	●

4）项目工作关系列表

编码	任务名称	紧后工作	工作时间（0.5月）
111	机房基础	112	2
112	机房主体	113，122	4
113	机房简装修	130	2
121	设备采购	122	8
122	设备安装	123	3
123	设备单机调试	130	2
130	老自动化设备拆除	140	1
140	设备联合调试	150	2
150	水厂景观	161	2
161	资料准备	162	1
162	报验验收		2

5）双代号网络图

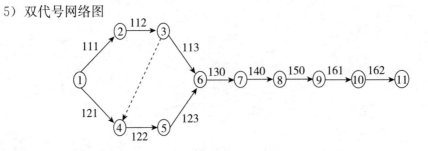

6) 单代号网络图

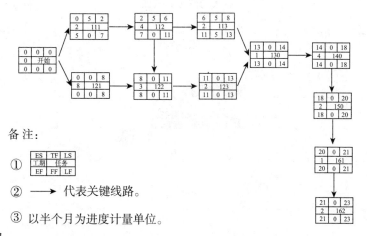

备注：

① | ES | TF | LS |
   | 工期 | 任务 | |
   | EF | FF | LF |

② —→ 代表关键线路。

③ 以半个月为进度计量单位。

7) 甘特图

标识号	任务名称	工期	开始时间	完成时间	第三季度			第四季度			2010 第一季度			第二季度			第三季度	
					7月	8月	9月	10月	11月	12月	1月	2月	3月	4月	5月	6月	7月	8月
1	总工期	325 d	2009年7月1日	2010年6月15日														
2	一、机房土建	123 d	2009年7月1日	2009年10月31日														
3	机房基础	31 d	2009年7月1日	2009年7月31日														
4	机房主体	61 d	2009年8月1日	2009年9月30日														
5	机房装修	31 d	2009年10月1日	2009年10月31日														
6	二、机房设备	199 d	2009年7月1日	2010年1月15日														
7	设备采购	123 d	2009年7月1日	2009年10月31日														
8	设备安装	45 d	2009年11月1日	2009年12月15日														
9	单机设备调试	31 d	2009年12月16日	2010年1月15日														
10	三、老自动化设备拆除	15 d	2010年1月16日	2010年1月30日														
11	四、新旧设备联调	34 d	2010年2月1日	2010年3月31日														
12	五、水厂景观	30 d	2010年4月1日	2010年4月30日														
13	六、竣工验收	46 d	2010年5月1日	2010年6月15日														
14	竣工资料准备	15 d	2010年5月1日	2010年5月15日														
15	报验及验收，投入使用	31 d	2010年5月16日	2010年6月15日														

(6) 项目资源计划与费用管理（项目资源计划、费用计划及配套计划）

以 WBS 明确的各项工作所需资源和进度计划为基础，借鉴历史资料、定额等，编制人力资源计划和其他费用计划。

1) 人力资源计划

人力资源估算表

编码	任务名称	工作时间（0.5月）	工日	资源名称	工作量（工日）	人数
111	机房基础工程	2	30	工人	3000	100
112	机房主体工程	4	60	工人	9000	150
113	机房简装修	2	30	工人	900	30
121	设备采购	8	120	管理人员	600	5
122	设备安装	3	45	工人	9000	200
123	设备单机调试	2	30	工人	1500	50
130	老设备拆除	1	15	工人	1200	80
140	设备联合调试	2	30	工人	1500	50
150	景观工程	2	30	工人	3000	100
161	竣工资料准备	1	15	管理人员	300	20
162	竣工报验及验收	2	30	管理人员	600	20

人力资源数据图

编码	任务名称	资源名称	工期(0.5月)	2009年												2010年						
				7月		8月		9月		10月		11月		12月		1月		2月		3月		4月	5月	6月
				1	2	3	4	5	6	7	8	9	10	11	12	13	14	15	16	17	18	19	20	21	22	23
111	机房基础工程	工人	2																							
112	机房主体工程	工人	4																							
113	机房简装修	工人	2																							
121	设备采购	管理人员	8																							
122	设备安装	工人	3																							
123	设备单机调试	工人	2																							
130	老设备拆除	工人	1																							
140	设备联合调试	工人	2																							
150	景观工程	工人	2																							
161	竣工资料准备	管理人员	1																							
162	竣工报验及验收	管理人员	2																							
	工人			100	100	150	150	150	150	30	30	200	200	200	50	50	80			50	50	100	100			
	管理人员			5	5	5	5	5	5	5	5													20	20	20

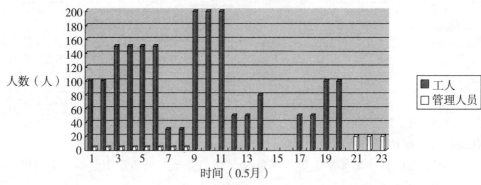

人力资源负荷图

2) 费用计划

费用计划分解表

编码	任务名称	资源名称	工作时间(工日)	数量(人)	工期(0.5月)	人工单价(元/日·人)	人力费用(万元)	其他投入(万元)	成本预算(万元)	半月成本预算(万元)
111	机房基础工程	工人	30	100	2	100	30	130	160	80
112	机房主体工程	工人	60	150	4	100	90	510	600	150
113	机房简装修	工人	30	30	2	100	9	91	100	50
121	设备采购	管理人员	120	5	8	300	18	1182	1200	150
122	设备安装	工人	45	200	3	100	90	30	120	40
123	设备单机调试	工人	30	50	2	100	15	15	30	15
130	老设备拆除	工人	15	80	1	100	12	28	40	40
140	设备联动调试	工人	30	50	2	100	15	15	30	15
150	景观工程	工人	30	100	2	100	30	150	180	90
161	竣工资料准备	管理人员	15	20	1	100	3	17	20	20
162	竣工报验及验收	管理人员	30	20	2	100	6	14	20	10
	合计						318	2182	2500	

费用预算图

编码	任务名称	成本预算（万元）	半月成本预算（万元）	工期(0.5月)	2009年												2010年										
					7月		8月		9月		10月		11月		12月		1月		2月		3月		4月		5月		6月
					1	2	3	4	5	6	7	8	9	10	11	12	13	14	15	16	17	18	19	20	21	22	23
111	机房基础工程	160	80	2																							
112	机房主体工程	600	150	4																							
113	机房简装修	100	50	2																							
121	设备采购	1200	150	8																							
122	设备安装	120	40	3																							
123	设备单机调试	30	15	2																							
130	老设备拆除	40	40	1																							
140	设备联动调试	30	15	2																							
150	景观工程	180	90	2																							
161	竣工资料准备	20	20	1																							
162	竣工报验及验收	20	10	2																							
	费用/（万元）				230	230	300	300	300	300	200	200	40	40	40	15	15	40	0	0	15	15	90	90	20	10	10
	费用累计（万元）				230	460	760	1060	1360	1660	1860	2060	2100	2140	2180	2195	2210	2250	2250	2250	2265	2280	2370	2460	2480	2490	2500

费用负荷图

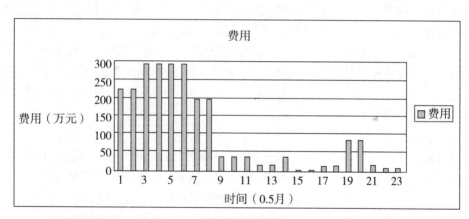

费用累计曲线

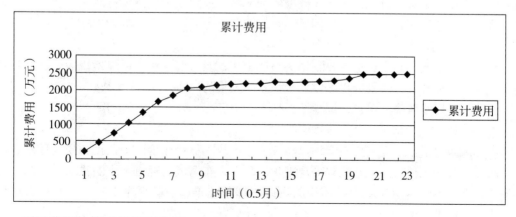

项目费用估算成果明细分解：
- 项目总投资：人民币2800万元。

- 项目总费用预算：人民币 2550 万元。
- 风险预留：人民币 50 万元。
- 人工费：318 万元，占费用预算的 12.47%。
- 其他费：2182 万元，占费用预算的 85.56%。
- 风险预留费用：50 万元，占费用预算的 1.96%。

3）费用控制

① 依据

费用测算基线；

过程执行报告；

变更请求。

② 工具与方法

A. 状态分析及计划调整：

根据项目实际进展情况，召开定期和不定期的施工总结会，分析计划执行情况，若出现偏差，确定必要的调整措施，更新原计划。这一过程不断循环，直至项目完成。

B. 挣值法：

收集项目实际状态资料，利用挣值法对项目成本分析、通过项目进展状态报告等形式，对项目进行监控，充分说明和反映项目的费用控制情况。

C. 变更控制：

严格按照设计变更、技术核定控制标准程序执行，做好设计变更签证和索赔工作。

③ 输出

变更方案，控制意见。

(7) 风险管理

本项目风险管理的重点内容是：风险识别、风险评估、风险应对、风险监控。

在项目实施的过程中，由于条件及环境的不确定性，项目的最终结果与项目关系人的希望产生背离，并给项目关系人带来损失的可能性，构成了项目风险。

本项目属于市政工程水厂的四期扩建项目，安全、稳定的自来水供应是关系到民生的重要问题。因此项目的目标、任务、范围较为清晰，风险较小。而项目的主要风险在于设备质量、进度、费用、施工技术、调试、组织、安全等方面。

1）风险识别

根据实际情况，本项目组主要利用头脑风暴法、专家调查法、风险检查表、相似项目类比法、系统分解法、情景分析法等，来识别本项目的风险。

据此得到以下风险清单：

① 内部风险

内部风险包括：进度安排不合理，出现安全事故，材料涨价，采购设备质量问题，不合适的施工方法和材料，工艺流程出现卫生问题，联合调试出现自来水断供事件，绿化存活率低，选人不当，沟通不力，项目的合同管理不完善，采购程序不完善，文档管理失误，质量保证不到位等。

② 外部风险

外部风险包括：断电、雨雪天气、水源地破坏等。

2）风险评估

由于在风险评估初期,难以取得大量数据作为支撑,因此本项目对于风险的评估采取定性的方法。得到风险概率与影响表:

序号	风险	风险对项目的影响程度 D			发生的可能性 P			后果 $D\times P$	风险等级
		大 (0.7~1.0)	中 (0.3~0.7)	小 (0~0.3)	高 (0.7~1.0)	中 (0.3~0.7)	低 (0~0.3)		
内部风险									
1	进度风险	0.8					0.3	0.24	3
2	安全风险		0.7			0.4		0.28	2
3	费用风险		0.4			0.4		0.16	3
4	设备质量	1					0.3	0.3	2
5	不合适的施工方法和材料		0.7		0.7			0.49	1
6	工艺流程出现卫生问题	1					0.3	0.3	2
7	联合调试出现自来水断供事件	1					0.3	0.3	2
8	绿化存活率低			0.3			0.3	0.09	4
9	选人不当			0.3		0.5		0.15	3
10	项目管理不完善		0.5				0.2	0.1	4
外部风险									
11	公共服务		0.4				0.2	0.08	4
12	气象条件		0.3			0.3		0.09	4
13	环境条件	0.8					0.3	0.24	3

注:风险等级:1 灾难级(>0.37);2 严重级(0.26~0.36);3 轻微级(0.11~0.25);4 忽略级(0~0.1)。

3）风险应对计划

根据前述头脑风暴法所识别的风险列表及定性所得的风险等级,本项目组采用如下的风险应对方法以应对各种风险:

风险类型	风险事件	风险来源	风险影响	风险等级	风险应对措施	处置	负责人
内部风险							
进度风险	进度安排不合理	进度管理人员	影响进度	3	加强项目前期的管理、项目实施过程中的管理和控制	预防、减轻	进度管理人员

续表

风险类型	风险事件	风险来源	风险影响	风险等级	风险应对措施	处置	负责人
内部风险							
安全风险	出现安全事故	施工作业人员、工程技术人员	影响进度、费用	2	专人监督，加强人员教育，严格操作规程，持证上岗等	预防、减轻	项目经理、质量安全部、工程管理人员
费用风险	材料涨价等	采购部	影响费用	3	报价中考虑材料浮动，预留风险金，给下包闭口合同	转移、减轻	采购部、财务部
采购风险	采购设备质量不合格	供应商	项目失败	2	设备出厂前做鉴证测试，现场后做现场测试	预防	项目经理、质量安全部、工程管理人员
技术风险	不合适的施工方法和材料	工程管理人员	影响质量	1	与设计、采购部沟通	减轻	质量安全部、工程管理人员
技术风险	出现卫生问题	工程管理人员	项目失败	2	密切监控工艺要求	预防	质量安全部、工程管理人员
技术风险	调试出现自来水断供事件	工程管理人员	项目失败	2	前期测试，调试加强监控	预防	质量安全部、工程管理人员
技术风险	绿化存活率低	工程管理人员	影响进度费用	4	经常进行项目监督	减轻	工程管理人员
人力资源	选人不当	办公管理人员	影响工作效率	3	加强团队建设，加强人员沟通，加强培训工作	预防、减轻	办公管理人员
项目管理	沟通不力、合同管理不完善、采购程序不完善、文档管理失误等	办公管理人员	影响进度、工作效率	4	建立健全各项管理制度，严格执行。加强沟通和信息管理等	减轻	办公管理人员
外部风险							
公共服务	断电等	当地行业部门	影响进度、费用	4	加强与当地行业部门的沟通	预防	办公管理人员
气象条件	雨雪天气等	大自然	影响进度、费用	4	密切注意天气预报，提前采取防护措施	接受	工程管理人员
环境条件	水源地破坏等	当地居民、其他企业	影响进度、费用	3	调试验收期间密切关注进水水质状况，发现问题及时与政府部门沟通	预防、减轻	项目经理、工程管理人员

4) 风险控制的流程

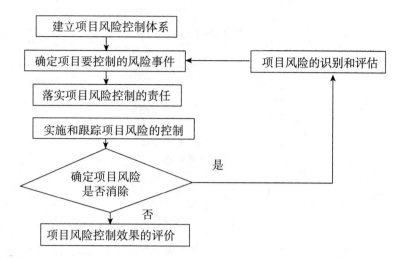

5) 风险管理总结

由于项目组主要管理人员在项目初始阶段进行识别风险的工作，评估风险的影响并编制了相应的应对办法。并且在具体实施过程中落实到具体风险责任人进行主动跟踪，项目过程中定期进行风险再评估的良好循环过程。因此本项目基本避免了主要风险的发生，对突发风险也有了相应的准备。项目风险管理基本成功。

(8) 过程管理与监控报告

1) 项目执行与监控思路

进度控制：充分利用目前的有利时机，加强进度管理，确保按时或提前完成该项目。

安全控制：牢记安全第一，消除各种隐患，杜绝侥幸心理，确保无安全事故。

质量控制：依据项目管理五大管理过程组，利用 PDCA 等有效工具，做好质量保证体系，完成高质量水厂建设项目。

费用控制：扼制费用超支势头，采取措施，统筹安排，将费用总额控制在计划范围内。

2) 确定项目控制流程并严格执行

3) 进度和费用控制

① 进度管理

A. 总控计划；

B. 年度计划；

C. 月度计划；

D. 每周计划。

原则：自上而下分解，自下而上保证。

② 费用管理

A. 费用计划分解；

B. 节点考核；

C. 偏差分析；

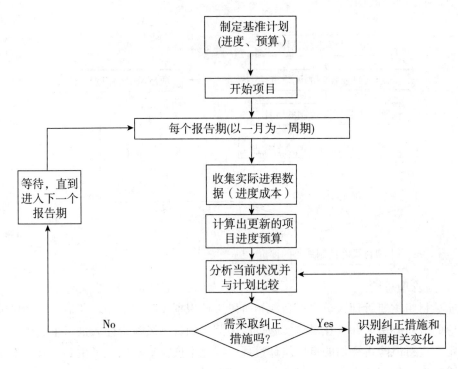

D. 纠偏措施。

4) 项目执行与监控报表

① 报表种类

分类	类型	内容
定期报告	月报、周报	状态
各类工作报表	工程变更审批表	进度
	资金支出申请表	成本
	合同审批表	成本
	现场考察评分细则	技术
	项目关键点检查报告	技术
	验收报告	人力资源

② 报表举例

项目管理日志

项目名称		日 期	
报告人		气候	
工作内容			
成员	任务	计划完成工作量	实际完成工作量
成员A			
成员B			

续表

...			
成员×			
临时人员A			
临时人员B			
实际工作人数			
加班情况			
质量情况			
安全情况			
设备使用情况			
其他			

项目经理签字：

管 理 月 报

编号	主要内容	责任人	问题解决时间
1	上月问题解决情况		
1.1	土建管理人员缺少	程×	15天
1.2	订购的设备未按期到货	陆×	10天
2	本月计划完成情况		
2.1	承台基础完成	程×	
2.2	机电实施预埋	程×	
3	下月计划		
3.1	水厂景观	程×	
3.2	机电配合	陆×	
4	质量安全情况		
4.1	质量100％合格	高××	
4.2	安全，无重大事故	程×	
5	其他需协商解决的问题		

建设资金用款申请表

申请部门：工程部　　　　　　　　　　　　　　　　　　　申请日期：2010年01月15日

项目名称	清沙洲水厂三期扩建水泵	合同编号	GSJ－TJ－020
分承包商	上海凯全水泵设备有限公司		
款项名称	清沙洲水厂三期水泵采购		
联系人姓名	×××	联系人电话	6756568
合同费用总额（A）	320万元	费用增减总额（B）	0

续表

总工程款额 $(C)=(A)+(B)$	320 万元	费用增减原因：	
累计已付金额	150 万元		
本次付款期数	第 3 次付款		
合同付款比例	90%		
形象进度描述	清沙洲水厂三期扩建完成		
本次申请付款金额	￥ 1,380,000 元（大写： 壹百叁拾捌万圆整 ）		
核定金额	138 万元		

项目关键点检查报告

项目名称	白沙洲水厂三期扩建	抄送部门	项目部
关键点名称	由验收方案确定	检查的时间	2009.8.1
检查实施人	赵×	任务编码	110
报告日期	2009.8.2	报告份数	1
检查的项目内容	里程碑实施的进度、费用是否按照计划完成，设计质量是否满足技术规范。		
实际进程描述	按照项目要求。		
存在的问题	无。		
建议与预测	开始下一阶段工作。		
检查结果	按照计划完成。		

项目经理：彭×　　　　签字：彭×　　　　日期：2009—08—01

合同审批表

表单编号：HDG—HY—002

合同受理	合同编号：GSJ—TJ—020		合同金额：320 万元	
	合同名称：清沙洲水厂三期扩建水泵采购合同			
	甲　　方：×××建设工程公司			
	乙　　方：×××水清洁设备有限公司			
	发包方式（公开招标或邀请招标）		邀请招投标	
	提供附件		1. 中标通知书	
			2. 批标报告	
合同审核	工程部	程×	日期：2009—7—10	
	合约部	陆×	日期：2009—7—10	
	项目经理	彭×	日期：2009—7—12	

项目变更申请报告

项目名称:		项目负责人:	

项目变更的原因:

项目变更替代方案描述:

估计项目变更后对总项目进度的影响:

变更时所涉及的相关单位:

项目负责人审核意见:

签　名:　　　　　日期:

上级项目主管部门的审查意见:

签　名:　　　　　日期:

质量管理工作跟踪表

部门		负责人		人数	
负责工作					

目前质量概况:

不良原因分析:

改善计划:

审核人:　　　　制表人:
注：本表由项目部各分部编写，交项目部审批。

HSE 检查记录

序号	受检单位	不安全因素（问题）或隐患部位内容	整改措施	整改责任人	要求完成时间	实际完成时间	备注

项目阶段性评审表

项目编号：

项目名称：

评审阶段：自　　年　　月　　日至　　年　　月　　日

评价下列目标：

质量性能：	□达到标准	□低于标准	□高于标准
费用：	□按照预算	□超出预算	□低于预算
进度：	□按照进度	□进度提前	□进度滞后

综合而言，项目实施到现在是否成功？　　□是　　□否

分析失败原因：

项目团队工作评估：
团队的工作意愿、凝聚力、士气、效率如何？角色遵从情况，激励落实情况如何？

协调工作评审：
与客户的协调、与上级的协调、小组内的协调如何？

如果再做一次，你将用哪些不同的方法：

成功经验与可借鉴的教训：

竣工验收证书

工程名称	清沙洲水厂三期扩建		
建设单位	清沙洲水厂	合同价款	2800万元
设计单位	G市建筑设计院有限公司	开工日期	2009－7
监理单位	H市宏盛监理有限公司	竣工日期	2010－6
承包商	×××建设公司	保修期开始日期	2011－6－31
		退还保修金日期	2013－6－31

工程验收主要内容和范围：土建、设备安装、景观和设备调试等

验收过程及主要意见：合格
验收结论：（内容较多时另外附页）

验收小组组长：＊＊＊	勘查单位：＊＊＊
工程部：＊＊＊ 规划部：＊＊＊ 合约部：＊＊＊	设计单位：＊＊＊ 监理单位：＊＊＊
物业接收人：＊＊＊	承包商：＊＊＊
其他参与验收单位：＊＊＊	

现场考察评分细则

评分项目和内容		序号	分值
现场管理情况		6.1	6
1	平面布置科学合理得 1 分，一般 0.5 分，较差 0 分	6.1.1	
2	环境卫生较好，安全防护措施到位得 1 分，一般得 0.5 分，较差得 0 分	6.1.2	
3	机械设备充足、齐全、完好得 1 分，主要设备损坏或缺失每项扣 0.1 分，扣完为止	6.1.3	
4	施工管理/考核资料/管理班子在位情况，施工管理状况良好，公司（或分公司）和项目部两级考核资料齐全，管理人员配备齐且在岗得 1 分，考核资料缺失或主要管理人员不在岗每项扣 0.1 分，扣完为止	6.1.4	
5	工程实体观感质量，优良得 1 分，一般（合格）得 0.5 分，较差（不合格项目超过 15%）得 0 分	6.1.5	
6	质量检验/验评/原材料检验资料，齐全并即时报批得 1 分，资料不全每项扣 0.1 分，扣完为止	6.1.6	

5）项目进度、费用执行状态分析与控制——挣值法的应用

① 项目进度是否符合计划？（挣值法——选前 10 个月作为检查点）

② 最终成果交付期是否会超过期限？（周报，月报）

③ 最终成本是否会超过预算？（CV、SV、CPI、SPI）

④ 项目实施过程中的问题是否得到妥善解决？（过程监督）

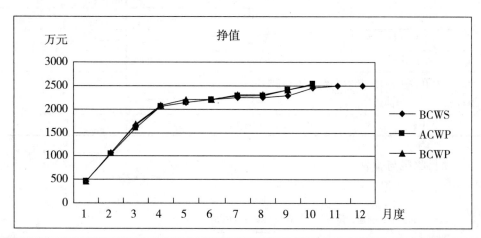

$BCWS$	460	1060	1660	2060	2140	2195	2250	2250	2280	2460	2490	2500
$ACWP$	465	1050	1600	2050	2150	2205	2280	2280	2410	2540		
$BCWP$	466	1066	1670	2080	2195	2210	2300	2300	2420	2510		

		$ACWP$	=	2540							
		$BCWP$	=	2510							
		$BCWS$	=	2460							
则：											

续表

	CV	=	BCWP−ACWP	=−30.00	<0	费用超支
	SV	=	BCWP−BCWS	=50.00	>0	进度超前
	CPI	=	BCWP/ACWP	=0.99	<1	
	SPI	=	BCWP/BCWS	=1.02	>1	
从而分析出项目完工时的总费用为：						
	EAC	=	项目总预算费用/CPI	=2525		

在进行费用分析时发现：

121 设备采购，管理人员费用提前支付40万元；

121 设备采购，材料费用60万元。

故为提前支付100万元。

判断与结论：

	ACWP	=	2440			
	BCWP	=	2510			
	BCWS	=	2460			
则：						
	CV	=	BCWP−ACWP	=70	>0	费用节支
	SV	=	BCWP−BCWS	=50	>0	进度超前
	CPI	=	BCWP/ACWP	=1.028688525	>1	
	SPI	=	BCWP/BCWS	=1.020325203	>1	
经过分析，我们认为，项目目前的状况可以反映项目未来的趋势。						
从而分析出项目完工时的总费用为：						
	EAC	=	项目总预算费用/CPI	=2430		

(9) 项目收尾与验收

1) 组建验收小组

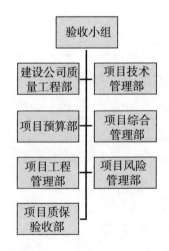

2）编制验收时间计划

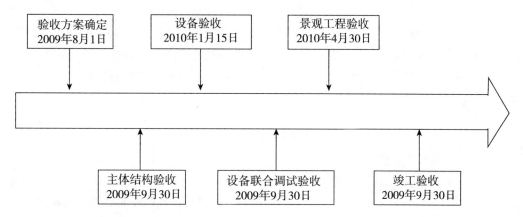

3）确定验收流程

实施阶段验收和最终验收，参考验收流程如下：

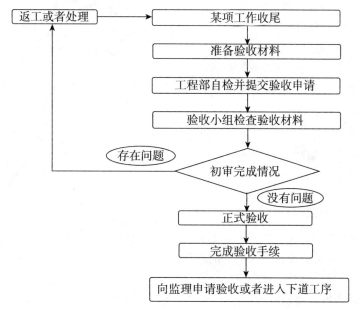

4）确认验收范围

① 范围确认的依据

工作成果（项目计划实施后的结果）；

成果相关文档（项目计划、过程资料等）；

合同文件；

技术文件（施工图纸、规范、设计变更等）。

② 范围确认的方法

为了核实项目或项目阶段是否已按规定完成，验收人员根据经验在现场进行必要的测量、考察和试验等活动。

③ 范围确认

主体结构验收、设备安装验收、设备联合调试验收、景观工程验收、竣工验收。

5）资料验收

① 资料验收的重要性：

由于项目资料是项目竣工验收和质量保证的重要依据，是项目交接、维护和后评价的重要原始证据，在项目验收工作中起着十分重要的作用。

因此，项目资料验收是项目竣工验收前提条件，只有合格的项目资料验收，才能有效保证项目竣工验收。

② 项目资料验收的结果包括：

A. 项目资料验收报；

B. 项目资料档案。

③ 项目实施验收应移交归档的资料包括

A. 竣工图，包括总平面、建筑、结构、设备、附属工程及隐蔽管线的全套图纸；

B. 施工组织设计和工程合同及开、竣工报告；

C. 图纸会审记录；

D. 工程设计变更通知及技术核定单（包括质量事故处理记录）；

E. 隐蔽工程验收签证；

F. 钢材、水泥等主要材料的质量保证书；

G. 新材料、构配件的鉴定合格证书；

H. 设备的检验合格证书和进场证明；

I. 设备调试验收记录；

J. 材料检测报告；

K. 砂浆、混凝土试块、试压报告；

L. 分部分项和检验批的验收资料；

M. 质量观感检查记录；

N. 竣工验收证明书；

O. 会议纪要和甲方、监理、设计往来文函。

6）质量验收的范围

质量验收应该是全过程验收。

① 实施阶段的质量验收

实施阶段的质量验收要根据范围规划、工作分解和质量规划对每一个工序进行单个的评定和验收，然后根据各单个工序质量验收结果进行汇总统计，形成上级工序的质量结果（合格率或优良率），以此类推，最终形成全部项目的质量验收结果。

② 收尾阶段的质量验收

项目收尾阶段是对项目实施阶段每个工序的质量验收结果进行汇总统计，得出最终的质量验收结果的过程。验收的结果是产生质量验收评定报告。

7）质量验收的依据

质量验收需遵循图纸、合同、国家规范、指标要求、范围划分及相关的质量检验评定标准，对项目的质量进行质量认可评定和办理验收交接手续。

8）质量验收的结果

① 质量验收的结果是产生质量验收评定报告和项目技术资料。

② 项目每一个工序的质量检验评定报告需经汇总成相应的技术资料，是项目资料的重要组成内容。

③ 项目最终质量报告的质量评级一般分为以下两个等级：

"合格"和"优良"（凡不合格的项目不予验收）。

本项目验收优良。

（10）项目总结

费用情况：项目部节约预算成本 50 万元，原预算风险 50 万元，实际支出 20 万元，通过市场多次比价议价在设备采购上节约 20 万元。

进度情况：项目竣工验收时间比原计划提前 15 个工作日。

质量情况：优良。

安全情况：安全施工无事故。

验收情况：在规定时间前完成（见本项目竣工验收鉴定书）。

本项目竣工验收鉴定书

工程名称	清沙洲水厂三期扩建工程		工程地点	某市清沙洲
工程范围	机房土建，全套机电设备的采购、安装、调试，老自动化设备的拆除及水厂景观等		建筑面积	1 万 m²
预算造价	2800 万元			
开工日期	2009 年 7 月 1 日		竣工日期	2010 年 6 月 15 日
日历工作天	325 天		实际工作天	300 天
验收意见	建设结果符合规划、设计及业主的要求，质量优良，验收合格。			
建设单位	同意验收结论。			
验收人	同意验收结论。			
建设单位	公章 设计单位 年 月 日	公章 监理单位 年 月 日	公章 总包单位 年 月 日	工程负责人： 公司负责人： 年 月 日

综上所述，本项目在项目经理带领下，通过全体成员的努力，在成本、进度等各项目标均能满足计划要求。这是每一位团队成员的努力结果，也是各部门密切协调、通力合作的结果。在项目的实施过程中，我们的团队，经历了组建、磨合、规范等各个阶段，通过项目管理的基础知识工具结合大家的项目经验的运用，保证了本项目的圆满完成，使项目所有利益相关者满意。

8.4 IPMA 国际高级项目经理（B 级）能力认证笔试试题选介

8.4.1 笔试内容分析

IPMA 国际项目经理（B 级）能力认证笔试试题内容兼有 D 级和 C 级的类型，也有判断题和选择题。重点还是以案例题为主，题目的形式为上级对下属工作的结果进行的指导和判断。还有部分题目是体会、观点之类的发挥内容。

8.4.2 笔试试卷

试题1：判断题（每小题1分，共20分）

（选择题请答在下表之中，请在正确的选项上画横线或者涂黑，正确选【√】错误选【×】）

1.【×】【√】	6.【×】【√】	11.【×】【√】	16.【×】【√】
2.【×】【√】	7.【×】【√】	12.【×】【√】	17.【×】【√】
3.【×】【√】	8.【×】【√】	13.【×】【√】	18.【×】【√】
4.【×】【√】	9.【×】【√】	14.【×】【√】	19.【×】【√】
5.【×】【√】	10.【×】【√】	15.【×】【√】	20.【×】【√】

1. 项目是一项有待完成的任务，有特定的环境与要求。
2. 项目的时间、费用和质量目标达到了，该项目就是一个成功项目。
3. 无论是项目还是运作都是一次性的。
4. 项目管理的要素有资源、需求和目标、项目组织、项目环境。
5. 项目以完成任务、指标为宗旨；运作以完成目标、目的为宗旨。
6. 项目管理的组织是临时性的。
7. 项目管理的对象是项目或被当作项目来处理的运作。
8. 目标管理是项目管理的基本方式。
9. 项目管理最重要的职能是指挥职能。
10. 非正式组织对项目目标的实现总是不利的。
11. 就项目的整个生命周期来说，费用控制的重点是在项目的实施阶段。
12. 项目管理的全过程都贯穿着系统工程的思想。
13. 以顾客为中心是新项目管理的核心论点之一。
14. 项目经理的主要任务是自始至终对一个项目负责。
15. 需求建议书是客户向承约商发出的用于说明如何满足其已识别需求的文件。
16. 需求识别与项目识别都是顾客的一种行为。
17. 项目评价主要是针对项目的可行性研究而言的。
18. 项目管理的主体是多方面的，但不同的主体所追求的项目管理的目标是一致的。
19. 项目组织形式的确定主要依据项目的特点，与完成该项目的企业组织无关。
20. 网络图与网络计划是两个不同的概念。

试题2：（10分）

某软件公司拟开发一套建筑施工项目管理软件，该软件应具有项目管理规划的编制及项目的动态管理功能。该软件开发项目的基础数据如下：

（1）该项目从2004年7月1日开始，周期为180天，项目总投资600万元。

（2）该软件从第2年开始销售，预计当年销售收入为500万，各种成本为200万；第3年销售收入为800万，各种成本为300万；第4年开始正常销售，正常销售期间预计每年的销售收入为 1000 万元，各种成本为 500 万元。

（1）（6 分）根据上述数据，假设项目成本与收入均在年末核算，通过分析计算该公司从项目开始当年到第 6 年的现金流量情况，包括每年的现金流出、现金流入、净现金流量、累计净现金流量、现值、累计现值，见表 1 所列。

现金流量表　　　　　　　　　　　　　　　　表 1

时间（年）	2004	2005	2006	2007	2008	2009
现金流出（万元）	600	200	300	500	500	500
现金流入（万元）		500	800	1000	1000	1000
净现金流量（万元）	−600	300	500	500	500	500
累计净现金流量（万元）	−600	−300	200	700	1200	1700
折现系数（折现率12%）	0.8929	0.7972	0.7118	0.6355	0.5674	0.5076
现值（万元）	−535.74	239.16	355.9	317.75	283.7	253.8
累计现值（万元）	−535.74	−296.58	59.32	377.07	660.77	914.57

请根据表 1 现金流量表中的数据，计算该项目自投资当年起的静态投资回收期和动态投资回收期（要求列算式），并说明两者存在差异的原因。如果该行业的标准动态投资收益率为 20%，请问该项目的投资是否可行。

（2）（4 分）假设该软件销售后，正常销售年份的固定成本总额为 100 万元，每套软件的变动成本为 4000 元，预计每年的销售量为 1000 套，请计算该软件的保本价格。

试题 3：（10 分）

可行性研究结果表明，该软件开发项目从技术上和经济上均可行。该软件的销售前景较好，为保证该项目的顺利进行，公司决定按照现代项目管理的思想和方法对该项目进行管理。作为项目经理，你需要完成以下工作：

（1）（3 分）为了更好地完成该软件开发项目，你需要准确描述该项目的目标。

目标 1：_____
目标 2：_____
目标 3：_____

（2）（7 分）请说明该软件项目实施过程中可能遇到的冲突类型。

试题 4：（10 分）

为便于该项目的计划与控制，需要对项目的目标与任务进行分解。

（1）（2 分）你要求你的项目管理团队的成员按照工作分解结构（WBS）方法对该项目进行分解。他们给你提交了如图 1 所示的工作分解结构图，请检查是否有工作遗漏，如有遗漏请在图 1 上补充。

（2）（4 分）请在项目工作分解结构图（图 1）上，给每项工作编码。

（3）（4 分）为了明确项目分解后的每一项工作（任务）的具体内容和要求，需要采用工作描述表对每项工作进行描述，请你简要说明工作描述表应包括的主要内容。

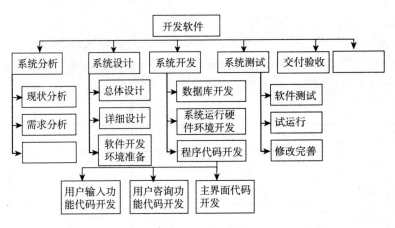

图 1　软件开发项目工作分解结构图

试题 5：(30 分)

为保证项目的工期目标得以实现，需要采用网络计划技术对软件开发项目进度进行计划和动态管理。经过分析得到了一张表明工作先后关系及每项工作初步时间估计的工作列表，见表 2 所列。

软件开发项目工作列表　　　　　　　　表 2

代号	工作名称	工作时间（天）	紧后工作	搭接关系
A	现状分析	10	C	
B	需求分析	20	C	FS2
C	总体设计	20	D	
D	详细设计	25	E	
E	软件开发环境准备	20	F、G	
F	数据库开发	30	H、I、J	
G	系统运行硬件环境开发	35	K	
H	用户输入功能代码开发	10	K	
I	用户查询功能代码开发	10	K	
J	主界面代码开发	15	K	
K	软件测试	10	L	
L	试运行	20	M	SS5
M	修改完善	15	N	
N	交付验收	5		

(1)（8 分）你的助手根据表 2 软件开发项目工作列表，绘制的项目双代号网络图（暂不考虑搭接关系）如图 2 所示，但是由于工作疏漏存在几处差错，请指出，并尽可能在图 2 中更改。

错误 1：_____
错误 2：_____
错误 3：_____

错误 4：

(2)（6 分）图 3 是由软件开发项目部分工作编排的单代号网络图，为了编排进度计划，你需要根据图 3 计算各项工作的最早开始时间和最早完成时间，请将计算结果标注在图 3 中。

(3)（6 分）根据图 3 计算各项工作的最迟开始时间和最迟完成时间，并将计算结果标注在图 3 中。

(4)（3 分）根据图 3 计算各项工作的总时差，并将计算结果标注在图 3 中。

(5)（2 分）根据网络参数的计算结果，在图 3 中用双线条或粗线条标出该项目的关键线路。

(6)（5 分）假设按上述网络计划执行，当项目进展到第 115 天时对项目进度进行检查，检查的结果是：

F 工作（数据库开发）还需要 2 天时间即可完成；G 工作（系统运行硬件环境开发）还需要 20 天才能完成。

请根据检查结果对 F 工作和 G 工作及整个项目的进度状况作出分析，并提出对策。

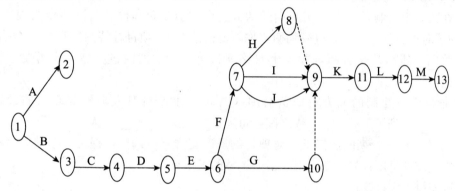

图 2　软件开发项目双代号网络图

试题 6：(20 分)

为了满足公司总经理对项目工期的要求，项目管理人员综合考虑资源、费用、质量、效益等因素后对项目进度计划进行了调整。调整后各项工作的工作时间、所需要的人力资源类型及其相应的工作量估计如表 3 所示；同时将 B 工作（需求分析）与 C 工作（总体设计）之间的搭接时间调整为 FS5。

项目管理软件开发项目计划调整后的工作时间及工作量估计表　　表 3

工作代号	工作名称	工作时间（天）	人力资源种类	工作量估计（工时）	每天安排人数
A	现状分析	10	工程师	400	
B	需求分析	15	工程师	600	
C	总体设计	10	工程师	480	
D	详细设计	20	工程师	960	
E	软件开发环境准备	15	工程师	720	
F	数据库开发	20	程序员	1280	

工作代号	工作名称	工作时间（天）	人力资源种类	工作量估计（工时）	每天安排人数
G	系统运行硬件环境开发	25	工程师	2000	
H	用户输入功能代码开发	10	程序员	320	
I	用户查询功能代码开发	10	程序员	320	
J	主界面代码开发	15	程序员	480	
K	软件测试	10	工程师	160	
L	试运行	10	工程师	480	
M	修改完善	10	程序员	320	
N	交付验收	5	工程师	160	

（1）（8分）如果每人每天工作8小时，请根据表3计算每项工作每天需要安排的人力资源数量，并填入表3中。

（2）（12分）根据调整后的时间安排，编制了如图4所示的软件开发项目的计划甘特图，并在图5中绘制了该项目实施期间的人力资源数量负荷图，时间单位为周（每周5天）。为了对项目的人力资源进行均衡，你需要根据图4（项目甘特图）和图5（项目人力资源负荷图）进行均衡分析，并提出对该项目进度计划的改进方案。你需要进行的工作是：

① 依据你所绘制的人力资源负荷图（图5），本项目对人力资源需求的最高峰在第_____周到第_____周之间，每周最多需要_____人。

② 在不影响总工期的前提下，对项目的进度安排进行调整，提出一个使人力资源需求量得以削减的进度计划调整方案，需要调整的工作有_____，这些工作在进度安排上应该推迟_____周。

③ 通过上述调整，项目的人力资源需要量最高峰由原来的_____人减少为_____人，在第_____周到第_____周之间。

④ 如果你所领导的项目团队的人力资源数量共15人，在人力资源数量不能再增加的情况下，你将会采取什么对策以适应人力资源现状。

试题7：（15分）

为了进行费用管理与控制，需要制定一份项目的费用计划。若每项工作的费用都简化为两部分：人力资源费用和其他费用（材料、设备等）。项目管理人员对每项工作的其他费用进行了估计，估计值如表4所示。各类人员的小时工作量成本为：

工程师：50元/时
程序员：100元/时

软件开发项目的费用估计　　　　　　　　　　　　表4

工作代号	工作名称	其他费用（千元）	人力资源费用（千元）	总费用（千元）	每周平均费用（千元/周）
A	现状分析	200			
B	需求分析	240			
C	总体设计	400			

续表

工作代号	工作名称	其他费用（千元）	人力资源费用（千元）	总费用（千元）	每周平均费用（千元/周）
D	详细设计	400			
E	软件开发环境准备	414			
F	数据库开发	1000			
G	系统运行硬件环境开发	1400			
H	用户输入功能代码开发	100			
I	用户查询功能代码开发	100			
J	主界面代码开发	102			
K	软件测试	100			
L	试运行	100			
M	修改完善	100			
N	交付验收	50			
	合计				

（1）（8分）请计算各项工作的人力资源费用及总费用，计算结果请填入表4，并至少给出一项工作的人力资源费用及总费用计算的过程。

（2）（2分）该软件开发项目的总成本为_____千元。

（3）（5分）假设费用在时间上是均匀支付的，请计算每项工作每周需要支付的平均费用，计算结果请填入表4，并至少给出一项工作的周平均费用的计算过程。

试题8：(15分)

为了有效地控制项目实施过程中的费用支出，拟采用挣值分析法对项目实施过程进行分析。

（1）（6分）表5已经给出了软件开发项目第1周到第10周每周的计划费用、每周已完工作量实际费用及每周已完工作量预算费用，请计算项目从第1周至第10周每周计划工作量累计预算费用（$BCWS$）、每周已完工作量实际费用及累计实际费用（$ACWP$）、每周已完工作量预算费用及已完工作量累计预算费用（$BCWP$），并将计算结果填入表5中。

（2）（6分）在图6中绘制出该项目第1周至第10周 $BCWS$、$BCWP$、$ACWP$ 三个参数的变化曲线。

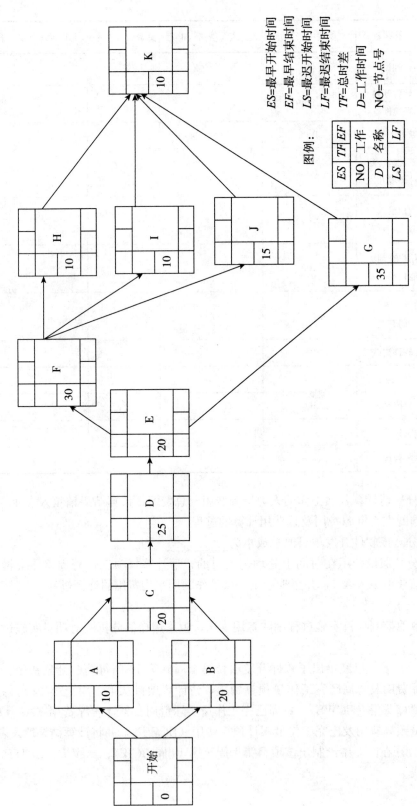

图 3 软件开发项目单代号网络图

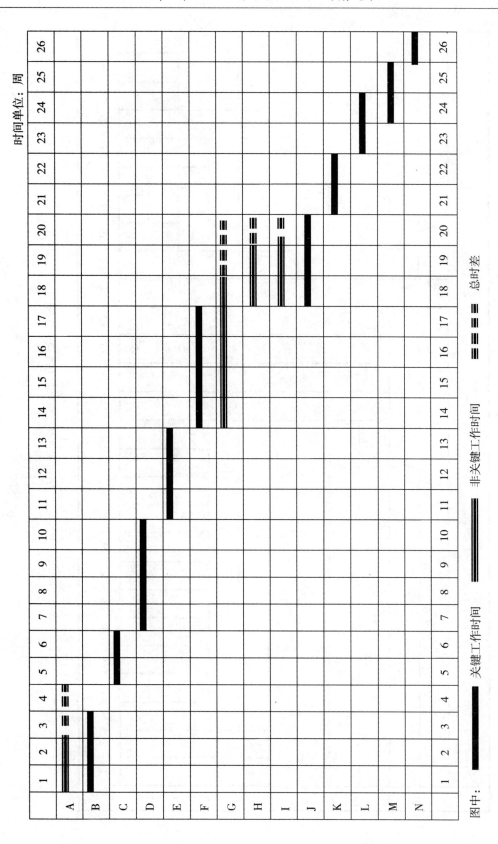

图4 软件开发项目进度计划甘特图

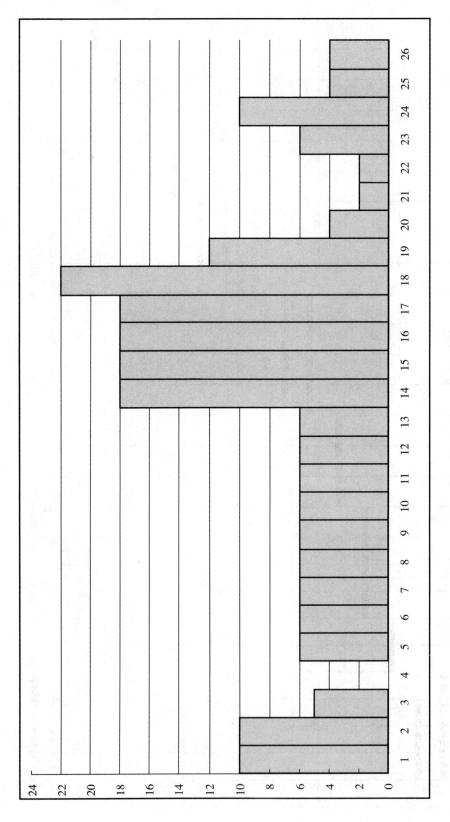

图5 软件开发项目人力资源负荷图

软件开发项目费用计划及执行情况表（万元）   表 5

时间（周） 参数	1	2	3	4	5	6	7	8	9	10
每周计划费用 BCWS	17	17	8	0	18	18	10	10	10	10
每周已完工作量实际费用 ACWP	6	14	14	14	14	14	14	11	11	11
每周已完工作量预算费用 BCWP	6	12	12	12	12	12	12	10	10	10

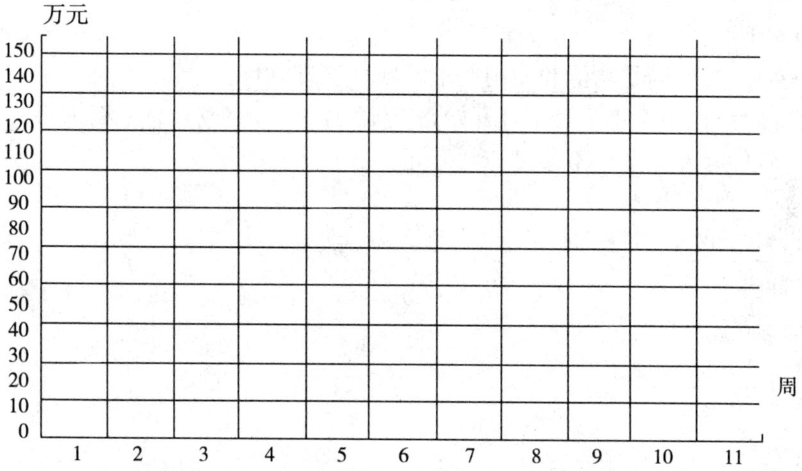

图 6　软件开发项目费用曲线

（3）（3 分）计算第 10 周末的费用偏差（CV）与进度偏差（SV），并根据计算结果分析项目的费用执行情况和进度执行情况。

试题 9：(30 分)

请就下列问题谈谈你的观点与体会：

（1）作为一个复杂项目的项目经理，如何完成整个项目管理计划与协调？

（2）在企业中开展项目管理工作，作为项目经理，你希望企业组织管理平台如何适应项目管理的要求？

（3）科学管理方法与工具对大型复杂项目管理的作用与意义是什么？

8.4.3　笔试答案

试题 1：判断题（每小题 1 分，共 20 分）

（选择题请答在下表之中，请在正确的选项上画横线或者涂黑，正确选【√】错误选【×】）

1. 【×】【　】　　6. 【×】【　】　　11. 【　】【√】　　16. 【　】【√】
2. 【　】【√】　　7. 【×】【　】　　12. 【×】【　】　　17. 【　】【√】
3. 【　】【√】　　8. 【×】【　】　　13. 【×】【　】　　18. 【　】【√】

4. 【×】【√】		9. 【×】【√】		14. 【×】【√】		19. 【×】【√】	
5. 【×】【√】		10. 【×】【√】		15. 【×】【√】		20. 【×】【√】	

试题 2：（10 分）

（1）静态投资回收期：$P_J = 3 - 1 + \dfrac{|-300|}{500} = 2.6$ 年

动态投资回收期：$P_D = = 3 - 1 + \dfrac{|-296.58|}{355.9} = 2.83$ 年

动态投资回收期与静态投资回收期差异的原因是：资金的时间价值。

投资收益率：$1/2.83 = 35.3\% > 20\%$，该项目投资可行。

（2）保本价格　$BEP_P = F/Q + V = 100/1000 + 0.4 = 0.5$ 万元

试题 3：（10 分）

（1）目标 1：交付满足功能和使用要求的项目管理软件。

目标 2：项目自 2003 年 7 月 1 日开始，至 12 月 30 日完成，总工期 180 天。

目标 3：软件开发总费用不超过 600 万元。

（2）① 人力资源冲突；

② 成本费用冲突；

③ 技术冲突；

④ 管理程序上的冲突；

⑤ 项目优先权的冲突；

⑥ 项目进度冲突；

⑦ 项目成员个性冲突。

试题 4：（10 分）

（3）一般而言，针对每一个工作，工作描述表应包括下列内容：

工作名称、交付物、验收标准、技术条件、任务描述

假设条件、信息源、约束、其他、签名。

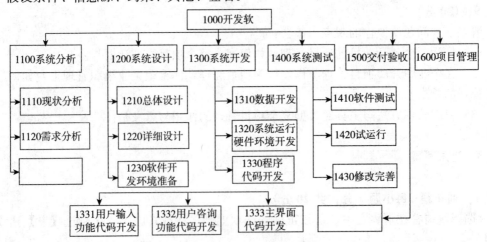

图1　软件开发项目工作分解结构图

试题 5：（30 分）

（1）错误 1：工作 A 后出线断路，应加入虚工作（2—3）。

错误 2：(7—9) 之间出现两个工作。
错误 3：G 工作后虚工作多余。
错误 4：工作 N 没有标画。
（6）F 工作：进度正常。
G 工作：进度不正常。按目前状态，该项工作将可能在第 135 天完成，已超出该项工作的最迟完成时间，所以将会对项目工期产生影响，至少影响工期 3 天。

计算公式：20－（122－115）－10＝3 天

对策：为了不影响工期，应选择项目的后续关键工作压缩工时，至少压缩 3 天。

试题 6：（20 分）
答：
调整后各项工作的工作时间、所需要的人力资源类型及其相应的工作量估计如表 6 所示；同时将 B 工作（需求分析）与 C 工作（总体设计）之间的搭接时间调整为 FS5。

项目管理软件开发项目计划调整后的工作时间及工作量估计表　　表 6

工作代号	工作名称	工作时间（天）	人力资源种类	工作量估计（工时）	每天安排人数
A	现状分析	10	工程师	400	5
B	需求分析	15	工程师	600	5
C	总体设计	10	工程师	480	6
D	详细设计	20	工程师	960	6
E	软件开发环境准备	15	工程师	720	6
F	数据库开发	20	程序员	1280	8
G	系统运行硬件环境开发	25	工程师	2000	10
H	用户输入功能代码开发	10	程序员	320	4
I	用户查询功能代码开发	10	程序员	320	4
J	主界面代码开发	15	程序员	480	4
K	软件测试	10	工程师	160	2
L	试运行	10	工程师	480	6
M	修改完善	10	程序员	320	4
N	交付验收	5	工程师	160	4

（1）（8 分）如果每人每天工作 8 小时，请根据表 3 计算每项工作每天需要安排的人力资源数量，并填入表 6 中。

（2）（12 分）根据调整后的时间安排，编制了如图 4 所示的软件开发项目的计划甘特图，并在图 5 中绘制了该项目实施期间的人力资源数量负荷图，时间单位为周（每周 5 天）。为了对项目的人力资源进行均衡，你需要根据图 4（项目甘特图）和图 5（项目人力资源负荷图）进行均衡分析，并提出对该项目进度计划的改进方案。你需要进行的工作是：

① 依据你所绘制的人力资源负荷图（图 5），本项目对人力资源需求的最高峰在第　18　周到第　18　周之间，每周最多需要　22　人。

② 在不影响总工期的前提下，对项目的进度安排进行调整，提出一个使人力资源需

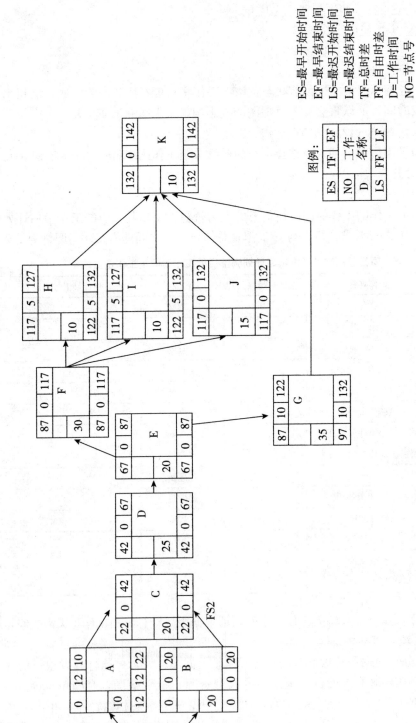

图3 软件开发项目单代号网络图

求量得以削减的进度计划调整方案,需要调整的工作有 __H 或者 I 工作__ ,这些工作在进度安排上应该推迟 __1__ 周。

③ 通过上述调整，项目的人力资源需要量最高峰由原来的__22__人减少为__18__人，在第__14__周到第__18__周之间。

④ 如果你所领导的项目团队的人力资源数量共 15 人，在人力资源数量不能再增加的情况下，你将会采取什么对策以适应人力资源现状。

从进度计划甘特图可见，14～17 周之间有两项工作：F 和 G，其中 F 工作是关键工作，而 G 工作是非关键工作，且有 2 周的总时差，所以可将 G 工作的工时由 5 周延长为 7 周，从而将该工作每周需要的人数大体上可以从 10 人减少为 7 人。如果仍不能满足要求，则应在延长工期最小的前提下，考虑延长相关的关键工作的工时。

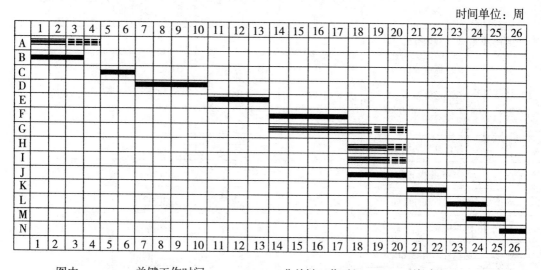

图 4　软件开发项目进度计划甘特图

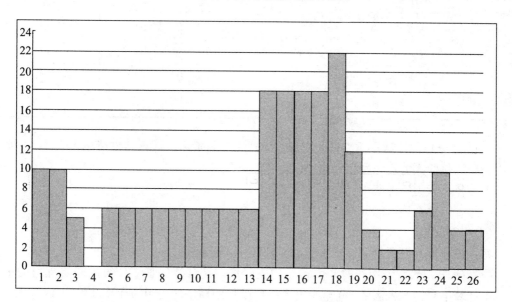

图 5　软件开发项目人力资源负荷图

试题 7：（15 分）

答：

为了进行费用管理与控制，需要制定一份项目的费用计划。若每项工作的费用都简化为两部分：人力资源费用和其他费用（材料、设备等）。项目管理人员对每项工作的其他费用进行了估计，估计值如表 7 所示。各类人员的小时工作量成本为：

工程师：50 元/时　　　　　程序员：100 元/时

软件开发项目的费用估计　　　　　　　　　　　表 7

工作代号	工作名称	其他费用（千元）	人力资源费用（千元）	总费用（千元）	每周平均费用（千元/周）
A	现状分析	200	20	220	110
B	需求分析	240	30	270	90
C	总体设计	400	24	424	212
D	详细设计	400	48	448	112
E	软件开发环境准备	414	36	450	150
F	数据库开发	1000	128	1128	282
G	系统运行硬件环境开发	1400	100	1500	300
H	用户输入功能代码开发	100	32	132	66
I	用户查询功能代码开发	100	32	132	66
J	主界面代码开发	102	48	150	50
K	软件测试	100	8	108	54
L	试运行	100	24	124	62
M	修改完善	100	32	132	66
N	交付验收	50	8	58	58
	合计	4706	570	5276	

（1）（8 分）请计算各项工作的人力资源费用及总费用，计算结果请填入表 7，并至少给出一项工作的人力资源费用及总费用计算的过程。

A 工作：人力资源费用：400×50＝20000（元）＝20（千元）

　　　　总费用：200＋20＝220（千元）

（2）（2 分）

答：该软件开发项目的总成本为　　5276　　千元。

（3）（5 分）假设费用在时间上是均匀支付的，请计算每项工作每周需要支付的平均费用，计算结果请填入表 7，并至少给出一项工作的周平均费用的计算过程。

A 工作：220/2＝110（千元）

试题 8：(15 分)

(1)

软件开发项目费用计划及执行情况表（万元）　　　　表 8

时间（周） 参数	1	2	3	4	5	6	7	8	9	10
每周计划费用	17	17	8	0	18	18	10	10	10	10
BCWS	17	34	42	42	60	78	88	98	108	118
每周已完工作量实际费用	6	14	14	14	14	14	14	11	11	11
ACWP	6	20	34	48	62	76	90	101	112	123
每周已完工作量预算费用	6	12	12	12	12	12	12	10	10	10
BCWP	6	18	30	42	54	66	78	88	98	108

(2)

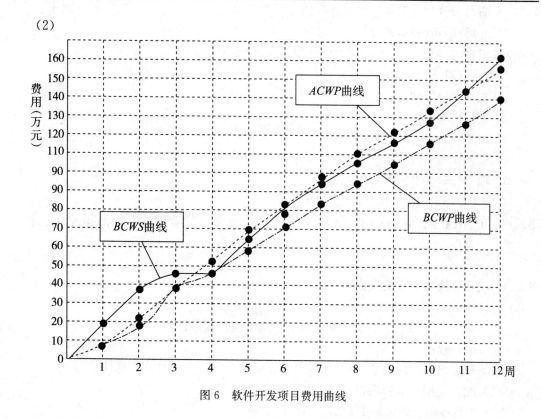

图 6　软件开发项目费用曲线

(3) 第 10 周：$CV = BCWP - ACWP = 108 - 123 = -15$ 万元，费用超支 15 万元；$SV = BCWP - BCWS = 108 - 118 = -10$ 万元，进度延误。

试题 9：(30 分)

(1) 作为一个复杂项目的项目经理，如何完成整个项目管理计划与协调？

参考点（应该包括，不少于）：

1) 制定复杂项目的全局管理计划；
2) 指导、编制和管理复杂项目的分层次、分类计划；
3) 管理复杂项目资源；

4) 及时获取和处理项目信息；
5) 监控复杂项目绩效；
6) 管理复杂项目问题、冲突；
7) 充分发挥项目管理人员和团队成员的积极性；
8) 结束复杂项目的阶段和整个项目等。

(2) 在企业中开展项目管理工作，作为项目经理，你希望企业组织管理平台如何适应项目管理的要求？

参考点（应该包括，不少于）：
1) 建立富有成效的项目管理体系；
2) 成立 PMO 并充分发挥作用；
3) 有卓有成效的项目管理信息系统；
4) 有各种管理规范和管理文件支撑；
5) 开展项目管理培训等。

(3) 科学管理方法与工具对大型复杂项目管理的作用与意义是什么？

参考点（应该包括，不少于）：
1) 指导项目管理；
2) 项目成功的保证；
3) 提高项目管理的效率和效益；
4) 实现正确地做事，有利于多快好省；
5) 项目管理水平的重要体现等。

8.5 IPMA 国际高级项目经理(B级)能力认证项目管理报告选介

8.5.1 项目管理报告全文选介

新工厂建设（交钥匙工程）项目管理

一、项目概况

（一）项目名称　DL 八方管件工业公司建设项目（以下简称八方管件公司）。

（二）项目类型　工程项目——新建一座工厂。

（三）项目业主　国家×工业部。

（四）项目承包方

(1) ××集团公司（前期）；

(2) DL 八方管件工业公司（后期：是由××集团公司该项目组工作一段时间后，由××集团公司为该项目注册的公司，具体承担项目全部总承包工作）。

××集团公司是国家大型企业，是××工业部的直属骨干企业。具有集机、电、仪研发与生产能力的精密机械电子产品企业。该厂除承担研发生产军工产品外，在"军民结合"中先后开发了"电度表"、"摩托车"、"微型轿车"、"汽车零部件"、"精密工模具"和"高压工业管件"等多种民用产品。该厂有较强的工模具设计制造能力（是××部模具生产基地,JL 工模具技术开发中心)、较高的计量检测水平(××部区域计量站,一级站)、较大的非标准机械设备设计制造能力(有机械动力分厂,生产非标准和标准机床设备),还有建筑公司等附属企业,是比较典型的"大而全"旧式国有企业。

(五)项目内容

(1)按项目生命周期界定,包括:

项目概念阶段、规划阶段、实施阶段、结束阶段的全部内容;另外还包括向后延伸的阶段,开展生产经营以达到产品创优、出口,完成补偿贸易合同和建成国家该类产品出口基地的工作。

(2)按专业划分,包括:

土木建筑、新产品试制、生产线建设、非标准设备设计制造,进口设备引进安装调试、工厂组建、国际贸易、项目管理及部分企业管理内容。

(3)按交付物考核,有:

1)完成 18000m^2 土建工程。

其中:工业主厂房 9300m^2,辅助厂房 3000m^2,职工宿舍、食堂 3100m^2,办公楼 2000m^2,车库 600m^2。

2)建成 12 条工业管件生产线及配套系统,生产出达标产品。

其中:高压弯头生产线 8 条;

无缝三通生产线 2 条(含进口设备);

管帽生产线 1 条;

异径管生产线 1 条(含进口设备)。

3)完成编制工业管件工厂技术、组织、管理需要的各种资料并实际指导企业正常运营。

4)培养及建设一支该企业项目管理、企业管理和生产经营的职工队伍。

5)完成项目后延伸的各项工作。

(六)项目的必要性、意义和目标

报告人国实施以经济建设为中心的改革开放政策以来,国防工业企业执行"以军为主、保军转民、军民结合"的战略方针,根据国家经济建设急需,结合集团公司的特点、优势,研发生产有较高科技含量、国内外市场需要的民用产品。

经集团公司几年的调研论证,相继开发了工业用、家用电度表、汽车万向节、摩托车等民用产品,并在本厂区内投入生产,其中高压工业管件是集团公司有技术优势,有一定的基础,又有国际国内市场强烈需求的应加大力度开发的工业产品。

建设一个国内一流科工贸一体化的、以生产高压工业管件产品为主的大型外向型企业,是集团公司为落实"军民结合"方针,谋求更大发展的又一个战略决策。把企业建在改革开放的前沿城市——DL 经济技术开发区,使之能为总公司进一步改革开放收集信息,开拓思路更新观念,成为集团公司改革开放的窗口,促进全厂的发展,是集团公司的又一前瞻选择。

(七)项目的利益相关者分析

在项目中有既定利益的各方面的成员,项目的参与方及受项目影响者,是项目的利益相关者(以下简称为 Lyxz),项目成功的重要标志就是使 Lyxz 满意,因本项目较复杂,涉及 Lyxz 较多,为使项目能获成功,项目团队对主要的 Lyxz 作了分析,以便于在项目实施中有效地协调各方面关系，保证项目成功。具体分析见表1所列。

（八）项目及项目管理的特点

在 DL 经济技术开发区新建一座年产 6000t 高压工业管件的高水平外向型企业，是一个较复杂、系统性较强的大型生产性工业工程项目。

本项目及项目管理的特点是：

（1）规模较大：占地 $25000m^2$，员工 350 余人，年产 6000t 工业管件，产值 3000 余万元，年出口创汇 300 万美元以上，是当期国内之最。

（2）范围较广：涉及土建工程，新产品试制，生产线建设，国外设备引进，补偿贸易，产品创优出口及因异地建厂建设者的生产生活保障系统建设等。

（3）投资较大：投资 3600 万元人民币。

（4）有新知识、新工艺要求、技术复杂、新颖，设备先进——该产品热挤压成型弯头是当期新工艺，应用的是先进的可控硅中频感应加热设备，热挤压用高耐热合金芯模为国内新材料。冷胀成型三通为国内先进工艺（获省科技成果二等奖），切削加工用液压组合机床及引进的国外设备均为国内和世界先进水平。

（5）项目构成涉及专业较多——土木建筑、机械、液压、自动控制、计算机、冷加工、热加工、金属材料、模具设计制造、设备设计制造、安装调试、国际贸易、项目管理、企业管理……。

新建ＤＬ八方管件工业公司项目主要利益相关者（Lyxz）分析表　　表 1

Lyxz 角色	序号	Lyxz 名称	Lyxz 对项目的主要作用	Lyxz 期望、目标、指标
业主	1	×工业部	决策、出资、验收、决定性	投资 3600 万人民币以内，3 年建成年产 6000t 管件的一流企业
项目发起人	2	中国八方工业公司	项目提出，前期准备，参与验收	项目立项、获得批准、付诸实施
	3	××集团公司		
实施方	4	×××集团公司项目处及××部第五设计院	项目规划期总承包	根据业主及其他利益相关者要求完成可行性研究，规划、设计
	5	DL 金州建筑工程公司	土建工程承包商	按期限保质、保量完成合同
	6	DL 开发区监理公司	土建工程监理	按合同实施有效监理
	7	八方管件公司（建设期）	实施期实际总承包	项目实施，有效控制达成项目目标
	8	项目经理	项目总负责、总指挥	完成任务、取得成效
	9	团队工作者	项目实际工作者	完成任务、获得利益
支持协作方供应商	10	××集团公司职能部门	提供必要的各项支持	配合任务、达到集团公司考核要求
	11	×××工具厂	提供工装	完成合同、获得利益
	12	××集团公司机动分厂	提供非标准设备	完成合同、获得利益
	13	××部东北物资公司	提供产品用、建筑用原材料	完成合同、获得利益
	14	中国八方工业公司	协助引进设备、组织补偿贸易	完成合同、获得利益
	15	塞夫公司（德）	提供大型三通程控液压机	完成合同、获得利益
	16	西格曼公司（德）	提供接收产品的技术支持，订货	完成合同、获得利益
	17	国内设备公司	提供标准设备	完成合同、获得利益
	18	大工高新合金公司	研制、提供弯头热挤压模具	完成合同、获得利益
	19	德国欧亚贸易公司	进口设备订货组织验收	完成合同、获得利益
	20	美国尼克公司	进口台湾设备及接收出口产品	完成合同、获得利益
	21	台湾东藤设备公司	提供小规格三通成型设备	完成合同、获得利益

续表

Lyxz角色	序号	Lyxz名称	Lyxz对项目的主要作用	Lyxz期望、目标、指标
环境提供方	22	项目所在地政府	提供政策支持、土地、劳动力及环保制约等	政府有绩效、获税收、获出口创汇增加劳动力就业、不污染环境等
项目用户	23	DL八方管件公司（生产期）	接收工厂组织经营活动	新公司正常运行，产品创优出口，实现经济效益目标
项目产品客户	24	国内管件用户	使用项目产生的管件产品	获得所需优质产品，有效益
	25	中国八方工业公司	出口项目产生的管件产品	获得所需优质产品，有效益
	26	国内外贸公司	出口项目产生的管件产品	获得所需优质产品，有效益
	27	国外管件进口商	进口项目产生的管件产品	获得所需优质产品，有效益
	28	国外管件用户	使用项目产生的管件产品	获得所需优质产品，有效益

（6）活动内容复杂——除了通常的建厂内容外，本项目还同时有项目前期论证、新产品试制、自制设备、引进国外设备、国外现场监造、安装调试、验收、试生产、实施补偿贸易、生产生活的后勤保障工作及延伸的企业管理工作等。

（7）项目生命周期较长——除了包括前期概念阶段、准备规划阶段和建设时的实施阶段、试车结尾阶段外还延伸至批量生产，产品创优，实现出口，完成补偿贸易合同及至创建出口产品基地等阶段，类似于国际工程承包新形式的经营和维护形式 O&M（Operate and Maintain），使八方管件公司成了"项目启动型企业"。

此项目前期论证与评估6个月，规划阶段历经7个月，从开工建设至完成全面试生产2年11个月（预计目标为3年），实现后期（交钥匙后）延伸目标1.5年（预计2年），总计5年6个月。

（8）项目的利益相关者较多，关系复杂，协调、协作难度较大。

（9）本项目为了实现少投入资金，早见效及完成补偿贸易合同等原因采用了先生产、后生活，边建设、边试制、边生产、边出口的模式，是与经验相关的更复杂的一种总承包项目管理方式，虽然有一定的优点，但使项目及项目管理内容复杂化，不规范，综合协调难度大，力度也需加大，项目团队因生产生活条件较差，不配套，付出也较大。（见附录）

（10）本项目在整个生命周期中变化大，要求项目管理应变能力强，对变化的管理工作量大，风险大，管理者付出也大。如：

1）在前期论证中，可行性研究就改变了三次（初始与日本方合资，后拟与美国尼克公司和西德欧亚公司及中国八方公司合资，最后又定为先内资以补偿贸易方式建企业，以后再合资）。

2）为适应补偿贸易和出口需要，新产品试制受对外贸易合同制约，以此为导向产品试制及生产线建设顺序变动调整较大。

3）因补偿贸易设备延迟交货，影响工期及项目进程也需调整。

4）因进口设备出现质量问题，为使其运转增加了工作内容与工程量。

5）考虑市场需求和国内已有企业的能力，为减少重复建设和有效利用社会资源，项目团队也主动地调整了项目的规模指标和产品规格及生产设备。

（11）本项目在实施中面对新问题、新情况较多，项目团队在体制上、技术上和管理方面有一些创新，注重创新管理是本项目的一个特点。

（12）因该项目较复杂，有些条件不具备，时间紧，任务重，对团队建设要求较高，强调"以人为本"，"发挥军工企业能打硬仗"的企业精神，厉行艰苦创业，领导者以身作则，加强沟通，干群一心，艰苦奋斗，组织"会战"等起到了重要的作用。"土洋结合"的团队文化建设是又一个特点。

（九）项目经理在此项目中的重要性

本项目十分重视对项目经理（本项目的总负责人）的选择。经集团公司党政联席会研究确定由当时的一位副总工程师担任。报告人第一专业是金属材料和热加工，参加了早期的工业管件项目论证和扩初设计工作，是企业应用系统工程、项目管理于新产品开发获奖项目的主要负责人，又在××部组织的厂级预备干部华东工学院"现代化管理研讨班"培训了半年，在培训中较早、较系统地接受了外籍教师介绍的项目管理知识。报告人有奋斗和开拓精神，年富力强。

二、项目概念阶段（简介）

（一）机会研究

1. 需求的产生

根据市场调研得知，报告人国石油、化工、电力、医药、纺织等行业的发展急需大量高质量的高压工业管路配件，如弯头、三通、异径管、管帽、承件等以连接管路，传输各种介质，量大、品种多。但当时工艺复杂的高档的"无缝三通"等产品，全部依赖进口。为了满足国家建设急需，替代进口节约外汇，建立一个国内高水平、有一定规模的管件集团公司，对于国民经济发展是急需的，可以获得国家大力支持。

2. SWOT 分析及机会研究

通过对企业内部优势（S）劣势（W）分析和外部机会（O）威胁（T）的研究认为：××集团公司是较全面的机械电子产品生产企业，有设计制造关键机械设备和精密模具的能力，有相关专业的科技和管理人才，特别是有军品项目型号开发的经验和生产高压工业管件的基础，其技术达到国际先进水平，属国内首创，获省级科技成果二等奖，试制产品通过了化工部产品鉴定。劣势是生产刚起步，规模小，集团公司地处闭塞，产品影响小，但国际市场已有初识，只是因设备、人员力量不足，无法大量供货。

在外部环境分析中，了解到竞争对手较少，而且报告人国的技术、生产条件适合，而国外恰逢工业发达国家因劳动力昂贵，有愿望将管件生产转移到第三世界国家。经中国八方工业公司联系和支持，××集团公司先后与日本、西德、美国等国家客商取得联系，确立了合作意向。由此，利用××集团公司的技术、管理、生产能力优势和中国的劳动力优势，加之引进少量国外先进的设备，到 DL 开发区这样的改革开放前沿，创建一个国内一流的外向型的工业管件集团公司成为项目的构思内容。

（二）可行性研究

经过 SWOT 分析确认了这一特定机会研究成果后，集团公司组织了班子进行了初步可行性分析，完成初步可行性研究报告，分别上报××工业部和 DL 经济技术开发区，申请立项。后经 DL 经济技术开发区批准立项。

××集团公司组织完成详细可行性研究报告并上报（详见可研报告——本书中：略）。

其结论是项目符合国家需要、市场需求，投资回报率较高（计算内部收益率 34.6%）。投资回收期适当（从建设期计算为 5.8 年）。

（三）批准项目

19××年 12 月××日工业部批准××集团公司兴建 DL 八方管件公司项目。同时报 DL 开发区管委会批准了此项目。

三、项目规划阶段

（一）项目目标

(1) 总投资 3640 万元人民币。

(2) 在 DL 经济技术开发区新建年产 6000t，产品规格齐全（含弯头三通、异径管、管帽）符合国际标准（美国 ASTM234. ANSIB16.9. JIS. DIN 等标准）的科、工、贸一体化，外向型的国内最先进的高压工业管件厂。

(3) 建设周期（从土建工程开工至试生产）3 年，投产后两年内产品创国优。

(4) 项目其他目标：陆续出口，完成补偿贸易合同；建成国家该类产品出口基地企业。

（二）项目结构（PBS——Project Breakdown Structure）

项目团队用系统分析的方法理解项目结构，把项目结构分解为两个层次：

即先把项目总目标、总任务分解为互相关联、互相依赖、互相制约的子目标、子任务的结构系统，视为项目结构（PBS）。而进一步的细化分析，则把子系统、子单元的工作再分解，则为工作结构（WBS）。

1. 本项目从两个角度分析的 PBS

(1) 从项目进行的过程，即项目生命周期进行系统分析，结构分解。这种分解可以对项目管理有一个全面系统的认识，是一个以时间为线索的纵向分析，有利于进度控制，是项目管理中高层人员应该掌握的重点，如图 1 所示。

(2) 按项目的技术专业系统进行项目结构分解。

本项目为一个工业项目，是建设一个生产高压工业管件的公司，该公司具有特定的功能，它是许多技术、专业要素的集合，而不同的技术专业要素要有特定人员来实施，按要素分解，可以明确责任分工，落实考核。这种分解是紧紧围绕项目目标范围在空间上、横向的结构分解，如图 2 所示。

有了以上两种项目结构分解，就可以使处在高层综合、全局位置上的高级项目管理者把握全局，控制项目的整体管理，在时间与空间上注意本项目的范围整体性、项目目标的整体性、项目过程的整体性。

2. 本项目的工作结构分解（WBS）

在通过对项目全局性的 PBS 后，为了把工作分解到可落实可考核的工作包、交付物层次，项目经理又组织和指导了各个专业、各分项目经理分别进行了工作结构（WBS）分解，这里举两例。

(1) 6"以下规格弯头产品试制工作的 WBS，如图 3 所示。

(2) 进口设备现场监造培训，予验收工作的 WBS，如图 4 所示。

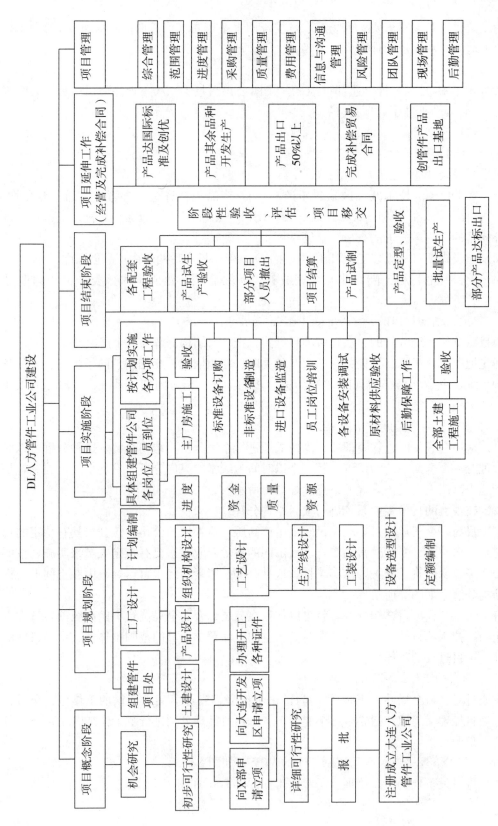

图1 新建DL八方管件工业公司按项目生命周期结构分解图（PBS）

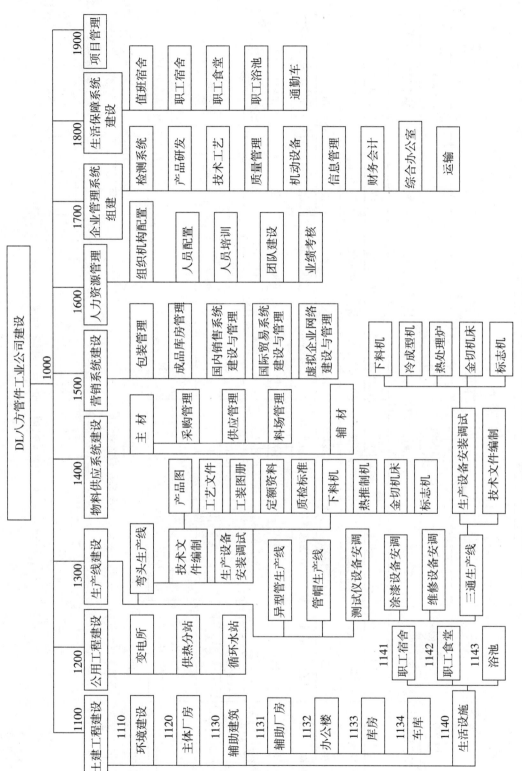

图2 新建DL八方管件工业公司按功能要素结构分解图（PBS）

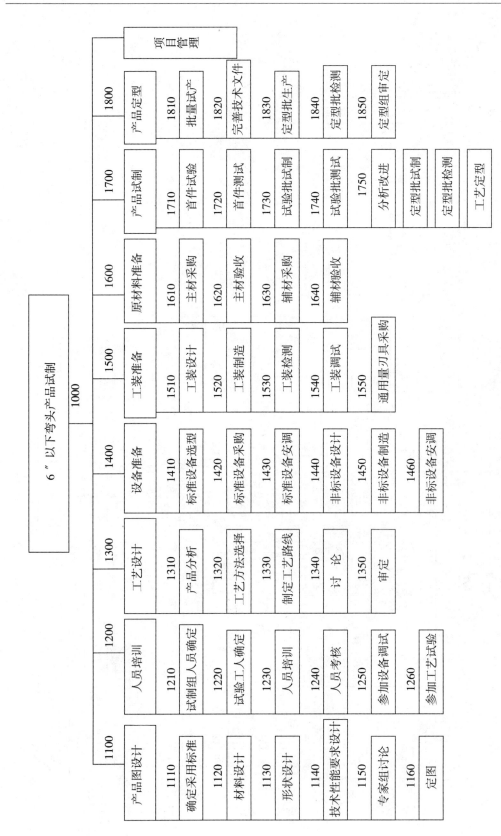

图3 6"以下规格弯头产品试制工作结构分解（WBS）

第 8 章 IPMA 国际项目经理认证实务选介

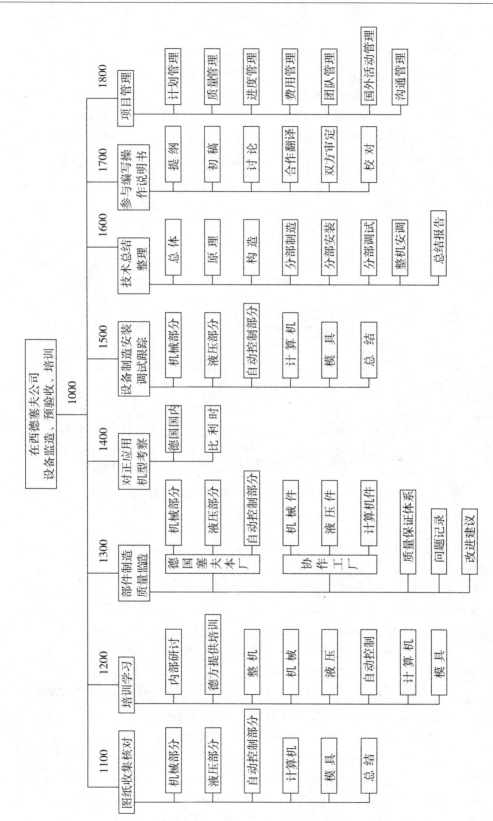

图4 进口设备现场监造、预验收、培训工作结构分解（WBS）

（三）项目组织

1. 本项目组织及演变

本项目组织初始（概念与规划阶段）为矩阵式组织，总承包方的××集团公司成立了管件项目组（处），由总公司各职能处抽人组成了强矩阵式项目组织——管件项目处，其组织机构如图5所示。项目被××部和DL开发区管委会批准后，集团公司专门注册成立了新企业——八方管件公司，项目组织机构转为新的项目式组织形式。此项目式组织已在某种程度上具有"项目法人"形式的特征。项目经理是总公司的副总工程师兼任八方管件公司总经理、总工程师。

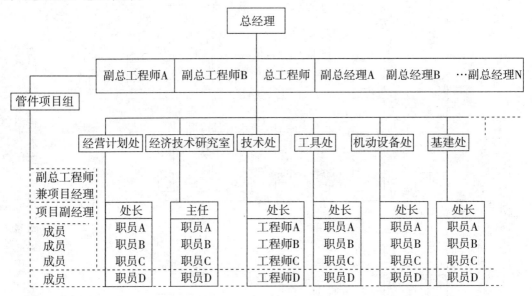

图5　新建八方管件公司项目前期强矩阵式组织结构图

2. 项目组织内部机构

八方管件公司兼有项目组织和正常企业管理组织的双重特点。为此在机构设置时注意了六项原则，即：

（1）目的性原则：注意根据目标设事，因事而设机构，划分层次定岗、定责，从而责、权、利统一平衡。

（2）系统化原则：注意与PBS的衔接对应。

（3）管理幅度与层次适当原则：考虑本项目多为新工作，又较复杂，注意了在充分发挥管理者能力的前提下适当减少管理幅度。

（4）强化重点原则：本项目工艺试验、设备安装调试工作量大且较复杂，还涉及出口产品、补偿贸易，市场营销内容较多，对项目制约较大，为此对可行性研究中机构设置作了调整，重点加强了技术、机动设备和营销部门。

（5）精简效率原则：充分考虑一专多能，分工与协作，尽量减少部门和人员。

（6）兼顾上下连接、瞻前顾后原则：即注意本项目组织与总公司组织关系和项目组织与新企业正常经营管理的一体化过渡原则：主要考虑前期充分利用总公司的职能管理及后期企业相对独立经营的特点，在机构设置与人员安排上，搞好衔接与过渡。

图 6 为新建企业组织机构的设计的流程图，图 7 为在项目边建设边生产期的实际组织机构。其中成立机动设备部，强化技术质量部是为了项目建设期及试运行期的设备安装调试，维护改进和新产品试制、定型。根据项目团队对新企业边建设、边生产、边出口，要完成补偿贸易任务及对国际贸易的市场龙头作用的认识，以及项目团队当时对新建企业与社会上已有同行业企业的分析和此前项目团队对区域经济范围充分利用和优化组合生产力要素的研究和实践，项目团队已经认识到企业间协作配套，优化组合，联合发展的虚拟企业的作用，管件公司强化了营销部门。

（四）责任矩阵

根据本项目的项目结构分解（PBS）、工作结构分解（WBS）和项目组织的实际情况，项目团队分层次地建立了责任矩阵，以下仅举其中两例：

（1）新建 DL 八方管件公司责任矩阵见表 2 所列。

（2）在西德对 SRPW3 设备现场监造、预验收及培训责任矩阵见表 3 所列。

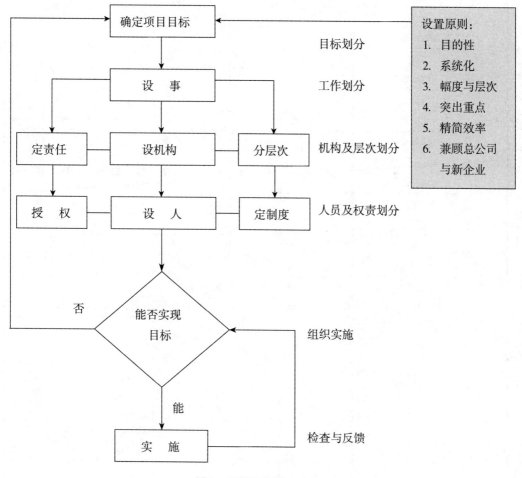

图 6　组织机构设置流程图

表 2 新建 DL 八方管件公司项目责任矩阵

序号	生命期	工作名称	1 ××部	2 集团领导	3 管件项目处	4 工具厂	5 设备厂	6 职能处室	7 八方管件公司总经理/厂副总项目经理	8 工程部	9 技术部	10 质检部	11 设备部	12 供应部	13 销售部	14 财会部	15 综合办	16 管件厂	17 后勤总务部	18 金州建筑公司	19 L监理公司	20 兵总物资公司	21 八方工业公司	22 德国塞夫公司	23 美国尼克公司	24 西德欧亚公司	备注
1	C	初步可研立项		●	▲																						C:概念阶段
2		详细可研项目报批	■	●	▲																						D:规划阶段
3		组建项目处		●				△	▲																		E:实施阶段
4		组建管件公司		●	▲			△	▲																		F:结尾阶段
5		扩大初步设计		●	△			△	●																		Y:延伸阶段
6		施工图设计		■	▲			△	●	□																	■:批准
7		土建工程施工			△				■	●	△									▲	□	△					●:决策
8	D	产品图设计									▲																▲:负责
9		工艺设计						▲	■		▲	□	△		△												△:配合
10		工装设计						△	■		▲	△	△														□:监督检查
11		设备选型					△	▲	■				△														
12		非标设备设计						▲	■		▲					△											
13		编制定额标准						△	■		▲						△										

第 8 章　IPMA 国际项目经理认证实务选介

续表

责任者	××部	×××集团				厂副总项目经理	八方管件工业公司										合作方						
序号／工作名称	集团领导	管件项目处	工具厂	设备厂	职能处室		人方管件公司总经理	工程部	技术部	质检部	设备部	供应部	销售部	财会部	综合办	管件厂	后勤总务部	金州建筑公司	DL监理公司	兵总物资公司	人方工业公司	德国塞夫公司	美国尼克公司	西德欧亚公司
14 标准设备器定货				△	▲	■								□										
15 国外设备定货				△	△	●					△			□							▲			△
16 非标准设备制造验收				▲	△	●					□			□										
17 标准设备仪器验收 (E)				△		●					▲			□										△
18 国外设备监造、制造、预验				△	△	●			△	△	▲			□									▲	
19 非标设备安装、调试				▲		■			△	□	▲													
20 标准设备安装、调试					△	●			△	△	●	▲		□		△								
21 国外设备安装、调试				▲		●			●	△	△												▲	△
22 工装制造验收、定货验验						■			▲		△													
23 原材料定货验收						■			●															
24 产品工艺试验					△				△		△					△	△			△				
25 员工培训						●			●		△		●		▲	△	▲							
26 生活设施建设	■				▲	●									△	△	△							
27 试生产 (F)	●				△	△			△		△		▲	△	△	▲	▲							
28 项目阶段验收	■					●									△	△	△				□			
29 产品出口					▲	▲			△		△		▲	△	△	▲								
30 产品创优 (Y)					▲	▲			△		△		△	△	△	▲								
31 出口基地达标									△		△					▲							△	△
32 完成补偿合同									△		△					▲					△			△

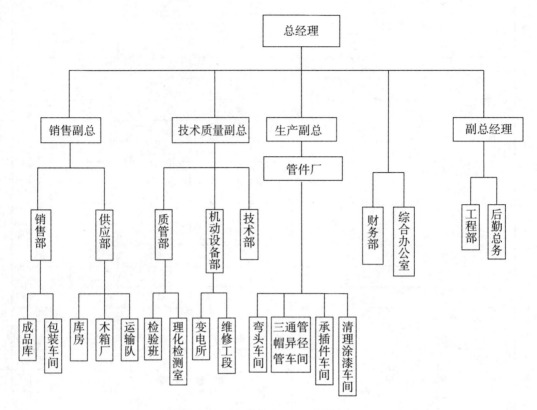

图 7 八方管件公司组织结构图

SRPW3 设备现场监造预验培训责任矩阵　　　　　表 3

序号	工作名称		团长	副团长	机械工程师	液压工程师	自动控制工程师	模具工程师	翻译
1	国外活动		■	●	△	△	△	△	▲
2	业务统筹			●	▲				
3	培训安排			●	▲				△
4	现场实习			□	●		△		▲
5	内部培训交流	整机		▲	△				
6		机械			▲	△			
7		液压				▲	△		
8		自控		△		△	▲		
9		模具						▲	
10		图纸		□	▲	△	△	△	△
11	生活安排		●				△		▲
12	对外联系		●	▲			△		△

注：●——决策；▲——负责；△——配合；□——监督检查；■——批准。

(五) 项目里程碑计划

因本项目内容较多、周期较长，重大里程碑事件选了 20 项，如图 8 所示。

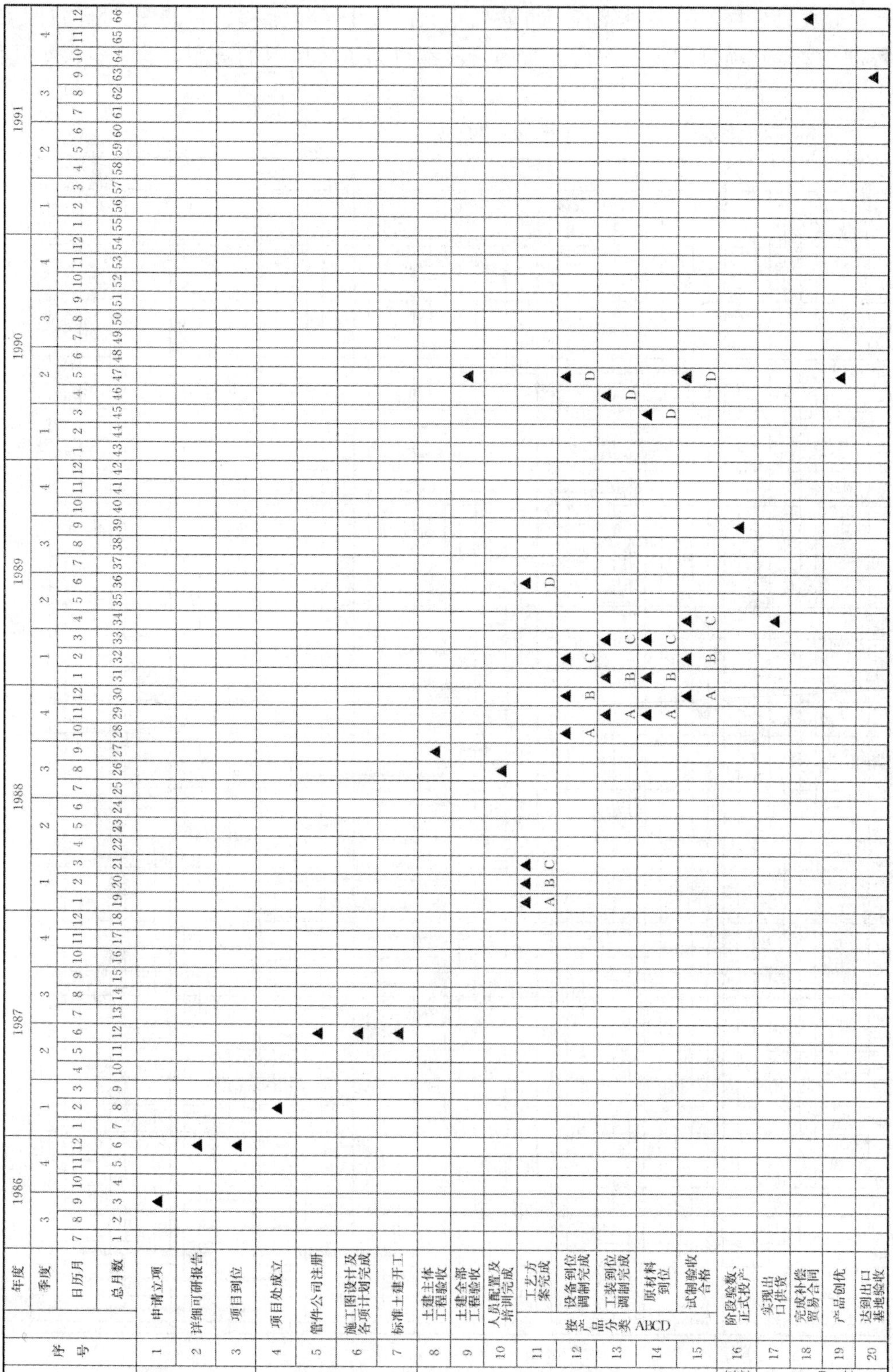

图 8 新建 DL 八方管件公司项目里程碑

(六) 进度计划

在八方管件公司项目管理工作中，管件公司注意应用现代管理方法指导工作，当时曾下发了公司文件，推荐一些现代管理方法的书籍。其中系统工程、甘特图、网络计划技术、滚动计划等在项目的规划阶段、实施阶段都得到了较广泛的应用，这里也仅举几例说明。

(1) 项目总体计划安排——甘特图如图 9 所示。

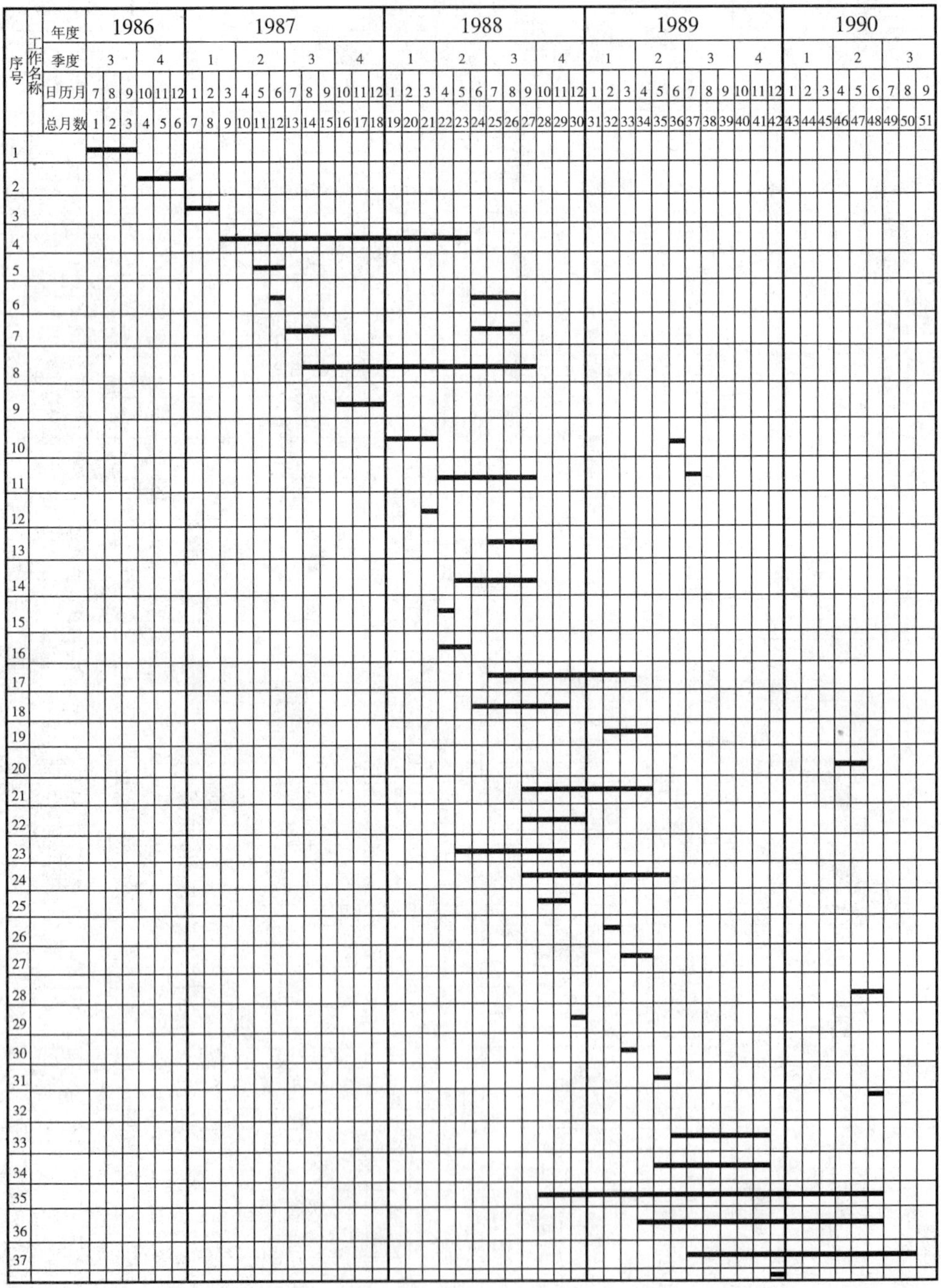

图 9 项目总体计划安排——甘特图

(2) 项目分项计划安排

1) 6"以下规格弯头试制计划工作排序，见表 4 所列。

6"以下规格弯头产品试制工作列表　　　　　　　　　　　　　　表 4

序号	工作名称	代号	持续时间（天）	紧后工作	备注
1	组建产品试制组	A	3	B	
2	学习研究产品图	B	3	C	
3	制定试制计划	C	2	D	
4	编制工艺	D	5	E, L, U	
5	选定设备	E	2	F, H, I, J	
6	设计工装	F	10	G	
7	制造工装	G	30	O	
8	采购通用量刃具	H	10	O	
9	采购原材料	I	30	O	持续时间为：期望值 $t=(a+4m+b)/6$
10	采购标准设备	J	30	K	a——最短时间；
11	标准设备安装调试	K	15	O	b——最长时间；
12	设计非标准设备	L	30	M	m——最可能时间。
13	制造非标准设备	M	50	N	
14	非标设备安装调试	N	15	O	总工期 122 天
15	产品试制	O	5	P	
16	产品检测	P	2	Q	
17	工艺定型	Q	2	R, S	
18	小批量试产	R	3	T	
19	编制定量工艺技术文件	S	5	T	
20	产品定型	T	2		
21	员工培训	U	30	K, N	

2) 6"以下产品试制网络图（PERT）如图 10 所示。

(七) 人力资源计划

本项目因在异地建厂，人力资源需求较复杂，主要是涉及后期有部分管理人员、工程技术人员和骨干技术工人要由×××集团公司迁户搬家到 DL 开发区，在项目进行中总公司要有一大批人员临时在项目上工作，项目后期又涉及在 DL 开发区招用本地员工，项目还有延伸阶段。所以人力资源需求计划要综合考虑各种因素制定，其中的人事关系也较复杂，最后由项目经理主持，反复比较各种方案，经多次办公会议讨论，上报总公司审定，确定下来。其概貌内容，参见人力资源需求表和强度图。

(1) 人力资源需求表，见表 5 所列。

(2) 人力资源需求强度图，如图 11 所示。

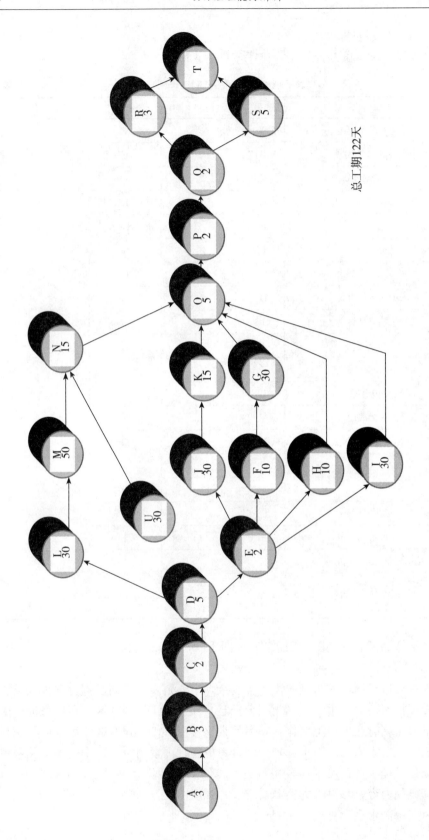

图10 6"以下弯头产品试制网络图（PERT）

总工期122天

新建 DL 八方管件公司项目人力资源需求一览表

表 5

人员类别		阶段	概念阶段		规划阶段			实施阶段										F		延伸阶段			
		年度	19××		19××			19××			19××				19××			19××		19××			
		季度	3	4	1	2	3	4	1	2	3	4	1	2	3	4	1	2	3	4	1	2	3	4
管理人员	长期	高级	1	1	2	2	2	2	1	2	3	3	3	3	3	3	3	3	3	3	3	3	3	3
		中级			2	2	2	2	2	2	4	4	4	4	4	4	4	4	4	4	4	4	4	4
		初级							1	1	1	2	2	2	2	2	2	2	2	2	2	2	2	2
	短期	高级	2	2	2	2			1	1						1		1	1	1	1	1	1	1
		中级	3	3	5	5	3	3	1	3	2	3	3	1	1	2	1	1	1	1	1	1	1	1
		初级	1	1	5	5	1	1		1														
技术人员	长期	高级	1	1	1	1	1	1	1	1	1	1	2	2	2	2	2	2	2	2	2	2	2	2
		中级	2	2	3	3	2	2	4	4	6	8	10	10	10	10	10	10	10	10	10	10	10	10
		初级			1	1	1	1	1	1	2	2	2	2	2	2	2	2	2	2	2	2	2	2
	短期	高级	1	1	2	2				1	1	1	1	2	2	2	2	2						
		中级	3	3	3	3	3	3		1														
		初级	1	1	3	3	1	1		1														
骨干技工	长期	高级							1	1	2	2	2	2	2	2	2	3	3	3	3	3	3	3
		中级									10	10	10	10	10	10	10	10	10	10	10	10	10	10
	短期	高级							1	1	1	2	2	2	2	2	2	2	2	2	2	2	2	2
		中级							1	1	1	10	20	30	30	30	30	40	35	20	20	20	20	20
当地招工		技职人员									2	2	5	8	10	10	10	10	10	10	10	10	10	10
		操作工									20	50	80	100	150	150	150	180	180	200	200	200	200	200
		后勤工									2	5	6	8	10	10	10	10	10	10	10	10	10	10
		其他																						
合计			18	19	30	31	19	20	14	23	63	108	154	185	241	248	243	287	283	284	281	282	283	284
备注			1. F 是结尾阶段。2. 本表人力资源不含总承包商以外人力资源。																					

(八) 费用计划

本项目在设计中又再次进行了费用详细预算,分别制定了总投资费用预算计划,土建工程费用计划,设备仪器费用计划,按生产线划分(三通、弯头、管帽、异径管等)的生产线建设费用计划,现仅举其中部分费用计划列出。关于费用负荷,项目团队采用了在进度计划甘特图的图面上再建立两个坐标体系,把费用负荷强度和累计负荷(预算)画出,这样的好处是可以直观地把费用与进度的关系有机联系起来,项目经理把这样的图挂在办公室墙上,一目了然,便于对全局的审视和把握。

(1) 项目费用负荷曲线图,如图 12 所示。

(2) 项目费用累计负荷(预算)图。

后期又改进成含有加入责任矩阵的五合一(WBS、责任矩阵、里程碑、甘特图、累计费用曲线)的复合图表,如图 13 所示,更便于总体控制。

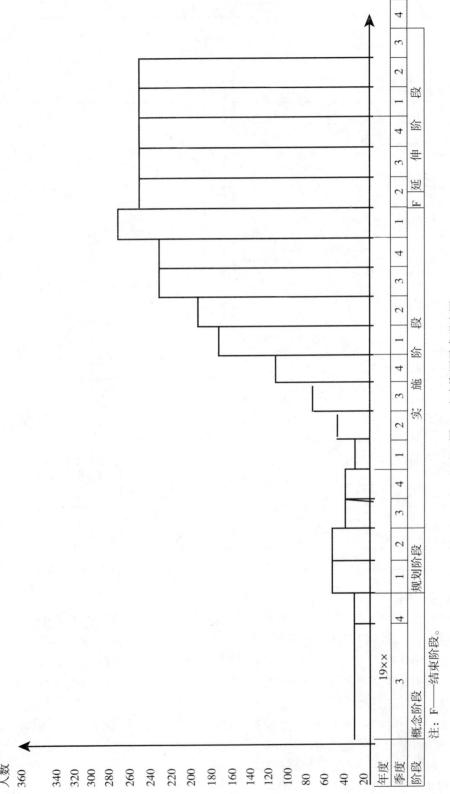

图11 人力资源需求强度图

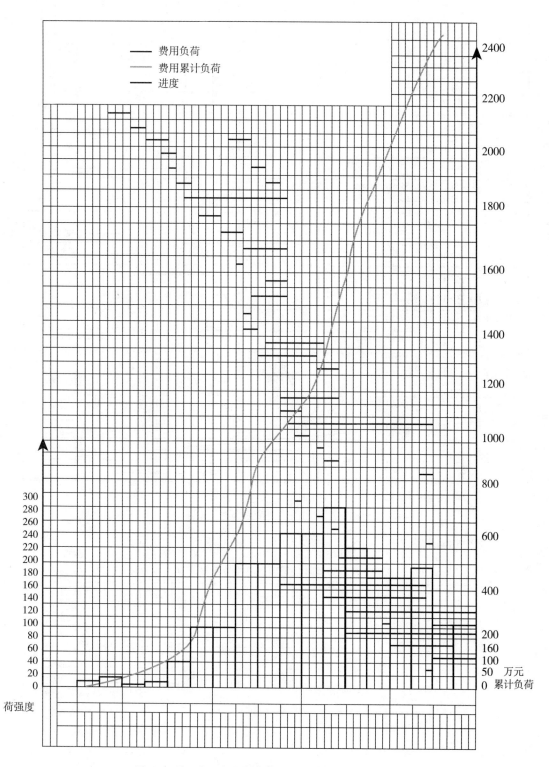

图 12　项目费用负荷曲线、项目费用累计（预算）组

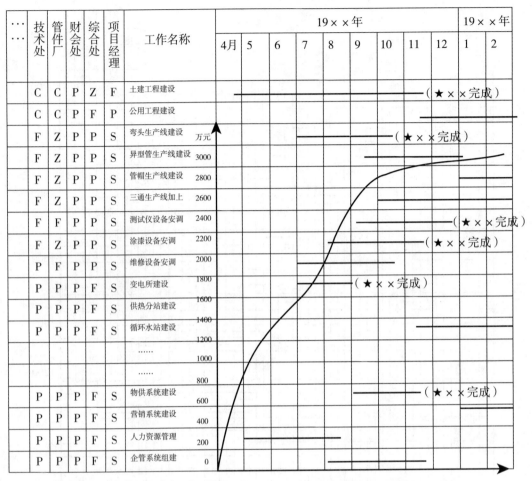

注：S：审批，F：负责，Z：主办，P：配合

图 13 "五合一"的复合图（示意）

（3）项目费用预算表，见表 6 所列。

新建 DL 八方管件公司项目总投资预算表（万元） 表 6

序号	项 目	合计	建筑工程	设备购置	安装工程	其他
1	一、固定资产					
1.1	管件生产工房	2035.19	419.80	1571.33	44.06	
1.2	辅助生产工房	100	100			
1.3	办公楼	200	200			
1.4	家属及单身宿舍	150	150			
1.5	管道及变配电工程	45	45			
1.6	汽车库	30	30			
1.7	厂区道路	7.47	7.47			
1.8	停车场	16.60	16.60			

续表

序号	项 目	合计	建筑工程	设备购置	安装工程	其他
1.9	挡土墙及围墙	7.40	7.40			
1.10	电信工程	9.00	9.00			
1.11	运输车辆	56.00		56.00		
1.12	场地平整费	10.24				10.24
1.13	绿化费	5.00				5.00
1.14	办公及家具购置费	7.80				7.80
2	二、无形资产					
2.1	设计及勘察费	28.00				28.00
2.2	供电贴费	28.00				28.00
2.3	采暖及蒸汽集资费	38.00				38.00
3	三、开办费	20.00				20.00
4	四、预备费	96.50				96.50
	总 计	2890.20	985.27	1627.33	44.06	233.54

(4) 工业管件项目设备预算计划见表7所列。

工业管件生产设备费用预算汇总表 表7

用途\分类数额	非标设备		标准设备		进口设备		旧设备		合计	
	台	金额（万元）	台	金额（万元）	台	金额（万元）	台	金额（万元）	台	金额（万元）
弯头生产线	38	316	26	107			13	24.7	77	447
三通生产线	17	59.7	11	44	2	1151			30	1254
异径管生产线	7	67.6	2	7.5					9	75.1
管帽生产线	5	2.72	6	28.1				6.37	11	30.8
维修保养设备	2	0.3	5	13.2			13	16	20	19.9
起重运输设备			27	53	3	57	7		37	126
理化试验设备			17	9.29					17	9.29
其他设备	2	3.3	5	0.1					7	3.4
合 计	71	449.62	99	262.19	5	1208	33	47.07	208	1965.49

(5) 三通生产线设备基用预算见表8所列。

三通生产线设备费用预算表 表8

序号	设备名称	规格型号	单位	数量	类别	加工范围	单价（元）	金额（元）	备注
1	端面加工机	三头	台	2	非标	3″以下	131404	262808	
2	端面加工机	三头	台	1	非标	8″以下	211561	211561	
3	气体切头机		台	1	非标		14809	14809	
4	校形机 50t	口部专用	台	1	非标		53346	53346	

续表

序号	设备名称	规格型号	单位	数量	类别	加工范围	单价（元）	金额（元）	备注
5	润滑剂槽		个	10	非标		1000	10000	
6	油压成型机	1800×1300t	台	1	进口	12″以下	9194000	9194000	
7	油压成型机	800×600t	台	1	进口	8″以下	2314000	2314000	
8	气体切割机		台	1	标准		109059	109059	
9	弓锯机		台	1	标准		5200	5200	
10	打标志机		台	1	非标	3″以下	18344	18344	
11	打标志机		台	1	非标	4″~8″	25694	25694	
12	切管机	SI251	台	1	标准	$\phi42\sim\phi159$	80000	80000	
13	普通车床	C630	台	1	标准		100000	100000	
14	X光射线机	xy-z515	台	1	标准		100000	100000	
15	磁粉探伤机	CJX6000	台	1	标准		24000	24000	
16	箱式电阻炉	RX-180-12	台	1	标准		10000	10000	
17	箱式电阻炉	RX-40-9	台	1	标准		9000	9000	
18	水泵	80ES-24	台	3	标准		1000	3000	
合计								2544823	

（九）质量管理计划

1. 本项目管理活动的质量管理特点

质量管理是指确定质量方针、目标和职责，建立质量保证体系，在质量保证体系中开展质量策划、质量控制和质量改进等各项活动。项目管理中的质量管理是以项目和项目管理工作为对象的质量管理。××集团公司有优秀的全面质量管理工作和成果，获省、部级质量管理奖。本项目质量管理的特点是专门请××集团公司全面质量管理办公室咨询指导，以全面质量管理的标准为目标进行，公司由项目经理负总责并设专门机构质量检验部主管质量管理工作。

2. 质量管理计划

公司有年度计划、分项计划，如土建工程、设备安装调试、使用保养、新产品试制定型、产品创优、管理工作及质量保证体系等各项质量管理计划。本项目在产品试制时就考虑了产品质量创优，有计划、有流程，有一定的特点，现举例列出。产品创优计划及流程如图14所示。

（十）后勤保障计划

本项目为异地建厂，涉及生产、生活的后勤保证工作较多，如从JL总公司抽调的技职人员的吃、住、行；总公司临时赴DL工作人员的相关安排，当地招工有许多是周边的农民工、渔民工，他们的通勤、倒班宿舍、食堂问题；因新企业部分作业用石墨粉润滑油又有热加工，涉及职工洗澡的浴池建设管理，小伤小病临时处置医疗问题等，事务繁多。项目经理与领导班子商定后，决定公司设立后勤保障部。根据项目结构分解，责任矩阵，配合项目的进度，要求在考虑当时总公司要求先生产后生活的原则同时，尽量做好后勤保障工作，后勤部门也做出了相应的计划，但由于后来实施中有变动，让路较多，这里不

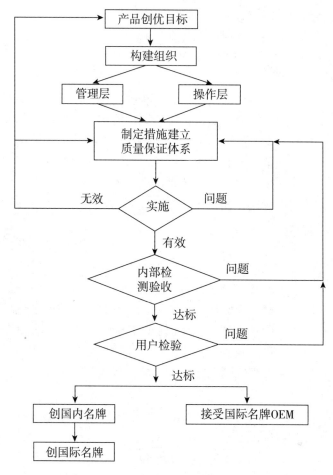

图 14 产品创优计划流程图

赘述。

四、项目实施阶段

(一)项目启动

项目实施阶段是项目管理中把项目目标付诸实现,把纸上的规划、计划变成现实、运营实体的阶段。项目经理首先明确自己的目标和任务。

(1)切实与业主方明确项目目标、范围;明确规划、计划要求,掌握最全面、准确的相关资料。

(2)从六个方面了解、掌握、争取尽可能获得有利于项目实施的软、硬件条件,即人(可提供的项目团队人员)、机(设备)、料(生产、生活物资)、法(可采用的方式、方法)、环境(可提供的项目生存环境)、测(考核测评指标、标准、方法)。

(3)理清思路、明确方法,根据控制论的基本模型,从总体上实施控制。

(4)组建一支素质好、能力强、能干事的项目团队。

(5)抓营造环境工作。即抓好项目和新企业(随后由项目启动的经营企业)生存和发展的内部和外部环境构建工作。

所谓企业外部环境,就是在利益相关者分析中的除项目团队、新企业组织之外的业主、总公司、协作支持各方、供应商、当地政府部门、银行、海关、客户以至于职工家属等，各影响和制约项目团队的相关因素构成的生存空间；通过沟通、请示、汇报、协商谈判、联谊等方式方法，坦诚相待，谦虚处事，求得各方面对项目团队事业的理解与支持。

其中一个比较典型的国际交往的例子是项目在德国对引进设备现场监造与培训时，为了能争取多一点培训内容和更多地了解该设备外协件的制造质量情况，项目经理以过生日的名义，邀请德方经理和技术人员参加项目经理的生日聚会，虽然简陋寒酸了点，但项目团队诚恳，情真意切，得到了德方的理解和支持，增加了培训内容，多参观了解了几个协作厂。另外在德方技术人员来中国调试设备时，项目团队同样关心其生活，与其联谊、会餐，配合其调试工作，使设备最后提前调试成功，并在设备最后验收谈判时有情、有理，多索赔了部分备件、模具。

所谓内部环境，就是项目团队的所有成员所处的生存发展空间。营造内部环境就是要通过政策、制度构建企业精神，倡导正气，以人为本构建一种宽松、合作、鼓励向上的氛围，加上领导者个人的行为方式，使其达到理解员工、尊重员工、关心员工，尽量给其提供必要的物质条件，充分发挥其积极性和创造性，而不想、不敢、不能做不利于企业，不利于他人和自己生存、发展的"坏事"。从而使员工与项目及企业的领导者目标一致，上下同心，荣辱与共，搞好项目和企业。在这里项目经理充分考虑了压力、动力、引导、约束的优化组合作用，把项目经理曾经总结的"大禹治水式"管理原理又具体化了一步，实践证明还是有一定道理的。

(6) 抓项目"责任矩阵"中确定的权责落实。在此项目管理中项目经理明确了几条管理原则，即"六抓"与"八项注意"。

六抓：抓全局、抓重点；抓中干、抓调研；抓风气、抓奖惩。

八项注意是：大权总管，余权分散；有议有决，分工协办；

调查知情，严明考核；以身作则，奖罚兑现。

实践证明还是收到了较好的效果。

本项目对全局和重点工作的理解是：

(1) 项目的目标范围和重要的里程碑事件；

(2) 对工程的质量、产品质量、管理工作质量有重大影响的活动；

(3) 成本费用较大的措施和工作内容；

(4) 主要的工程、设备；

(5) 重要的合同等。

在本项目中，影响全局的工作和重点工作包括：编制可行性研究报告及报批；项目目标确定；组建项目处及注册八方管件公司；扩大初步设计及各项规划、计划的编制；主体厂房动工建设及验收；项目团队（新公司）人员的配置及培训；进口设备购置谈判、现场监造、预验、培训、安装调试及验收；首批产品试制定型；首批产品出口供货；工作质量管理、产品创优；项目沟通及团队建设，变更管理，创新管理等。

(二) 项目控制

确立原则，制定控制流程，如图15所示。

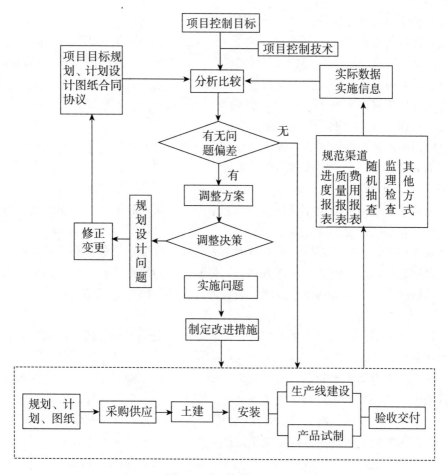

图 15 项目控制流程图

（三）项目团队的建立与建设

项目的目标、规划、计划、设计确定后，通过实施使其变为现实，人就是决定的因素。而这里说的"人"必须是为了实现项目目标按照一定的分工协作关系和工作程序而有机组成的"一群人"。一支能在统一指挥下，团结奋斗、英勇战斗的队伍——项目团队。

1. 项目团队建立

本项目因目标制约因素较多，内容范围大，又较复杂，需有各专业、各方面的人员；因是在异地建新厂，团队的人员构成又较复杂，如有总公司抽调的骨干、管理人员、技术人员、骨干技术工人，其中一部分将要举家搬迁落户到 DL 开发区，一部分是总公司在项目实施中临时支援，大量的工人和部分管理人员要在当地招聘（如在人力资源计划中所述），使团队的组建和管理都有较大难度。

首先项目团队明确了团队组建原则。

总的原则是：队伍精悍，人员优秀，专业齐全，老、中、青结合。根据项目进展，分期配备。

用人原则是：首先是服从总原则，分类优选。对从总公司选调人员的选用原则：（1）工作需要；（2）入队者条件适合，如思想品质端正，有专业能力，身体健康，有艰苦奋斗精神，善于与同事合作等；（3）通过比较优选。

其次，经过规定的程序：如招聘条件公布；项目团队申请（或项目团队领导推荐挑选，项目团队同意），总公司内调查，征求本单位及总公司人事部门意见；面试考核、谈话；项目团队领导班子共同审查；项目经理批准；有一个月的试用期；签订用工合同等。

对在本地招工者，则按 DL 开发区劳动部门规定，分期分批招用，重点控制为重人品、重文化素质、身体健康、分批招用、合法用工。

这里应说明的是，因体制的原因，项目经理对项目管理领导班子组建的做法，也遇到了项目经理的责权不完全一致和核心作用发挥程度的问题。

2. 项目团队建设

项目团队建设是项目经理在项目实施控制中应重点抓好的工作，是项目成功的根本。

项目经理在团队建设中主要抓了以下工作：

（1）对管理人员、技术人员、骨干技术工人充分合理授权，信任尊重，倾听纳谏，检查指导，严格要求，启发创造。具体方式有：任命授权、开座谈会、个别谈话，参与一道工作，书面信息交流，了解其项目经理发展规划，为其合理部分提供支持、进修学习，提供展示平台、表彰奖励等。

（2）对广大员工、一线工人平等相待，关心爱护，提供培训，精神鼓励与物质待遇相结合，奖罚分明、及时兑现。

（3）明确团队内部业务关系、权责关系，使之制度化、标准化，防止人为扯皮，杜绝人为矛盾隐患（新公司为此及时建立了较完善的相关制度、工作流程、考核标准等）。

（4）树正气、刹歪风。提倡什么，旗帜鲜明；反对什么，立场坚定。在团队中坚持扶正去邪，营造正气的氛围。注意树立典型，依靠思想政治工作和老工人的作用。

（5）多渠道沟通，提倡"理解万岁"，鼓励宽容与互相帮助，营造宽松的工作环境。如项目经理与公司领导坚持春节假日家访老职工、新员工，向家属汇报职工情况、报喜，了解其困难、希望、意见；召开老工人、新工人、技职人员座谈会，举办联欢会，建立新老互帮对子，春节总经理向技职人员发出书面新春问卷，倾听员工关于自己和公司发展的设想、建议、征求意见等。

（6）提倡学习。在项目进行中边干边学，学以致用。方式上以公司组织与员工自学互学相结合，公司在时间上、经济上给予一定的支持。努力提高员工素质。

（7）重视启发员工竞争向上精神，开展劳动竞赛，比学赶帮活动，坚持年度总结表彰活动。

（8）发扬军工企业、兵工战士的光荣传统，利用总公司的无形资产、资源的影响来提高新员工素质。项目团队分批组织新员工赴总公司参观学习；结合项目进展开展"攻关"、"会战"活动；坚持干部参加一线劳动，干部以身作则与员工同吃同住、同劳动、同娱乐等。

（四）采购与合同管理

本项目的采购范围较广，涉及土建材料、设备仪器、生产生活用品、辅材物资，其中设备中又有标准设备与非标准设备和进口设备。本项目采用了总承包商自办一部分（非标与进口设备）和委托协作方——总公司机动设备处（因为该方比较专业，又能受总公司制约）代办及进商（中国八方工业公司是同系统的专业外贸公司，在供货方国家有代表处）代办三种方式，效果较好。

其中不足的是引进台湾产东藤 8B 三通成型机时，因无法去台湾验货而受到供货方欺骗。

主材由××系统的兵工物资公司供货，渠道畅通，有质量保证。项目团队在采购管理中注意了货比三家，比较选优，严格了质量验收和保证交货期，财会人员介入监督，总体上效果较好，配合了项目的进行。

本项目有计划经济与市场经济混合型的特点，其中总承包商与业主间是计划经济为主的体制，项目是以任务的形式下达的。在项目分包中有较多的市场经济的合同，如采购合同、协作合同、工程合同、出口供货合同等。

本项目的合同管理采取了分专业、分工负责的方式。项目经理在统筹全局的同时，重点主抓了引进西德大型设备合同管理。从询价、签约、履约、验收、索赔，项目经理参加了全过程，实践表明这是一次比较成功的设备引进。项目团队抓住了外方的违约，通过有理、有利、有节的斗争与合作，减少了耽误的供货期，保证了设备质量，索赔了一些备件和模具，增收了约 100 余万元。

项目团队在出口产品供货合同中注重诚信，专人负责，以客户需求为龙头安排生产，生产配合，取得了较好的效果。

（五）项目进展报告与信息管理

1. 信息管理目标

有计划地全面地收集整理与项目质量、进度、费用、团队、产品试生产、现场状况相关的信息，及时组织沟通，以保证相应的权责人利用信息准确、及时判断决策。

2. 信息管理组织

以办公室为龙头和责任单位，分专业、分层次设专、兼职信息员（统计员、会计员、记录员、核算员、技术员等）组成信息网。

3. 管理信息形态与渠道

在本项目管理中主要的信息形态和渠道，如图 16 所示。

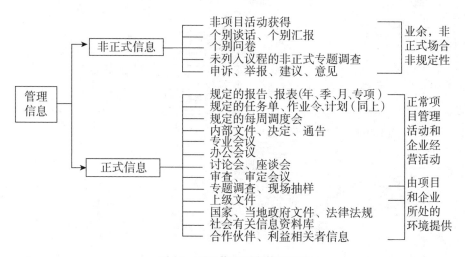

图 16　项目信息形态传递渠道

4. 信息管理的作用

通常项目信息管理的重点是围绕项目的进度、质量、费用的信息进行收集、整理、传送、反馈、控制。本项目因预算比较精细，资金也有一定的保证，重中之重就是进度与质量。及时用信息与实施实际情况比较作出调整决策，项目控制流程（图15）直接关系项目的成败。

本项目因有补偿贸易和产品出口内容，对项目进度、质量、费用的市场导向和调整力度较大，搞好信息管理更显得尤为重要。总经理助理兼办公室主任，重点负责这一工作。当时还设计应用了较多的报表，这里不一一列举。

十分遗憾的是，受当时条件所限，项目团队还没有充分利用计算机管理。

（六）质量管理

1. 质量控制过程

本项目质量管理的对象和内容较多，经认真分析，项目团队列出了新建八方管件公司项目质量管理控制过程图，如图17所示。

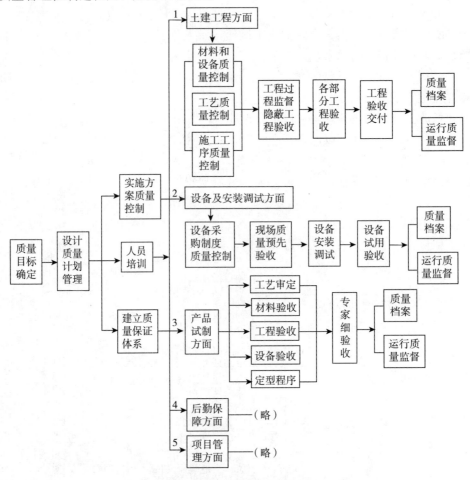

图17　DL八方管件公司项目质量控制过程图

2. 质量管理方法

××集团公司是获得省级、部级质量管理奖单位，有较完善的全面质量管理的经验。

项目团队借鉴总公司成熟的"全面质量管理"经验和做法,邀请总公司全面质量管理办公室派专业人员进驻项目现场,指导开展质量管理工作,直属总经理管理,充分授权。在某些方面的考核中项目团队还规定了"质量一票否决"。公司设有专门的质量管理部门(质量检验部和工程部)负责质量管理和控制工作。

(七)进度管理

1. 本项目进度管理的特点

本项目的土建工程部分,其进度管理是按常规项目的进度管理进行的,由分包商金州建筑公司具体实施,进展较顺利,项目团队只作了少许协调。

在本项目的生产线建设和产品试制工作中,项目团队编制了项目进度控制流程,如图14、图15所示。但不同的是因本项目是边建设、边试制、边生产、边出口,受市场需求调节的力度较大。为了满足国内外客户对某类规格产品的急需,常需要对正常进度进行调整。国外进口设备的延迟交货也使项目团队对三通生产线的进度作了调整。

2. 进度控制

根据对项目进度情况的动态监测,为了保证进度计划及变更要求,项目团队打破常规,加强适时调整工作,坚持每周分析计划执行情况的调度会,还有现场办公会,专题会等。管理人员、技术人员深入现场分析研究,提出对策,经过领导决策批准,通过采用平行作业、交叉作业,调度下达新的任务单、作业令,确保进度计划或经批准更新的进度计划。项目团队制定了本项目的进度控制流程图,如图18所示。

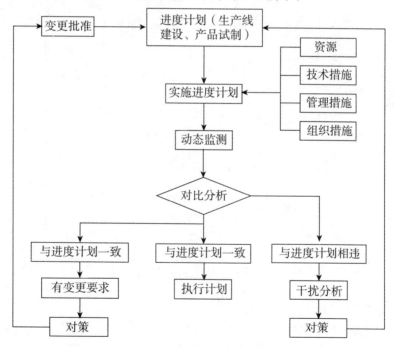

图 18 项目进度控制流程图

(八)费用管理

1. 本项目费用管理特点

本项目费用预算计划做得比较精细、准确,业主方资金供应也较及时,费用计划执行较好。但因本项目进口设备购进是采用补偿贸易方式,当期投入资金较少,但设备的货款要用项目生产出的管件产品偿付,而生产用的原材料费、人工费用还是要支付,有些只是延期支付,这对项目来说是缓解了资金投入的压力,但对随后运营的企业却减少了流动资金的收入来源,增加了压力。解决的主要办法之一是尽快投产,尽早尽多地出口,加快资金周转,加大项目运营盈利能力。

2. 费用控制

根据项目实际情况,项目团队编制了费用控制流程图,如图19所示,由总公司财会处和八方管件公司财会部双重监控。

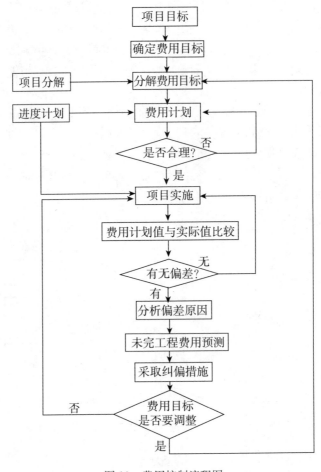

图19 费用控制流程图

(九)沟通管理

沟通就是信息在人际间传递和交流的过程。项目沟通管理就是为了保证项目健康进行,合理收集与传输处理与项目相关的信息,所实施的一系列工作。

1. 对沟通管理的认识

沟通在某种定义上讲就是信息交流,前述(五)中项目信息管理的内容就包括了部分项目沟通管理。

项目沟通管理是十分重要的,像本项目这种需要挖掘人的潜能、主观能动性,比较复杂的还有设备安装调试、生产线建设和新产品开发试验的较大型工程项目就更为重要。

2. 关于本项目的非正式沟通管理

项目沟通管理包括正式沟通和非正式沟通。

本项目正式沟通是通过项目组织明文规定的渠道进行的信息传递和交流，如前述的报告制度、会议制度、文件、报表等。

非正式沟通是指在正式沟通渠道之外进行的信息传递和交流。

在本项目管理中做到了有意识、主动地进行非正式沟通管理，收到了较好的效果。

（1）本项目非正式沟通管理理念

1）每个人都可能有不宜公开，在正式场合，在规定条件下不便于表达的信息。

2）在"非官方"场合，人们可能会传出更真实的信息。

3）非正式沟通产生的信息有两重性，应去恶扬善，取其精华，去其糟粕，做引导转化工作。

4）非正式沟通管理，可以弥补正式沟通管理之不足，在多变复杂的、需要人发挥潜力的大型工程项目中，其作用尤为突出。

5）领导者要对非正式信息提供者坦诚、宽容、平等相待。

（2）本项目非正式沟通管理举例

1）项目经理主动与新员工中原地方上的"一霸"王××通过非正式沟通、谈心，排除障碍，鼓励其发展，使其转化成为骨干（后担任了下料工段长），并调动了一大批人的积极性。

2）在引进设备中跨越国界克服语言文化障碍，主动与德方管理人员、技术人员非正式沟通，争得了额外的利益（如前述）。

3）项目经理主动向员工发出新春问卷，获积极反应，公司了解了许多了解不到的情况，收到了很多好的意见和建议。

（十）项目风险管理

1. 风险分析

本项目经风险识别、风险估计和风险评价，在可行性研究的基础上和经过一般模式化的筛选、专家评审后确认，比较实际的风险有四项，列于表9中。

（1）生产线是否能正常运行；

（2）新产品按期调试验收并试制成功的期限可否满足供货合同；

（3）引进设备能否生产出合格产品；

（4）边建设、边试制、边生产、边出口的建设方式，是否可行。

2. 风险应对

主要采取的策略是后备、自留、预防，减轻，见表9所列。

项目风险管理简表 表9

序号	风险名称	风险性质	发生概率	应对策略	应对措施
1	生产线能否正常运行	对项目的成功有致命性影响	20%	后备	准备了后备增援方案，非标设备补充、完善

续表

序号	风险名称	风险性质	发生概率	应对策略	应对措施
2	产品试制期限能否满足供货合同要求	严重影响进度及成本、现金流	10%	自留	尽量精细化,解决不了只好自己承担
3	引进的设备能否按期调试成功并生产出合同产品	项目成功的关键因素	30%	预防	派员赴国外现场监造、预验、培训,国内积极配合安装调试
4	边建设、边试制、边生产、边出口的建设方式是否可行	影响项目的质量、成本、进度指标	20%	减轻	合理组织,加强协调

(十一)项目变更管理

1. 对项目变化的认识

世界上唯一不变的是变化。在项目的生命周期中,一方面存在着各种因素干涉着项目的进行,使项目总是处在一个变化的环境中;另一方面由于项目目标范围在界定时掌握的情况和分析,可能与项目进行时又有了变化,主动地调整也会使项目发生变化,这是一种从上至下、全局性的调整。项目在进行中,变化是客观的,不可回避的。关键是要客观地认识,正确应对。"项目管理就是针对变化的管理",因此变更(革)管理已经成为现代项目管理的一个重要内容。

2. 本项目的变更管理

(1) 变更分析

本项目在整个生命周期中发生了多次变化,其中较大的就有近 10 项之多,如:在本报告一、(八)中就列出 7 项。进一步分析表明,可将这些变化分为两大类:一种是被迫的、消极的变化(Inactive Change——IC),一种是(Active Change——AC),本报告一、(八)(10)中所列 1)项的前一次变化属 IC,后两次属 AC,2)~4)项是 IC,而 5)项则属于 AC。

(2) 变更管理

对于被动的、消极的变更,应分析原因采取应对措施,修正偏差,弥补和减少损失;而对于主动的变更,则要积极稳妥,要有新方案、新举措,反复论证,进行风险分析,风险应对,慎之又慎。

对变更管理领导者要有全局观念和创新思维,要有客观平和的心态,积极的努力。

无论对哪种变化的变更管理,都应经过适当权限的复核、审批,及时决策并通过科学的程序和流程执行(参见图 18)。

(十二)项目创新管理

1. 对项目创新管理的认识

管理的基本职能之一是创新,而项目本身就是一种特定的、唯一的、一次性的任务,不可能完全程序化,每个项目都与其他项目有不同之处,都有新内容,这就决定了项目管理客观上就要面对创新,主动进行创新管理。项目经理要有创新思维,要积极慎重地进行创新管理,并在项目团队中营造鼓励创新管理的氛围。

2. 本项目的创新管理

(1) 目标管理创新。本项目由于是带有 O&M 和 "项目启动型企业" 的特色,项目团队作为项目承包者和后期经营者，通过进一步的调研和实践认识到原定项目目标中新建企业规模，年产 6000t 是不符合实际和不科学的，管件品种不同，单重不同，最重的是这不一定是市场最急需、价格最好、利润最高的产品。

有的品种社会上已有生产，质量也好，成本也低，新企业没有必要再去为了追求重量（数量）而去生产。为此项目团队主动、负责任地提出修改项目目标中的这一指标，经反复请示协商，最后业主方同意把吨位数的规模指标弹性化处理（不少于年产 4500t）从而考虑了增加经济效益指标。

（2）生产线调整创新。基于上述理由，项目团队根据充分利用社会已有资源加强协作配套创新思路，对拟建的生产线进行了调整（通过程序获批准）。

（3）合同管理创新。在引进国外设备的谈判中，项目团队不拘泥一般的程序，而是努力调研，深入现场实际，做工作于谈判场内、场外，巧妙运用中国的古代战术于现实、于国际商务谈判中，在项目经理方抓住德方迟交货，其制造现场工作有瑕疵等问题的同时，与德方友好沟通，"软硬兼施"，"知己知彼，百战不殆"最后促使其赶出了部分延误的工期并赔付了近百万元人民币的模具和关键备件。

（4）信息管理和沟通创新。主要是结合项目综合管理工作、在正常渠道的信息沟通中设计了各中层干部必做的"月份工作计划记实考核表"、公司下达的"季度重点工作滚动计划"、"专项工作清单"、"××设备停机分析"、"××产品试制问题分析、对策"等，重视和充分利用非正常渠道的信息沟通管理。

（5）技术创新。在本新建项目过程中本身就包括新设备设计制造，新产品试验，引进国际当期最先进的设备等创新活动。此外还结合项目的进展开展了一些技术创新活动。如：

a. 在项目进行中，当台湾设备引进失败，台湾人撤走，设备不能运转时，项目经理及时组织科技攻关组，改进和起动了设备，保证了项目的目标实现。

b. 当热推制需要用的国内高温合金芯模不能满足生产，国外进口又价格昂贵之时，项目经理及时组织了新材料，新模具试制攻关。在 DL 理工大学特种合金开发公司配合下，成功地解决了模具关键，并对国内一些企业供货。

c. 在安装调试我们自制的用于机械加工的组合机床时，德国的工程师对之很感兴趣，之后我们对德方的需求做了改进，重新设计制造后，不仅促进了我们的项目进展，还出口给德方三台组合机床，密切了合作关系，获取了外汇收入和利润。

（6）经营理念创新，在本项目的生产线建设调整和新产品试制的品种和进度调整中，决策是以市场为导向的，是以充分挖掘利用社会已有的生产能力和加强协作配套为依据进行的。这是市场调节项目管理，以提高项目的综合效益为目标的经营观念的创新。项目进行中由项目团队牵头筹建"中国八方管件工业集团"的举措，是现代"虚拟企业"的一种尝试，也是经营理念的创新。

3. 本项目创新管理的缺点

（1）因缺少在项目管理中如何创新管理的理论指导，项目团队的工作科学性还不够；

（2）有一定的被动性；

（3）与上级沟通很费精力；

（4）应进一步加强履行程序上的严密性。

五、项目结束阶段

(一) 项目的验收

本项目因生命周期较长、范围内容较广,采用了部分验收(中间验收)和全部验收相结合的方式。其中部分验收又分为单项验收和阶段性验收。为了充分有效地利用资源,配合边建设、边试制、边生产、边出口的建设模式,又能保证在规定的时间,按预算成本达到项目目标,本项目的分段控制和中间验收是十分重要的。项目团队制定了具体的验收工作流程如图 20 所示,收到了较好的效果。

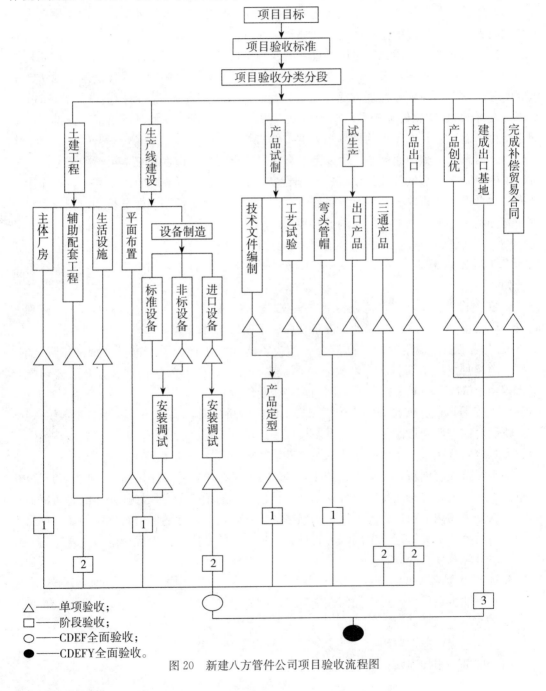

图 20 新建八方管件公司项目验收流程图

（二）本项目的部分验收与全部验收

在本项目取得阶段性成果后（主体土建工程完工，某一类产品生产线建成，某一类产品试制成功等）采用了单项验收。

本项目除了单项验收外，在国内设备全部安装调试完毕，建成了六条高压弯头生产线，产品试制成功后进行了第一次阶段性验收。待国外进口设备进场，安装调试完毕，试产高压无缝三通产品合格及全部后勤辅助设施竣工后，进行了第二阶段验收。这也是本项目若不含延伸部分的全部验收（竣工验收），验收后正式移交给DL八方管件公司使用。第三次阶段性验收是完成了项目延伸阶段主要指标后的一次验收，在此基础上进行了本项目的全部验收。

单项验收由DL八方管件公司会同总公司进行。第二阶段验收由××部组织进行，×× 集团公司和中国八方工业公司派代表参加。第三阶段及最后验收由××集团公司组织。

（三）项目的决算、审计与评价

项目决算由××集团公司组织，××部组织了审计。

本项目的后评估进行的不完全。其中对目标的确认及总结等各类资料比较齐全，但总结经验、教训工作做的不够。项目验收后，取得的运营成绩（获部级优秀新产品奖和出口基地建设成果奖等）可以从另一个侧面反映评价项目。

六、本项目的成果

（一）项目目标实现情况

本项目目标全面提前完成，具体情况见表10所列。

项目目标完成情况表　　　　　　　　　　　　　　　　表10

序号	项目目标	实际成果	偏差	原因分析
1	投资总额：3640万元（不含土地有偿使用费为2890万元）	2780万元（土地使用费暂未付，先交租金，五年内交齐时租金可抵扣）	减少投资110万元	主动调整项目内容
2	交付物： (1) 18000m土建工程； (2) 12条工业管件生产线及配套设施，其中引进国外设备两套价值1150万元； (3) 年产各类管件6000t，产值约2000万元，产品达国际标准	交付物： (1) 18000m土建工程； (2) 10条管件生产线（其中两条主动调整不建）引进两套国外设备，引进费用1050万元，入账时升值为约2000万元； (3) 年产各类管件4500t，但调整品种产值可达2300万元，产品达国际标准	(2) 减少两条弯头生产线（以从社会上协作解决其产出品，防止大而全重复建设）； (3) 减少产量1500t，增加产值300万元	从减少重复建设及提高经济效益出发，主动调整
3	建设工期：正常建设期3年，延伸达标期2年（其中完成补偿贸易合同期由签购进口设备合同时算起为3年），合计5年	实际建设期2年11个月，延伸达标期1.5年（但完成补偿合同期实际为3年3个月），合计4年5个月	提前1个月 提前6个月（补偿拖三个月）合计提前7个月	进口设备外方迟交付，补偿合同履行受阻
结论		项目目标成功实现，各利益相关者比较满意		

（二）项目的其他成果

（1）培养了一支项目管理的团队、企业管理队伍。

（2）完成了编制工业管件集团公司技术、组织、产品、管理需要的各种资料。

（3）实现了项目的边建设、边试制、边生产、边出口的建设模式，提高了经济效益（当然也有值得反省探讨之处），是××集团公司真正全面应用项目管理的首次尝试。

（4）创造了引进国外设备从商务谈判到设备验收的经验和模式，取得了额外的经济收益和较全面的先进设备图纸（合同内容以外，据此可帮助中国建造类似设备）。

（5）使项目经理项目团队受到了极大的锻炼。

（三）项目管理中的问题和不足

（1）项目目标在规划及实施中变数较大，对变化管理、沟通协调困难，有体制的问题，也有观念的问题，最后问题是解决了，但造成了总承包方的项目经理与××集团公司的矛盾。

（2）项目业主代表，项目发起人选择了总承包方的项目经理，但授权不足，权责不平衡，行政干预较多，干扰了项目管理的正常进行，否则效果会更好些。

（3）边建设、边试制、边生产、边出口的项目建设方式，虽有一定的优点（单位时间投资少，进度快，资金回收快等）但总的看有利有弊，管理较乱，管理难度较大，员工付出太大。

（4）限于条件没有充分利用计算机管理。

（5）在实施中，阶段性地采用了"人海战术"："攻关会战"出现过局部的质量问题和较多加班、加点问题。对员工的积极性爱护不够。

七、项目管理方法和技术的应用

本项目管理过程中根据实际情况和当时对项目管理相关技术、方法、工具的了解和掌握，特别是结合当时全国推广现代管理方法的学习和应用（其中有相当一部分也是现代项目管理的技术方法：如系统工程、WBS、网络计划技术、风险分析、可行性研究中应用的各种技术经济方法等），较多地应用了一些项目管理和现代管理方法，对本项目管理工作起到了非常重要的作用。具体应用情况列于表11中。

新建 DL 八方管件工业公司应用现代管理技术、方法一览表　　　　表 11

序号	项目管理技术、方法、工具	机会研究	方案策划	可行性研究	项目评估	范围管理	时间管理	费用管理	质量管理	团队建设	组织规划	冲突管理	沟通管理	信息管理	变更管理	创新管理	风险管理	合同管理	引进设备	产品试制	项目验收	整体管理	现场管理	安全管理	项目后评价	企业管理
		1	2	3	4	5	6	7	8	9	10	11	12	13	14	15	16	17	18	19	20	21	22	23	24	25
1	要素分层法	●		●								●			●		●									
2	方案比较法	●	●												●	●	●		●							
3	资金的时间价值			●	●	●											●									
4	评价指标体系	●										●	●				●						●		●	
5	项目财务评价	●	●	●	●			●									●								●	

第8章 IPMA 国际项目经理认证实务选介

续表

序号	项目管理技术、方法、工具	机会研究	方案策划	可行性研究	项目评估	范围管理	时间管理	费用管理	质量管理	团队建设	组织规划	冲突管理	沟通管理	信息管理	变更管理	创新管理	风险管理	合同管理	引进设备	产品试制	项目验收	整体管理	现场管理	安全管理	项目后评价	企业管理
		1	2	3	4	5	6	7	8	9	10	11	12	13	14	15	16	17	18	19	20	21	22	23	24	25
6	国民经济评价方法	●	●	●	●									●											●	
7	不确定性分析		●	●	●										●		●									
8	决策量化评分法		●	●	●										●											
9	项目融资		●	●	●			●										●	●							
10	里程碑计划					●	●	●	●	●																
11	工作分解结构					●	●	●	●	●			●	●		●					●	●	●	●		●
12	责任矩阵					●	●	●	●	●			●	●		●					●	●	●	●		●
13	网络计划技术						●	●						●					●		●	●	●			
14	干特图						●	●	●	●				●					●	●	●	●	●			
15	资源费用曲线							●						●									●			
16	挣值法						●	●						●								●				
17	有无比较法			●	●																					
18	数理统计方法						●							●					●			●				
19	质量技术文件							●						●												
20	并行工程						●	●																		
21	系统工程				●		●			●				●	●			●						●		●
22	滚动计划						●			●				●				●			●					●
23	价值工程				●		●			●				●										●		●
24	ABC管理技术							●						●						●						
25	市场调查技术	●	●																							
26	全面质量管理								●											●		●		●		●
27	抽样调查法					●	●																●	●		
28	专题分析	●	●					●	●	●				●												●
29	组织行为科学方法									●	●	●			●											
30	全面经济核算							●						●	●							●			●	
31	流程图法			●																						
32	定量管理								●											●		●				●

八、结论

新建 DL 八方管件工业公司项目历时五年。在本项目中,项目经理组织领导项目团队和企业职工,学习运用项目管理和现代管理技术、方法,在干中学、学中干、艰苦奋斗、精心实践,取得了较好的成绩。项目成功了,利益相关者的利益得到了满足,其中项目管理功不可没。

在本项目管理中，不仅有物质成果，而且有不少精神成果，也有一些遗憾与不足。

项目管理是需要激情、智慧和奉献的事业。报告人回顾这段项目管理经历时认为：该项目是在报告人项目管理生涯中承前启后、十分重要的一段经历。报告人付出了一生中十分之一的时间，五分之一的工作时间，把自己的全部心血和精力投在了这个项目上。在这个项目管理工作中，报告人有所作为，有所收获，有进步，也有教训，更引发了报告人的一些思考，受益匪浅。通过总结经验教训，为报告人后来的项目管理工作提供了极大的帮助。这是报告人今生最难忘的一段经历和时光。

8.5.2　B级项目管理报告目录选介

1.×××电站建设项目集项目管理报告

目　录

报告人简介
引言
1　项目概况
1.1　项目情况介绍
1.1.1　项目基本情况
1.1.2　报告人在项目中的角色与职责
1.2　项目背景
1.2.1　项目特点
1.2.2　对项目的 SWOT 分析
1.3　报告人的项目管理理念
2　项目规划
2.1　项目目标的确定
2.1.1　项目干系人分析
2.1.2　项目里程碑计划
2.2　项目范围分析
2.2.1　项目范围定义
2.2.2　项目工作分解
2.3　项目部组织设计
2.3.1　项目部组织结构设计
2.3.2　项目部岗位设置
2.3.3　项目部职责分配
2.4　项目管理体系策划
2.5　项目计划编制
2.5.1　项目阶段模型
2.5.2　项目管理计划编制
3　项目实施与控制
3.1　实施过程

3.1.1 设计
3.1.2 采购
3.1.3 施工
3.2 目标控制
3.2.1 费用—进度综合管理
3.2.2 质量管理
3.2.3 HSE管理
3.3 整合管理
3.4 项目合同管理
3.5 项目风险管理
3.6 信息化管理
3.7 团队建设
3.7.1 关于大团队
3.7.2 大团队合作模式的关系处理
3.7.3 大团队的工作内容与实践
3.8 知识管理
3.8.1 知识管理渠道的拓展
3.8.2 知识管理的具体举措
4 项目结束
4.1 项目验收
4.2 项目审计
4.3 项目管理总结
4.3.1 项目管理特点总结
4.3.2 项目管理效果总结
5 个人经验总结
5.1 报告人的项目管理体会
5.2 本项目的启发及对项目管理相关问题的深入思考
5.3 报告人对今后项目管理实践的展望

2. ××—2新产品研发项目管理报告

目　录

1 ××—2新产品项目总体概况
1.1 ××—2系产品简介
1.2 ZH科研组织简介
1.3 ××—2项目目标、主要技术指标和可交付成果
1.3.1 ××—2项目目标
1.3.2 ××—2可交付成果
1.4 ××—2项目特点及项目管理特点
1.4.1 ××—2项目特点
1.4.2 ××—2项目管理特点

1.5 项目管理在ZH科研组织的发展情况
2 ××-2项目管理计划
2.1 ××-2项目管理流程
2.1.1 确定目标和分解目标
2.1.2 系统策划，确定管理计划
2.1.3 管理计划实施与控制
2.2 ××-2项目管理策略
2.2.1 聚焦目标，系统策划，规范过程，整体管理
2.2.2 优化研制流程，实施流程再造
2.2.3 梳理项目管理流程，优化项目管理效果
2.2.4 抓好质量源头，夯实质量基础
2.3 ××-2项目目标
2.3.1 总目标
2.3.2 进度目标
2.3.3 质量目标
2.3.4 成本目标
2.4 ××-2项目构成
2.5 ××-2项目组织
2.5.1 ××-2项目组织机构示意图
2.5.2 ××-2项目团队按阶段实行动态编制
2.5.3 明确职责，加强培训
2.6 ××-2范围管理计划
2.6.1 ××-2大型试验项目
2.6.2 ××-2系统级技术流程
2.6.3 型号系统级工作分解表
2.7 ××-2进度管理计划
2.7.1 ××-2主要里程碑
2.7.2 进度管理
2.8 ××-2成本、资源和采购管理计划
2.8.1 成本管理计划
2.8.2 资源管理计划
2.8.3 采购管理
2.9 ××-2质量管理计划
2.10 其他管理计划
2.10.1 ××-2风险管理计划
2.10.2 ××-2信息与文件管理计划
3 型号项目实施和控制
3.1 ××-2项目启动
3.2 ××-2报告/状态讨论/信息管理

3.2.1 分析信息需求，按照需求提供信息
3.2.2 定期召开评估会议，及时发现项目风险信息
3.2.3 定期项目进展报告
3.2.4 项目总结报告
3.3 ××－2团队建设
3.3.1 团队总况
3.3.2 在关键专题上，实施项目小组的团队形式，集同工作
3.3.3 团队协调
3.3.4 团队文化建设
3.4 ××－2进度控制
3.4.1 全面应用LEAN精益管理技术实施进度再造
3.4.2 计划制定和分发
3.4.3 计划实施
3.5 ××－2技术状态控制
3.6 ××－2质量管理和控制
3.7 ××－2费用控制
3.8 ××－2风险控制
3.9 ××－2变更管理
3.10 项目管理方法应用
3.10.1 特色的计划网络图
3.10.2 质量交集分析法
3.10.3 风险分析矩阵
4 新产品项目管理总结
4.1 新产品项目管理取得的成果
4.1.1 完成了基本任务
4.1.2 形成了一套新产品管理规范和管理模式
4.1.3 为新产品研发流程再造的理论和实践作出宝贵摸索
4.1.4 造就了一批新产品研制项目管理的人才队伍
4.1.5 形成了航天精神和文化
4.2 新产品项目管理技术进步评价
5 项目实践中获得的个人经验和改进思考
5.1 项目管理实践取得的个人经验
　　项目系统策划的经验
5.2 组织项目团队的经验
5.2.1 进度计划和信息沟通管理的经验
5.2.2 流程再造的经验
5.2.3 风险管理的经验
5.2.4 可靠性安全性管理经验
5.2.5 变更控制管理经验

5.2.6 项目管理方法和技术应用的经验
5.2.7 OPM3 实施
5.2.8 项目管理软件应用的经验
5.2.9 社交和理念问题
5.3 对新产品研制项目管理持续改进的思考
　　　进一步优化项目管理的组织机构
5.4 充分利用信息化技术进行项目管理
5.5 加速项目管理培训和人才的培养
5.6 利用OPM3，提升组织的项目管理能力
结论

8.6 IPMA 国际特级项目经理（A 级）能力认证项目管理报告选介

8.6.1 项目管理报告全文选介

希望公司项目化管理体系建设管理报告

一、项目背景

（一）公司战略目标

希望公司是一家国际工程承包公司，以开发和实施国际工程总承包工程为核心业务，通过保障市场开发的强度，同时实施多个国际工程项目，实现规模和效益的增长，进而实现公司健康生存和战略发展，是一家项目驱动型的企业。希望公司组建后经过五年多的努力，年经营额从约400万美元提高到4000万美元，拥有了初步的市场，完成了多个国际工程项目，拥有了一定的商誉，锻炼出具有一定国际营销能力、国际商务能力、国际工程能力的人才队伍，具备一定的实力。但是1999年希望公司面临的局面很不乐观，其国别市场大部分位于1997年亚洲金融危机重灾区。受其影响，随后几年这些地区经济活动极度萎缩，难以有所作为。而经过几年培育的中亚市场由于其内部经济结构发生变革，不少有价值的项目信息短期内无法成长为项目。随着国内越来越多的企业将"走出去战略"作为公司的发展战略，对海外市场份额的争夺也愈加激烈。

面对内部外部环境的严峻挑战，希望公司领导班子运用SWOT分析法进行了自我诊断，对自己的优劣势、面临的机遇和挑战进行深入的发掘和分析之后，提出了公司的业务发展目标，目的是凝聚公司全体员工的力量，团结奋斗，突破困境，实现公司的继续发展。

希望公司发展战略目标（摘录）
巩固优势、开拓市场： 　　坚持以国际工程承包为公司核心能力，做到拥有3~4个基本市场和2~3种成熟业务，扩大有潜力市场的份额，及时退出问题市场。
重视管理、全面整合提高： 　　项目管理能力，公司全面管理能力，商务、技术知识能力，市场开拓能力，业务创新能力。
规避风险： 　　汇率风险，具体项目的特定风险，国别环境风险。

> **创新发展、应对竞争：**
> 　　保持国际工程承包能力优势，建立协作联盟，探索业务发展新模式、新领域。
> **规模效益双增长：**
> 　　规模年递增15%，效益年递增20%。

（二）为实现战略目标，需要实行项目化管理变革

希望公司实现战略目标面临很多障碍和制约。这些障碍和制约分别涉及企业文化、人力资源的整体素质、管理模式、组织资源有效利用等构成组织核心能力的方方面面，不是孤立的局部性问题，也就是说公司的管理水平和核心能力与发展要求不相适应。希望公司必须整体性解决这些问题，才能够真正发挥自己业绩、商誉、人才等优势，抓住机遇，应对市场竞争日趋激烈等严峻挑战，走出1999年的业务停滞状态，实现发展。

希望公司将怎样克服组织中存在的问题，迅速获得实现战略目标所需要的能力，制定实现公司发展目标的最佳方案？很明显运用传统的通用的管理方式不能够适应形势的要求。通过学习和研究，希望公司决定将项目管理的方法运用到公司能力建设和全面管理活动之中，突破公司在实现发展战略中遭遇的资源和能力制约，适应公司管理多个项目的需要，有效率地利用资源完成市场营销，业务创新和其他组织级管理活动的需要。

（三）开发《项目化管理体系》工作策划

1. 确立建设《项目化管理体系》的愿景

项目化管理的设想就是从公司层面发起推行一个管理体系，从公司高层管理者的角度，对公司的各类工作实行项目管理。具体操作就是除了典型的国际工程项目，将公司各类具项目特征的任务项目化，围绕项目组织资源，运用项目管理的方法技术进行管理。以组织战略目标为导向，获得或发起项目，通过保证各项目目标的实现，从而实现公司的战略目标。

公司的管理模式期望具有的特征：

（1）从公司层面统筹管理，把公司的项目和可以项目化管理的任务、业务、活动，与公司的发展战略联系起来，承载公司战略目标的实现。

（2）倡导使项目的利益相关者满意、实现组织的自身利益和履行社会责任多方面和谐的价值观。

（3）公司各项管理和业务活动最大程度项目化管理，建立对项目筛选和优先级排序的机制。

（4）项目化管理体系做到：1）责任权力划分清晰、匹配；2）项目管理支持体系运作顺畅；3）项目管理监控体系有效；4）考核体系与激励机制到位。

（5）完善各类项目部组织机构设置，实现公司支持项目化管理体系运行的组织环境建设。

（6）工作流程围绕项目化管理模式和项目的开发执行而设置，各类典型或非典型项目和项目组合以目标为导向，综合运用项目管理方法、技术和工具进行管理，运作顺畅。

（7）高效利用各类资源，以人为本，充分发挥以项目经理为主要责任人的各个项目团队的积极性，建设学习型团队；实施柔性管理，鼓励进取精神、创新精神，打破僵化、封闭、不思进取的文化，促进组织和员工的共同发展。

（8）公司的市场营销能力、高质量完成全部项目的能力、公司管理层组织、协调、支

持、监控业务活动的能力得到全面提高,暨组织的总体竞争力得到全面提高。

2.《项目化管理体系》建设的里程碑计划

《项目化管理体系》建设的里程碑计划见表1所列。

《项目化管理体系》建设的里程碑计划　　　　　　　　　　表1

序号	任务	任务描述	时间
1	完成管理和业务活动现状调研	(1) 识别公司各类活动和任务; (2) 分析现行管理模式; (3) 归纳制约业务发展的问题	1999.12
2	完成项目化管理模式设计	针对业务活动特点导入多项目管理管理机制,制定公司各类活动的项目化策略	2000.2
3	完成组织结构设计	(1)《项目化管理体系》的组织结构; (2) 项目(项目组合)组织结构的优化	2000.3
4	完成《项目化管理体系》建设	(1) 建立《项目化管理体系》组织结构,确定总负责人和其他岗位人员、职责	2000.5
		(2) 建立《项目化管理体系》运行的办事机构	2000.5
		(3) 识别《项目化管理体系》建设和运行过程中的资源、领导支持等需求	2000.6
		(4) 调整公司、工程部各级组织结构适应《项目化管理体系》运行	2000.8
		(5) 建立《项目化管理体系》运行的有形依托:规章制度,管理文件,报告关系,工作程序、流程、沟通、风险管理方案等	2000.9
		(6) 推行支持、监督、控制机制	2001.1
		(7)《项目化管理体系》建设工作的收尾	2001.3
5	《项目化管理体系》投入长期运行	《项目化管理体系》正常运行、阶段性总结和维护,争取实现变革的远景,保障公司战略目标的实现	2001.3

二、《项目化管理体系》建设

《项目化管理体系》是一种管理模式,它包括实行项目化管理的理念和一整套包括管理理念、管理内容、管理程序、管理制度、管理工具的方法体系。

每个项目都是独特的、一次性的,但是却可以反复运用,从特定的管理理念出发,在管理实践过程中建立并固化下来的方法体系,高效地完成一次性的、独特的、有特定制约性目标的任务。

(一) 调研组织现状,形成变革思路

为了形成符合业务实际,有针对性的解决方案,希望公司首先组织力量结合前期SWOT分析对公司业务和管理现状进行进一步的分析研究。将公司管理和业务活动分成四类,进一步分析各类活动的管理模式和公司的组织结构,识别出必须纠正和解决的问题,避免随意性和陷入花拳绣腿的误区。

1. 公司各类活动和任务识别分类

(1) 国际工程承包项目实施活动——支持公司生存和发展的核心业务,为公司持续成长提供各种资源。此类项目的任务是实现项目制约性目标,令利益相关方满意。

(2) 市场营销/项目开发活动——公司核心业务的来源,与公司生存和发展息息相关。涉及新市场、新领域、新模式,如新的总承包模式,BOT等投资类项目,新的工业门类,新的国别市场的创新活动,公司实现跨越式发展所进行的探索和创新业务。

(3) 组织级管理优化和政策研究活动——出台管理制度、政策研究、制定风险对策,指导业务方向、应对环境变化、变革管理模式。有利于公司管理升级,识别和调整业务方向,指导创新业务。

(4) 重复性管理活动——日常管理如财务核算,费用报销,行政管理;起草、报批和实施分配方案、经营管理制度、人事管理制度等。

2. 存在的问题

(1) 与市场营销和国际工程承包项目实施有关

1) 工程项目实施中的管理水平参差不齐,缺乏有效的管理体系,组织层面上没有共享的项目管理标准和环境,没有共享的风险管理机制,项目成功依靠个人能力比重大,公司难以动态地掌握项目状态并及时采取措施,很多情况下只能被动接受后果。

2) 工程承包项目管理在工程部内部基本上是以单一项目部为单位的项目式管理模式,工作效率虽高,但是资源利用效率低,制约业务规模的发展。

3) 攸关公司生存和发展的市场营销活动缺乏公司层面的统筹管理,缺乏目的性和计划性。

4) 项目团队对公司战略规划和目标的认同参差不齐,未形成一致的对顾客负责,令业主满意的价值观,常将项目制约性目标视为项目管理的终极目标,表现在工作行为方式上,对公司的形象和高度、商誉、后续项目和市场都有负面影响。

5) 对国际市场工程项目运作模式的变化和发展研究不够,创新主动性不强。

6) 公司下设四个互相独立的工程部,按年度考核业绩。各工程部受各自利益驱动,实际成为一个个业务的孤岛,一切业务在工程部内部完成,彼此之间存在沟通和协作的鸿沟。

7) 对已进入的市场和潜在目标市场缺乏有效的研究、工作指导和统筹管理,一线业务员多对所获得的业务信息自发取舍。

8) 项目管理缺乏组织级的后评估过程、文件归档和案例积累,忽略对项目管理实践及经验教训的总结和传承。

(2) 与组织级行政职能管理有关

职能管理部门和人员的工作内容以直线分割,各管一摊,更倾向于对自己的部门负责,对上级负责,缺乏工作成果和目标意识;各职能机构之间;职能与项目之间出现掣肘情况不能迅速协调解决。

(二) 项目化管理模式设计

项目化管理模式设计在前期对公司活动和管理模式调研的基础上进行,根据公司业务实际状况和管理需要,选择了国际工程项目的单项目管理、多项目管理和项目开发活动、组织级管理活动项目化管理等多种项目类型并行管理的模式。

1. 识别项目类型

(1) 国际工程承包单项目管理

典型的国际工程总承包项目，按公司项目分级原则分级，成立项目部，运用现代国际项目管理方法和技术进行管理，是项目化管理体系中最基本的管理方式。

(2) 项目组合管理

希望公司的常态是长年同时实施多个项目。随着公司《项目化管理体系》的建设实施，在实施多个作为核心业务的国际工程承包项目的同时，还将项目化管理的模式扩展到市场开发项目和组织级管理活动。这种同时管理众多项目，在三重约束之下实现项目目标，令各利益相关方满意，是对组织核心能力的挑战。对公司来说，财务资源、人力资源、市场机会、合格供货商可提供的制造能力、合格施工分包商可提供的施工能力都是宝贵的有限资源。公司经常发现自己处于多个项目对资源的竞争，沟通信息量呈倍数增加，项目管理顾此失彼等困境之中。

希望公司为了充分利用有限的资源，做好更多的事情，摆脱多项目并行管理的困境，进行了深入的调研和科学组织。从组织级层面，公司将重点放在对潜在项目机会进行可行性研究，合理优选应该启动的机会，及时放弃不被看好的信息。分析各项目在市场、用户和工业领域几个方面的关联度，并根据这些关联度在公司项目化管理的平台上进一步建立合理的项目组合关系，整合公司资源，通过项目成组管理，尽量促进各类资源共享；在项目实施层面，推动项目部在公司创建的全面项目管理环境中，运用专业的项目管理方法技术，重视组织策划、项目计划、目标识别和资源分配，使其适应多项目管理要求，充分利用资源，加强多项目管理的监控，保障实现每一个项目的项目目标，承载起实现公司战略目标的任务。

(3) 项目化管理

将公司的市场暨项目开发，创新业务探索，组织级管理活动中一次性的、能够识别出明确目标、预算和进度要求的，涉及多部门合作的活动视为项目，并按项目管理的专业技术和方法进行管理，纠正以往盲目、低效率、无跟踪、不重视结果的弊病，提升公司的综合能力。

初步设计的项目化管理模式如图1所示。

(4) 非典型项目的项目化管理步骤

1) 项目识别

① 市场/项目开发活动项目立项

A. 市场/项目开发活动是公司核心业务的来源，对组织的生存和发展具有不可估量的重要性。

B. 在实际经营活动中，一般都是工程部一线人员最先触及潜在项目信息。公司的SWOT研究已经识别出这种业务触角是组织的一项重要优势。但是，公司层面难以对这些有价值的信息和机会进行有效的管理和识别，很大程度上对这些信息的处置流于各工程部的决定甚至一线业务经理的个人决定。因为各部门之间缺乏横向联合和沟通，无论是工程部还是业务经理在作决定时根据的都是本部门甚至个人的注意力、能力和资源局限，导致不少有价值的机会白白流失。

C. 项目化管理市场/项目开发使各类项目信息集中到公司的经营管理部门，经过研究

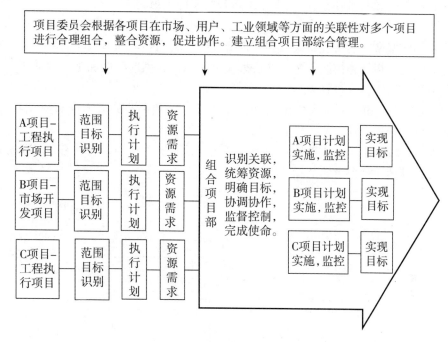

图1 初步设计的项目化管理模式

筛选,从公司层面调动各类资源成立项目开发工作组。项目的开发过程是一个完整的项目周期,包括确定目标(跟踪某个项目争取中标)、制定工作计划、财务资源和人力资源预算及取得资源,实施这个计划(在结标日之前完成现场考察,制定技术方案,成本核算,与业主沟通,制作标书等),最后以成功(中标)或者失败(未获得项目)而结束。在一个又一个这样的过程中,公司逐渐在目标市场建立影响,扩大份额,实现发展。

② 创新(新市场、新领域、新模式)项目立项

创新项目指的是 BOT、PMC、BL 等新型的项目运作模式,未曾进入的市场,和不熟悉的工业领域。面临带有创新性质的项目立项,除了需要综合使用资源,集中优势兵力,公司还需要借助项目管理的方法有效施行更加谨慎的管理和监控。

③ 管理变革、政策调研活动立项

例如汇率波动对策研究,国际恐怖主义活动对业务影响的对策研究,国别市场进退/业务类型策略研究,公司员工分配方案制定等按项目管理的组织级管理调研活动。组织级的管理活动严格地说是对组织发展具备更高层次的价值,但是在过去的观念中并没有得到应有的重视。

2)立项之后,确定项目目标、范围,运用项目管理技术进行管理和监控。

(5)项目立项优先原则

项目委员会审批立项申请遵循以下原则:

1)项目是否符合公司的发展战略和方向;
2)项目的技术风险、商业风险、环境(政治、社会、自然……);
3)业务领域和业务模式;
4)所需要的资源,公司目前是否有足够的资源支持;

5)能否调配组织合适的项目经理和团队开发实施项目。

(6) 对项目进行分级

为破除部门壁垒,实现公司人力和财物资源综合利用,加强对大型复杂、创新项目和项目组合的管理、指导和控制,按照项目规模、复杂性、创新程度和项目性质将项目分为公司级和工程部级实行分级管理:

公司级:较大型市场开发和实施活动;在业务模式和工业领域方面有所创新的项目;公司级项目化的管理活动。

工程部级:较小规模、成熟模式的项目开发活动和实施活动;已拥有市场份额和重复订单的项目;其他小规模贸易活动(图2)。

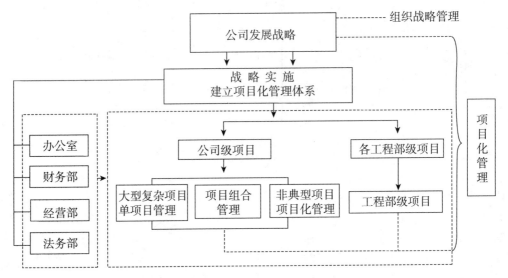

图2 项目化管理体系与组织发展战略关系图

(三)《项目化管理体系》组织结构设计

1. 公司旧有的组织结构分析

公司旧有的组织结构具有一定的优点,呈扁平化特征,一定程度上能够满足项目导向型组织的运行模式,做到快速反应。职能部门与工程部在组织中处于平级位置,怎样发挥对业务的指导、管理、服务作用没有明确的规范。所有的项目实施基本为项目式结构。项目式结构责任虽明确,但各工程部、职能部门自成一体,互不搭界,资源、信息不能共享,无形中削弱了组织的总体能力,组织对各部门、各项目管理监控力度也得不到保障(图3)。

2. 项目化组织结构设计

项目化管理体系开发工作中重要的一环是调整公司组织结构。希望公司围绕项目需求设置结构,注意保持原组织结构扁平化、反应迅速的优点,同时作出必要的变革,使其有利于公司管理层对全局的掌控,有利于综合利用组织资源等原则,使其适应项目化管理的运作模式。这项工作包括岗位设置、职责定义、管理结构和报告体制策划(图4)。

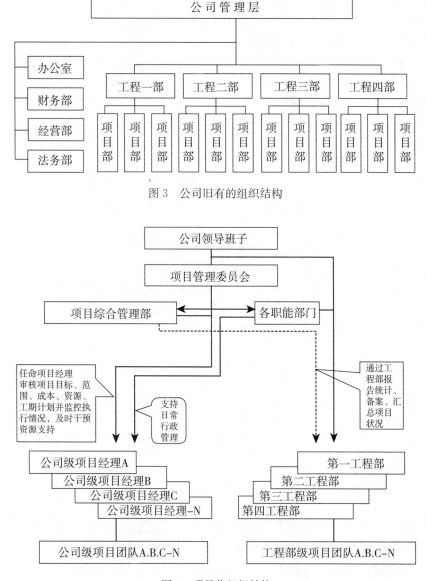

图 3 公司旧有的组织结构

图 4 项目化组织结构

(1) 公司级项目（项目组合）部采用强矩阵式组织结构

公司级项目因其在公司业务版图中地位重要、复杂、规模大、风险大、占用资源多、需要多方配合的特点，直接受公司项目管理委员会领导，采用强矩阵式组织结构运作，项目经理拥有全面的权力。

项目立项后以项目发起部门为主成立项目部，各职能部门派出全职或兼职员工参加项目部工作，视项目需要和其他工程部人力资源保有情况，项目管理委员会在必要时从各工程部抽调人力充实该项目部。项目经理原则上由项目发起部门选派，如果各方面条件允许，项目开发经理为首选，大型复杂项目可由工程部总经理甚至公司主管副总经理担任。项目经理在项目管理委员会协调监控下履行项目经理职责，领导项目团队，开展项目管理，对项目的结果负全责。项目经理通过团队中来自各职能部门的成员获得专业的服务和指导，项目需要的财务资源以及其他资源由项目管理委员会根据批准的项目计划统一调度。项目完成后项目部成员原则上返回原单位。

矩阵式组织结构保障了公司重要项目的管理活动成为组织工作的焦点，项目经理能够有效地开展领导，制定适应本项目的管理策略和方法，并顺畅地得到隶属于职能部门和不同的工程部等工作单元的各方面专才，疏通了用人需求和人才致用之间的壁垒，打破了部门之间的高墙；有效利用了组织各类资源，避免了宝贵的市场机会因为公司力量分散而白白流失（图5）。

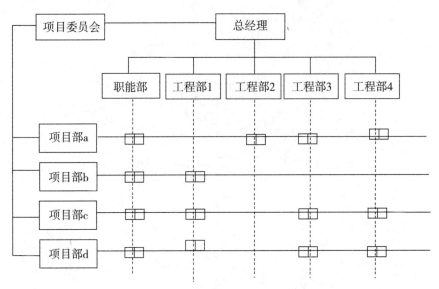

图5 公司项目管理组织结构示意图

注：项目由相同颜色代表的工程部发起，视情况从职能部和其他工程部调入人员组成项目部。

（2）工程部级项目采用项目式结构

工程部级项目通常规模相对较小，比较简单，需要资源数量少，种类单一。项目式结构有利于项目经理建立小而精干的项目部，明确目标，统一指挥，实施项目，还能够解放工程部总经理的时间精力，加强工程部全面管理，组织市场开发，是比较适用的组织结构。项目经理对工程部总经理负责。工程部为每一个新项目获取并分配资源，成立独立的项目部，任命项目经理。项目完成后解散，或者进入本工程部的新项目部，或者支持其他工程部产生的公司级项目部（图6）。

（四）《项目化管理体系》组织结构角色和责任定义

1. 公司领导班子

公司领导班子包括公司总经理、副总经理，是项目化管理体系建设工作的发起人。公司领导班子必须保持建设《项目化管理体系》的决心，持续地推动和支持变革，保证组织资源，不断地用实施项目化管理的愿景激励全体员工，保持《项目化管理体系》建设方向与公司发展战略目标相一致。

2. 项目委员会

成立由公司领导班子，经营部、财务部、法务部经理，各工程部总经理、项目管理专

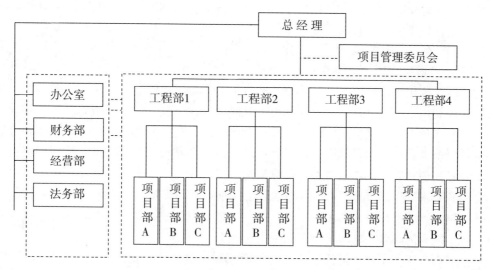

图 6　工程部级别项目的管理组织结构示意图

家和业务骨干组成的项目委员会，由经营部总经理任秘书长，主持日常工作，召集委员会会议。项目管理委员会的职责是：

（1）策划建设《项目化管理体系》的方案和工作计划，并监控总体进展情况，采取措施纠正解决出现的问题。

（2）根据公司战略规划发起项目、审批项目（项目组合）的立项申请，配置资源，提供政策支持。

（3）任命项目经理。

（4）审批公司级项目建议书、报价和预算。

（5）监控公司级项目（项目组合）进度、成本、质量，保障公司级项目成功完成、实现目标。

（6）保障公司各类资源得到高效利用。

（7）风险管理、重大决策和危机处理。

3. 项目综合管理部

项目综合管理部作为项目委员会的办事机构，相当于项目管理办公室的功能，主要任务是支持公司全面项目管理体系的运转，包括跟踪监测各项目进展，状态报告，变更控制，财务管理和预算控制，项目计划、控制文件资料管理，配合公司全面质量管理体系进行质量管理，质量文件管理，各类信息集散。在《项目化管理体系》建设阶段，负责编制管理文件。

为满足综合管理部为全面项目管理体系提供有价值的支持，希望公司从各职能部门抽调全职和兼职的财务、经营管理和法律人才，从业务一线抽调具有项目管理实践经验和项目管理专业知识的项目管理专家。

4. 职能部门

职能部门包括办公室、财务部、经营部、法务部等部门。公司建立全面项目管理体系之后，这些职能部门继续承担公司的日常管理职能，受公司总经理领导，对各工程部提供服务和管理,作为各自专业的管理中心,向项目综合管理部和公司级项目部派送专业人员。

(五)建立《项目化管理体系》运行的有形环境

1. 编制项目化管理的文件体系

为了提高公司项目管理水平,均衡各项目部的能力,希望公司开展了短期课程培训普及项目管理知识,同时项目综合管理部负责针对项目执行、监督和控制的全过程设计制定了公司项目管理流程、工作程序和项目管理手册模板。这些管理流程、工作程序和管理手册模板可以帮助和指导项目部进行项目管理策划,更重要的是,在项目的策划和实施过程中,以配套的项目管理工作文件和工作流程为载体,以沟通报告体系为保障,公司项目管理的思路和要求得以逐步地、有效地覆盖到公司所有项目、项目组合和按项目管理的组织级任务,覆盖到各工作单元和工作层面,在执行过程中完成磨合、认同和优化,最终真正形成有机、能动的体系。这项工作包括以下过程:

(1)对现有工作文件进行修改、补充,形成系统化和标准化的项目化管理文件体系。该体系在公司项目化管理实践中起到重要作用。它被用来明确项目目标和方案,对项目进行计划,规定工作程序,作为实施项目各项任务的指南,监控项目、对项目进行标准化管理的依据,项目团队以及项目各利益相关者相互沟通的基础。

(2)伴随项目化管理文件体系的推行实施,运用该文件体系进行全员培训,同时适当开办短期项目管理知识和认证培训作为补充,使各岗位员工建立起对全面项目管理理念和要求的统一认识,在工作中主动地满足体系要求。

(3)项目化管理文件体系包括:

1)统一的项目管理手册格式,内容包括项目概况、项目目标体系识别、实施方案、项目部组织结构和岗位职责、里程碑计划、沟通方案、风险识别和管理方案、项目管理各专项计划、工作程序等;

2)项目任务书(配合项目经理负责制),对项目经理完成项目、实现目标的责任义务和供其调配的资源及授权等进行规定,是公司与项目经理之间的契约。

3)合同;

4)各项工作流程;

5)项目状态报告(根据各级管理职责和不同利益相关方的需求有周报告、月报告,项目部季度自查报告),风险报告,ISO质量管理体系各项工作程序文件;

6)项目总结报告和归档文件。

2. 项目经理、项目经理责任制度、任务书

继续保持和优化公司已有的项目经理责任制度,进一步明确项目经理责任并充分授权,为项目经理组建项目团队,有效地调动人力物力等各类资源,积极管理,完成项目创造条件。

国际工程承包项目具有项目目标刚性、明确的特征,项目管理活动要在刚性的三重约束下领导自己的团队完成包括合同、商务、设计、采购、制造、物流、分包、现场的土建安装、考核和移交、服务等广泛的任务。项目经理对有系统的计划、组织、实施项目,实现项目目标负最终的责任。其表现攸关项目成败,而项目的成败直接影响公司总体业务状况和业务发展战略的进展。

为此,希望公司的项目经理责任制度遵循以下原则:

(1) 原则上项目经理为专职,不兼任其他项目经理。

(2) 为项目任命项目经理是公司管理层的重要职责。任命项目经理时,全面考虑项目经理岗位的特殊性和重要性,重视对候选人德、能、勤、绩的全面考察,特别重视候选人的责任心、系统思维能力、作决定的能力、全面协调能力和沟通能力。

(3) 以项目任务书的形式明确项目经理对项目的责任和岗位职责,并授以相应的权力,其中最主要的有:组建和指挥项目团队的权力,与项目任务相匹配的财务资源决策和支配权。项目立项后公司总经理与项目经理签署项目任务书,在组织与项目经理之间订立契约,规定各自的责任义务,明确工作目标和责任权力。

(4) 项目经理负责组织人员按照项目管理体系要求完成项目管理手册的编制,制定项目各专项计划和集成计划,报项目委员会批准执行。

3. 团队建设

努力将每个项目团队建设成积极向上、协调一致、有执行能力的队伍,进而从点到面全面改善公司的总体企业文化,是提高项目化管理获得预期成效几率的决定性因素。项目经理任命以后,项目团队建设工作主要步骤如下:

(1) 设置机构,确定岗位,明确每一位成员的岗位职责和权限。这不仅是管理的基础,更能够使项目成员清晰地了解自己的工作、责任和拥有的权力,积极主动思考,而不仅仅是被动地执行命令。

(2) 分析利益相关者的期望和需求,进而识别复合的项目目标,引导员工认识完成项目的三重约束目标只是最起码的要求,根据国际工程承包商应有价值观,项目的成功标准是令业主满意的,令项目主要利益相关者满意的。

(3) 组织项目部成员通读和讨论《项目管理手册》,鼓励团队成员提出不同意见和修改建议,对建设性的意见积极采纳,目的是使每个人深入了解项目管理体系,并通过自身参与建立认同,主动规范自己的行为。

(4) 建立并严肃执行管理制度和工作原则,强化一个工程项目部必须具备的组织纪律性,使项目团队形成规范的工作习惯,成为拉得动、打得响的队伍。

(5) 建立系统的绩效考核制度,建立有效激励机制,主要原则是员工收益与项目效益关联、个人收益与贡献关联。使能力强、工作态度好、责任心强、业绩好的成员得到承认,获得利益,并产生榜样效应;

(6) 鼓励和提倡项目部成员尤其是年轻成员主动规划自己的职业生涯,鼓励他们积极总结在项目部工作所获得的实践经验,为今后的发展奠定基础。

(7) 注重员工培训,采取办讲座和师傅带徒弟等不同的方式。工作完成、员工培训和团队建设一举多得。

(8) 从各层领导做起,倡导沟通、协作、公平、尊重、理解的文化,激发员工的组织自豪感和个人成就感,引导积极向上的主观动机。

4. 搞好沟通工作

(1) 沟通计划

这个沟通计划既用于促进和保障《项目化管理体系》建设过程中工作团队之间以及各利益相关者之间的沟通,也作为项目化管理文件体系的一部分用于指导各项目部制定本项目的沟通计划。

希望公司的项目多具有项目外部结构复杂，利益相关者层次多、涉及面广，需要沟通的人数多，项目部各工作单元地理位置分散，地域、国别、语言、文化存在很大的差异等特点，在这种条件下，为了：

1）使项目或项目组合各干系人及时获得与自己在项目中的位置和作用相适应的信息，保障顾客、公司领导和项目委员会以及其他主要干系人的信息需求得到满足；

2）使顾客要求和反应各工作单元互相配合的中间信息、各工作流程上下游之间的信息做到及时流畅的传递；

3）项目负责人及时掌握各项工作现状，顾客及主要相关方的意见，及时发现问题，采取措施，保障项目进度、成本、质量处于在控状态；

4）克服沟通意识缺乏，甚至出于个人原因等主观因素导致信息传递不到位的现象。

建立一个比较完善的沟通体系，锲而不舍地强调沟通的重要性，提高全体员工对沟通重要性的认识，本着主动、尽早的原则，自觉履行自己的沟通义务，对公司，对保障项目化管理体系的有效运转具有不可估量的意义。

（2）沟通方案

1）提出"主动沟通、尽早沟通"的原则。

2）以各项目内、外部组织结构图，岗位职责，利益相关者分析列表，项目计划等文件为依据，识别项目组织各层次的信息需求。沟通需求一般分为三个层次：① 上级领导、项目委员会、顾客；② 分包商、制造商及其他协作方；③ 项目经理及项目部各业务单元。

3）将各相关者需要的信息和沟通形式列表形成书面计划，并要求各岗位认识自己的沟通责任。

4）针对各层次信息需求特点，充分运用各类沟通手段和技术。针对希望公司项目部工作单元普遍地理分隔遥远的特点，特别发挥网络技术的作用。所运用的手段和技术包括：

① 书面文件、合同、计划、报告、简报、月报、会议纪要和会议记录；

② 周例会、月进度会、专题会；

③ 电邮、信函、传真、短信息；

④ 正式和非正式的工作讨论和联络。

（3）加大力度争取更加有效的沟通

传统管理环境下的沟通要求和信息传递往往被看做一个自然的行为，无需刻意计划和管理，在实际工作中大都不被重视。但实际工作中大家对各相关者的信息需求通常不了解或仅凭想当然，甚至由于不负责任，常常由于信息不能到达目的地，中途被过滤等沟通方面的问题导致工作被延误，出现差错以及混乱、推诿等问题，造成严重后果的情况并不鲜见。

《项目化管理体系》要求各项目经理从思想上充分认识沟通的重要性，认真制定沟通方案，进而在项目的各个阶段的具体工作实践中确保每位员工执行项目部的沟通方案，履行自己的责任。

5. 加强风险管理

（1）风险管理计划

希望公司的多项目管理和项目化管理存在着大量不确定因素，这些不确定因素随时都可能严重影响项目的发展、项目成本超标、进度拖后、质量出现问题，甚至整个项目失控失败等严重后果。风险若不能得到及时地积极地管理，在单一项目层面上出现的问题就会进而影响组织的运作，影响组织的战略目标进程。必须充分认识项目潜在的风险因素，制定风险管理方案，将风险管理作为一个连续的贯穿项目全过程的工作予以重视，强调对风险采取主动预测式的管理，做到有预测、早发现、早处理。

风险管理计划同样既用于《项目化管理体系》建设过程中的风险管理，也作为项目化管理文件体系的一部分用于指导各项目部制定本项目的风险管理计划。

（2）风险识别与分析

1）在项目启动阶段，组织项目风险识别分析专题会识别分析项目的风险，与会人包括主管领导、项目经理、项目部各工作单元负责人等全体项目部成员。

2）与会人员根据各自对项目背景、概况的理解、利益相关者分析材料、项目管理经验和专业知识，采用头脑风暴法，集思广益，检查识别项目潜在风险并形成风险清单。

3）在风险清单的基础上，对风险发生的可能性、对项目造成影响的严重程度进行分析得出结果。

4）在以上分析基础上制定应对策略。

（3）风险应对

风险应对策略为：密切监控，根据风险的不同性质采取规避、转移、化解和缓解等不同措施。总的原则是积极应对，避免被动。采用风险管理列表归纳具体内容和措施。

（4）风险管理贯穿项目始终

风险管理应持续地贯穿于项目始终。为保证有效的风险管理，提高项目成功概率，采取全过程监控，并作为每次周例会和月进度会一个环节讨论识别面临的新风险和应对措施。

（5）风险上报机制

后果严重、发生概率高的风险应通过报告机制上报公司项目委员会，使得公司层面能够及时参与风险管理，避免单一项目的风险扩大，影响公司整体局面。

（六）全面提升项目管理质量

作为项目导向型的组织，成功完成每一个在手项目，特别是成功完成作为核心业务的国际工程承包项目，是希望公司生存和发展的基础。希望公司通过推行标准化的项目化管理文件体系，执行项目管理工作流程和统一模板的项目管理手册，将公司对项目管理质量的要求和项目管理知识、方法、技术有效地传达和普及到细处，通过项目沟通管理保障各相关方必要的信息需求、各工作环节质量（包括项目部、管理部门、各级领导、业主客户等）和组织的管控。

对项目实行标准化管理并不是抹杀每个项目的独特性，而是通过这个方式有效地明确组织对实施专业化项目管理的要求，提出应达到的标准，起到规范和指导的双重作用。这个过程能够提供整个组织共享的项目管理标准和环境以及共享的风险管理机制，均衡提升全面项目管理能力。

全面的项目管理体系文件同时是项目管理体系和公司 QA/QC 系统相搭接的载体。公司 QA/QC 体系对公司和各项目部执行项目管理手册过程的监督实现了从制度上保障全面项目管理质量。

三、公司项目化管理组织结构与组织长期性管理职能衔接

项目化管理体系突出了项目型组织任务性、目的性的特点，但它并不独立于公司传统的长期性管理体系。它在自身运行的同时，通过签署项目任务书和批准项目管理手册这两个环节与公司传统的管理制度框架、质量体系框架、公司的层级体系实现对接。项目经理为公司（任务书）编纂项目管理手册并据以组建项目部，开展对项目的管理，行使项目经理的权力，同时遵守公司各项规章制度，如人事管理制度、财务报销制度、会计制度、业务统计制度、经营管理制度、效益考核分配体系等。若项目管理手册的规定与公司的管理体系出现冲突，以总公司的规定为准调整管理手册。这个机制经过多年考验，实现了平稳运转。

为适应公司的管理和考核体系，保护工程部开发市场、开拓业务的积极性，项目的分级管理不改变项目原始归属，以项目产生部门为主成立项目部，对其进行绩效考核。公司在公司级项目管理中从公司范围综合调配使用的人力财务资源比照相当于内部资金和人力资源银行的方式记账，并根据各工程部的付出计算绩效分成。

项目化管理结构和公司长期性组织结构之间顺畅的衔接为坚持顾客导向策略，做好项目后服务提供了组织保障。项目完成后项目部撤销，项目团队随之解散，成员进入其他项目或从事其他工作。项目的后服务任务由长期性组织——工程部负责。避免项目结束了，顾客有需求没有人响应，损害公司商誉和业务发展。

四、推行、支持、监督、控制机制

《项目化管理体系》强调执行力文化，在执行过程中全面推广 PDCA 管理。

（一）项目部层面

要求项目部在项目实施阶段必须通过一切努力以项目管理手册为纲要，坚决有效地执行、落实项目计划，牢记项目的目标体系，系统运用项目管理的理念、方法和技术，对项目的进度、成本、质量进行良好的控制，最终实现项目的成功。

项目委员会通过项目综合管理部充分利用沟通计划对各主要项目的进展状态进行监控。

（二）《项目化管理体系》建设层面

根据公司对《项目化管理体系》建设识别的愿景和《项目化管理体系》建设里程碑计划，组织对《项目化管理体系》建设过程进行阶段性进度监督和成果评估，保证《项目化管理体系》建设工作方向不偏离目标，实现公司竞争力的提高。

五、《项目化管理体系》建设工作的收尾

《项目化管理体系》建设工作的效果需要较长的时间才能显现，无法像一个项目那样对工作目标实现与否进行评估验收。其收尾工作有以下几项标准：

（1）完成了公司多项目和项目化管理模式的策划；

（2）在公司层面和项目层面完成了支持公司项目化管理的组织结构变革；

（3）建立了《项目化管理体系》运行的有形环境；

（4）公司项目委员会和项目综合管理部自然过渡到长期性地进行公司多项目管理和项目化管理（图7）。

六、项目化管理体系对组织管理的改善

项目化管理体系的实施，纠正了希望公司很多存在的问题和陈旧的观念，使公司的各

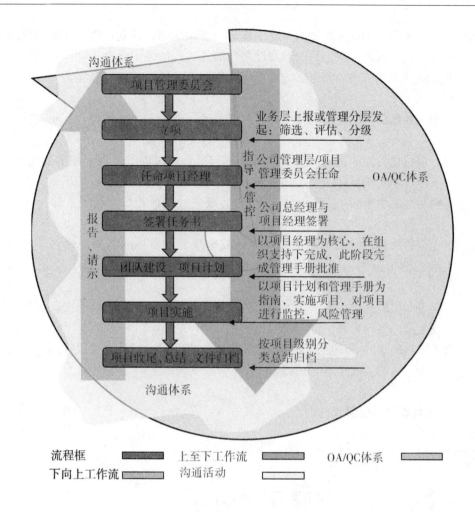

图 7　项目化管理体系运行示意图

方面管理水平得到提升，呈现出旺盛的活力。

（1）组织的生存和发展的整体责任被分解到项目并授以相应的权力，通过每个项目团队分别履行的职责，创造价值，又通过组织系统的协调监控汇总机制，实现组织层面的战略目标，整个局面既有效在控又充满活力。

（2）改善了在手的诸多国际工程项目之间管理水平差距过大的现象，不仅做到了每个项目部都系统地对项目进行计划、控制、变更等专业化的项目管理，显著加强了风险控制，提高了项目的成功率，而且公司管理层能够实时掌握重要项目的动态，在发生重大问题时及时干预，进行高层次的决策和控制，保障组织全部项目实现目标。在共享的项目管理环境中，"能人"更好地发挥作用，知识经验不足的员工在公司标准化的工作程序文件规范下保证了起码的项目管理水平，并在实践中学习提高。

（3）以强矩阵式组织结构管理公司级项目，项目管理委员会灵活地根据需要迅速集中力量，有效利用全公司范围内的职能专业资源、业务类人力资源、财务资源和市场机会。项目经理负责制清晰地明确了责任，有效避免多头管理、无人负责的混乱。

（4）市场营销活动、业务/市场调研活动和组织级管理升级活动项目化管理促进公司管理层对这些攸关公司生存和发展的重要工作进行主动规划、计划，改变了市场营销活动缺乏公司层面的统筹管理，缺乏目的性和计划性的现状；加强了针对不同国别市场的进入和退出，创新业务领域的进入和退出的政策研究机制，发展了整体应变能力，提高了公司后劲。

(5) 打破了各部门之间无形的壁垒，促进了沟通，催生了团队精神，互相支持合作的文化。

(6) 随着项目化管理的深入，员工在深入参与项目的过程中建立了做事要定义目标，制定计划并实施计划实现目标的理念，改变了以往无人负责，管理粗放的现象。改变了在职能部门特别明显的做事没有目标，只求能向上级主管交代，日常管理工作不讲效率的现象。

(7) 建立了各项目团队和全体员工对公司战略规划和目标的认同，树立了对顾客负责，令业主满意的价值观，而不是仅仅满足于完成项目的成本、工期、质量等制约性目标。

(8) 在学习和实践的过程中，员工的项目管理知识和能力得到全面的提高，实现了组织和员工职业生涯的共同发展。

(9) 改善了组织级的后评估、文件归档和案例积累工作，加强了项目管理实践及经验教训的总结，为今后的发展奠定了基础。

8.6.2　A级项目管理报告目录选介

A级管理报告目录选介之一

某工程建设公司
A地区项目群管理报告
目　　录

引　言
第一部分　A地区项目群背景
  1　项目群战略意义
  2　项目列表及特点
    2.1　项目列表
    2.2　项目特点
  3　项目业主
  4　企业战略目标与项目建设总目标
    4.1　项目建设总目标
    4.2　企业战略目标
  5　该项目群与公司经营活动、市场和其他项目的关系
  6　项目群特点及项目群管理策略
  7　报告人在项目群中的职位和职责

第二部分 项目群启动

1. 项目群任务书和团队组建
2. 项目群开工报告
3. 项目群内部开工会
4. 项目群外部开工会
5. 项目群目标定义
   - 5.1 项目群总体目标
   - 5.2 目标责任书
6. 项目群阶段模型

第三部分 项目群计划

1. 项目群范围管理计划
   - 1.1 项目群范围描述说明
   - 1.2 项目分解结构（PBS）
   - 1.3 工作分解结构（WBS）
   - 1.4 WBS 词典
2. 项目群时间管理计划
   - 2.1 项目群计划体系
   - 2.2 项目群进度计划
   - 2.3 计划检测基准 BCWS
   - 2.4 计划审批
3. 人力资源管理计划
   - 3.1 外部组织
   - 3.2 内部组织机构
   - 3.3 OBS 编码（节选）
   - 3.4 责任分配矩阵（RAM）
   - 3.5 人工时估算与人员配置计划
4. 项目群费用与财务管理计划
   - 4.1 项目群费用估算
   - 4.2 费用分解结构（CBS）
   - 4.3 项目群费用计划
   - 4.4 费用控制基准
   - 4.5 项目群财务管理
   - 4.6 费用控制工作软件
5. 项目群质量管理计划
   - 5.1 质量管理组织机构
   - 5.2 质量保证体系文件
   - 5.3 项目群质量计划
   - 5.4 实施过程

6 项目群沟通管理计划
　6.1 项目群利益相关者管理
　6.2 项目群信息管理系统
　6.3 文件分发矩阵

第四部分　项目群执行与监控

1 项目群沟通管理
　1.1 项目群绩效报告
　1.2 项目群例会制度
2 集成化管理与资源整合
　2.1 资源整合
　2.2 集成化设计
　2.3 项目群管理集成
　2.4 公司综合管理与项目群管理集成
3 项目群统筹整合控制
　3.1 项目群进度控制
　3.2 项目群费用控制
　3.3 进度/费用综合控制与检测
　3.4 项目群收益管理
4 人力资源管理
　4.1 人力成本控制
　4.2 项目群团队建设
5 质量控制
　5.1 设计质量控制
　5.2 施工质量控制
　5.3 采购质量控制
　5.4 质量计划执行效果
6 风险管理
　6.1 工程风险分析与识别
　6.2 风险的防范对策
　6.3 风险防范过程监控
7 索赔与整体变更管理
　7.1 引起变更的主要原因
　7.2 引起索赔的原因
　7.3 处理变更的方式及程序
　7.4 处理索赔的方式及程序
　7.5 索赔管理的重点
8 项目群文档集成管理
　8.1 已实现的主要功能：
　8.2 项目群文档管理达到的效果

8.3 项目群文档管理与企业知识管理
9 材料控制与采购管理
10 HSE 管理
    10.1 HSE 管理体制
    10.2 HSE 管理职责
    10.3 项目群 HSE 管理基本程序与方法
    10.4 HSE 管理效果

第五部份　项目群收尾
1 合同收尾
    1.1 合同收尾的条件
    1.2 合同项目群验收证书
2 文件、资料整理归档
    2.1 项目群重要文件
    2.2 项目群文件立卷归档索引
3 项目群完工报告
4 项目群组成员评价与考核
    4.1 考核内容
    4.2 考核程序
    4.3 考核办法
5 项目群的知识管理

第六部分　项目群管理成效与评价
第七部分　本项目群成功管理对公司发展战略的贡献
第八部分　感悟与思考
附件
参考文献

A 级管理报告目录选介之二

NX 公司调整改革中的多项目管理
目　　录

一、前言
    （一）企业全生命周期与多项目管理
    （二）企业全生命周期与调整改革
    （三）NX 公司调整改革中的多项目管理
二、NX 公司调整改革期多项目管理成果
三、NX 公司调整改革期多项目管理与企业发展战略
    （一）企业战略与多项目管理
    （二）NX 公司调整改革期战略目的与多项目管理目标
    （三）NX 公司调整改革期多项目管理系统

四、NX 公司调整改革中项目的甄选
    （一）项目甄选原则
    （二）项目甄选流程
    （三）项目优先级排序
    （四）NX 公司调整改革中的多项目体系

五、NX 公司调整改革中多项目管理的组织机构

六、NX 公司调整改革中多项目管理工作流程

七、NX 公司调整改革中多项目管理责任矩阵

八、NX 公司调整改革期多项目管理的实施
    （一）环境管理
    （二）总体管理
    （三）重点管理
    （四）实施与控制
    （五）团队管理
    （六）激励管理
    （七）和谐管理
    （八）沟通与信息管理
    （九）变更管理
    （十）法律与道德管理
    （十一）创新管理

九、NX 公司调整改革中多项目管理验收与评价

十、对 NX 公司调整改革中多项目管理的体会与思考
    （一）对企业全生命周期中多项目管理的再认识
    （二）本次企业多项目管理实践的几点体会
    （三）对社会突发事件应对中应用多项目管理的延伸思考
    （四）对企业多项目管理哲学内涵的初步探讨

十一、结论

附件

参考文献

参考文献

[1] 编写组．现代汉语词典（第五版）[M]．北京：商务印书馆，2006，6．
[2] 辞海编辑委员会编．辞海（1989年版）[M]．上海：上海辞书出版社，1989，9．
[3] 马旭晨，马尔航．项目管理哲学内涵浅析[J]．项目管理技术：2005，4．
[4] 马旭晨．对中国项目管理知识体系内容与层次结构的思考[J]．项目管理技术：2006，5．
[5] 马尔航，马旭晨项目经理能力体系研究[J]．项目管理技术：2009，3．
[6] 中国（双法）项目管理研究委员会．中国项目管理知识体系（2006）[M]．北京：机械工业出版社，2006．
[7] 中国工程项目管理知识体系编委会．中国工程项目管理知识体系（第2版）[M]．北京：中国建筑工业出版社，2011．
[8] 沈建明．中国国防项目管理知识体系[M]．北京：国防工业出版社，2006．
[9] 周宏编．智慧的地平线[M]．南京：江苏人民出版社，2000．
[10] 王广宇．知识管理——冲击与改进战略研究[M]．北京：清华大学出版社，2006．
[11] 马尔航，马旭晨．项目知识管理刍议[J]．项目管理技术：2008，4．
[12] 李秀林，王于，李淮春．辩证唯物主义和历史唯物主义原理[M]．北京：中国人民大学出版社，1982．
[13] 上海高校编写组．马克思主义哲学基本原理[M]．上海：上海人民出版社，1999．
[14] 马旭晨．四维（3+1）项目管理知识体系研究[J]．项目管理技术：2008，11．
[15] 姜法奎，刘银花．领导科学[M]．大连：东北财经大学出版社，2002．
[16] 谭兆麟．教练型领导力[M]．北京：机械工业出版社．2007．
[17] 陈企华．新中层领导全方位成功手册[M]．北京：中国纺织出版社，2002．
[18] 中国（双法）项目管理研究委员会．中国现代项目管理发展报告（2011）[M]．北京：电子工业出版社，2011．
[19] 国际项目管理协会．国际项目管理专业资质认证标准[M]．中国（双法）项目管理研究委员会译．北京：电子工业出版社，2006．
[20] 马旭晨．项目管理工具箱[M]．北京：机械工业出版社，2009．
[21] 马旭晨．现代项目经理评估[M]．北京：机械工业出版社，2008．
[22] 马旭晨．项目管理成功案例精选[M]．北京：机械工业出版社，2010．
[23] （美）项目管理协会．项目集管理标准（第2版）[M]．毛静萍，章旭彦译．北京：电子工业出版社，2009．
[24] （美）项目管理协会．项目组合管理标准（第2版）[M]．许江林，刘景梅译．北京：电子工业出版社，2009．
[25] （美）项目管理协会．项目管理知识体系指南：政府分册[M]．黄晞烨，邓晓梅译．

北京：电子工业出版社，2008.
[26] 张斌．项目管理协会（PMI）标准体系简析［J］．项目管理技术：2006，3.
[27] TSO. PRINCE2TM—成功的项目管理方法论［M］．王文周，颜晓维，白伟，刘日明，燕然等译．伦敦．TSO 出版，2009.
[28] （美）项目管理协会．项目经理能力发展框架（第 2 版）［M］．许江林译．北京：电子工业出版社，2011.
[29] Karen B. Brown, Nancy Lea Hyer. 项目管理基于团队的方法［M］．王守清，亓霞译．北京：机械工业出版社，2012.
[30] 马旭晨，马旭瞳．用项目管理提升党政干部的执政能力［M］．北京：机械工业出版社，2012.
[31] 马旭晨，马尔航，阮娟．用项目管理提升大学生的创新、就业和创业能力［M］．北京：机械工业出版社，2012.
[32] 马旭晨，王占波．一次就把事情做好［M］．北京：机械工业出版社，2013.
[33] 中国建筑业协会等十二家行业协会联合印发《关于全面推进项目经理职业化建设的指导意见》，中国工程项目管理网 CPM China 2008－09－01.
[34] 《国际工程公司人才之道》湖北项目管理网 www.pmhb.com.cn 2009-03-18.
[35] www.pmrc.org.cn.
[36] 项目管理者联盟网站．